데이터 시각화 설계와 활용

데이터 시각화 설계와 활용

데이터에 내재된 인사이트 발견과 표현 방법

앤디 커크 지음 | 서하연 옮김

지은이 소개

앤디 커크 Andy Kirk

프리랜서 데이터 시각화 컨설턴트이자 강사이며, 유명한 데이터 시각화 블로그(visualisingdata.com)를 운영하고 있다.

랭캐스터 대학에서 경영과학OR, Operational Research 학사 학위를 받은 후, 영국의 수많은 대기업을 대상으로 비즈니스 분석 및 경영 정보 관련 업무를 10년 이상을 보냈다.

2006년 후반, 우연히 데이터 시각화에 대한 깨달음을 얻어 직업을 바꾸고, 바로 리드 대학의 석사 과정을 우수한 성적으로 마치는 등 이 일에 열정적으로 임하게 된다.

2010년 2월, 대중에게 데이터 시각화라는 유망한 분야에 대해 기술, 리소스, 애플리케이션의 동향과 우수 사례를 전달하고 영감을 준다는 목표를 가지고 블로그를 열었다. 디자인 컨설팅과 교육 과정은 이러한 포부를 더욱 확장한 것이며, 다양한 형태와 크기, 모든 산업 분야의 조직이 데이터의 영향력을 극대화할 수 있도록 데이터 분석과 커뮤니케이션 업무를 돕고 있다.

이 책은 다년간 얻은 유용한 전문 지식을 담고 있으며, 독자들이 '데이터 시각화 설계'라는 다소 어렵지만 흥미로운 세계에서 성공적으로 자리잡는 데 유용한 안내서가 될 것이다.

가족과 친구들, 특히 변함없이 지원해주고 인내하며, 나를 이끌어주는 훌륭한 아내 엘리에게 감사를 표합니다.

기술 감수자 소개

앨버트 카이로 Albert Cairo

2012년 1월부터 마이애미 대학에서 인포그래픽과 데이터 시각화를 가르치고 있으며, 『The Functional Art』(위키북스, 2013, http://www.thefunctionalart.com)의 저자다. 스페인의 'EI 문도 온라인 El Mundo online'에서 인포그래픽 부서를 이끌었으며(2000~2005), 노스 캐롤라이나 채플 힐 대학에서 인포그래픽과 시각화 과목 교수로 재임했고(2005~2009), 브라질의 「에포카 매거진 Epoca Magazine」의 인포그래픽 및 멀티미디어 부서장으로 일했다(2010~2011). 지난 10년간, 20여 개국의 언론 단체와 교육 기관의 컨설팅을 담당하기도 했다.

벤 존스 Ben Jones

데이터 분석 및 데이터 시각화에 대한 내용을 손쉽게 찾고 공유할 수 있는 웹사이트인 Data Remixed를 만들었다. 기계공학과 경영을 전공했으며 재계에서 프로세스 개선 전문가 및 강사로 일했다. 타블로 Tableau 소프트웨어에서 인터랙티브 데이터 시각화 자료를 만드는 업무의 전문가이며, 수많은 타블로 데이터 시각화 대회에서 수상했다. 이 책은 데이터 시각화 주제로는 처음 참여한 책이다.

앤디 커크가 이 책의 기술 감수자로 나를 선택해줘서 매우 감사하다. 또한 데이터 시각화 분야에 대한 열정을 추구하는 데 끊임없는 지원을 해준 아내 사라에게 감사를 표한다. 이 책을 만드는 데 필요한 지식을 알려준 동료 기술 감수자들께도 감사드린다.

산티아고 오르티즈 Santiago Ortiz

자바스크립트, HTML5, 액션 스크립트를 사용해서 자체 구축한 프레임워크로 매우 혁신적인 인터랙티브 웹 프로젝트를 기획하고 개발했다.

인터랙티브 시각화 프로젝트에서 10년 이상 일했으며, 2005년에는 유럽 최초의 정보 시각화 분야 회사인 베스티아리오Bestiario(http://bestiario.org)를 공동으로 창업했다. 현재는 미국과 유럽에서 프리랜서로 일하고 있다.

VISWEEK, FutureEverything, VizEurope, O'Reilly STRATA, SocialMediaWeek, NYViz, OFFF, ARS ELECTRONICA 등의 행사에서 발표해왔다.

O'REILLY radar, Fast CoDesign, Gizmodo, The Guardian datablog 같은 블로그에 프로젝트가 게재되고 있다.

제롬 쿠키어 Jerome Kukier

수년간 데이터 분석가로서 경험을 쌓고 OECD의 데이터 시각화 협회에서 코디네이터 역할을 해온 존경받는 데이터 시각화 컨설턴트다. 파리에서 활동하고 있으며, 전문 분야는 데이터 시각화, 데이터 분석, 게이미피케이션에 대한 기획 및 디자인이다. 방대한 업무 포트폴리오는 유명 시각화 및 디자인 웹사이트에서 흔히 접할 수 있고 http://www.jeromecukier.net에도 정리되어 있다.

옮긴이 소개

서하연(alex.data.class@gmail.com)

KAIST에서 전산학을 전공하고, 경영학석사MBA를 취득했다. 외국계 컨설팅 회사에서 경영 분석 및 전략 수립 프로젝트를 다년간 경험하면서, 데이터를 활용해 비즈니스 성과를 내는 법을 배웠다. 2012년 모바일 데이터 분석 서비스인 파이브락스의 기능 설계 및 화면 디자인을 총괄하면서 데이터 시각화에 대한 실전 경험을 쌓았고, 현재는 데이터 분석 회사인 알렉스앤컴퍼니Alex & Company에서 데이터와 관련해 어려움을 겪고 있는 다양한 조직을 돕는 일을 하고 있다. 『린 6 시그마 포켓 툴북』(네모북스, 2007), 『BSC STEP BY STEP 성과창출과 전략실행』(시그마인사이트컴, 2003)을 공역했다.

옮긴이의 말

데이터 분석 프로젝트 중 가장 어려운 작업은 분석 결과를 사용자(고객)에게 설명하는 일인 것 같다. 적절한 데이터를 확보하는 일이라든가, 어려운 통계 기법 혹은 알고리즘을 적용하는 일이 아니라 분석을 다 끝낸 후 찾아낸 인사이트를 전달하는 일이 가장 어렵다는 주장이 쉽게 납득되지 않을 수도 있다. 그러나 아무리 고되게 분석을 해도 그 결과가 사용자에게 온전히 받아들여지지 않으면, 분석 결과는 숫자가 잔뜩 적힌 서류 뭉치에 불과하고 애써 발굴한 인사이트는 빛날 기회를 잃는다.

저자는 이런 상황에 대한 솔루션으로 데이터 시각화를 제시한다. "데이터 시각화를 통해, 데이터를 그저 바라보기만 했던 사람들이 데이터를 이해하게 된다."라는 명쾌한 표현으로 데이터 시각화의 역할을 규정할 뿐 아니라, 데이터를 처음 탐색하는 작업부터 최종 시각화 작품을 만들어낼 때까지 거쳐야 하는 각 단계를 현장감 있는 목소리로 상세하게 설명한다.

이 책을 읽다 보면 드라마 ≪미생(未生)≫의 캐릭터인 철강팀 강대리가 떠오른다. 뭔가 뻔하고 평이한 말을 다소 딱딱하게 나열한 것 같다는 인상을 주기 때문이다. 첫 소감은 이렇다. '누가 그런 것도 모를까봐?' 그러나 문장을 되새기면서 '저 말을 왜 했을까' 자꾸 생각하다보면 저자가 오랜 경험을 통해 터득한 노하우가 농축액처럼 추출되어 가장 쉬운 문장으로 표현되어 있다는 사실을 알게 된다. 경험 많은 선배가 보여주는 숙련되고 군더더기 없는 일처리 방식처럼 말이다.

시각화를 전공하지 않은 사람이라면 누구나 가장 손이 잘 닿는 곳에 꽂아두고 시간이 날 때마다 순서에 상관없이 뒤적거리면서 보는 것을 권장한다. 동일한 페이지를 여러 번 읽어도 관계없다. 오히려 그렇게 되기를 바란다. 아는 만큼 보이는 것이 아니라, 곱씹고 되새기는 만큼 보이는 책이기 때문이다.

모두를 위한 데이터 시각화의 입문서로 오래 남을 의미 있는 책을 번역 출간하는 작업에 참여하게 되어 기쁘다. 기회를 주신 에이콘출판사 여러분께 감사드린다. 번역 작업을 하는 내내 어려움을 겪을 때마다 따뜻한 격려와 지원을 아끼지 않았던 스티븐Steven에게 깊은 애정과 감사 인사를 드린다.

서하연

목차

들어가며

예술, 과학, 수학, 테크놀로지, 그 외 다양한 흥미로운 재료로 만든 요리라고 할 수 있는 데이터 시각화의 세계에 온 것을 환영한다. 얼마 전까지만 해도 데이터로 그래프를 작성하거나 차트를 만드는 것은 전문가의 영역으로 생각되었고, 통계학자나 공학자, 과학자들이 하는 대단한 일로 여겨졌다.

최근에 데이터 분석과 시각화가 점차 주류가 되고 있지만 여전히 이런 종류의 일을 잘 할 수 있도록 교육을 받은 사람은 소수에 불과하다. 취향이나 본능이 신뢰할 만한 가이드의 역할을 할 수 있지만, 우리는 다양한 종류의 도전을 직면하고 그에 따라 선택들을 해야 하고 이 과정을 효과적이고 효율적으로 헤쳐나가기에 취향이나 본능만으로는 충분치 않다.

이 책은 데이터 시각화 작업에 좀 더 나은 노하우를 적용하고 작업에 자신감을 가질 수 있도록 돕는 유용한 가이드며, 데이터를 이해하고 주제를 찾고 데이터로부터 이야기를 찾아내는 과정에서 필요한 지식과 기술, 자원을 갖출 수 있게 하는 잘 정리된 방법론을 담고 있다.

또한, 시각화 프로젝트 과정에서 고려해야 할 모든 것을 단계적으로 알려주고, 언제 그것들을 검토해야 할지, 무슨 일을 할지를 결정하는 방법 등을 포함한 이해하기 쉬운 프레임워크를 제공한다.

이 책을 읽고 나면 최고의 결과물을 만들기 위해 필요한 모든 전술과 가이드를 확보했다는 자신감을 갖고, 프로젝트의 종류(규모나 복잡도, 협업 여부, 일회성 혹은 정기적)에 관계없이 확신을 갖고 착수하게 될 것이다.

이 책의 구성

1장. 데이터 시각화의 맥락 데이터 시각화라는 주제와 가치, 최근 동향을 소개한다. 이 장에서는 데이터 시각화 방법론과 효율적이고 효과적인 디자인을 만들어내기 위해 필요한 방안을 단계별로 소개하고, 선택 범위 중 적합한 것을 찾을 때 유용하게 참고할 수 있는 기초 설계 목표에 대한 토의로 마무리한다.

2장. 프로젝트의 목표 설정 및 핵심 요소 확인 시각화의 목적(시각화가 필요한 이유는 무엇이며 의도하는 효과는 무엇인가?)을 파악하는 작업으로 방법론의 첫 단계를 시작한다. 이어서 가급적 조기에 디자인 의사결정의 형태를 잡기 위해 시각화의 기능과 분위기를 결정하는 과정을 좀 더 자세히 살펴보고, 범위 결정 단계를 마무리하기 위해 프로젝트에 영향을 미치는 핵심 요인을 정의하고 효과를 측정해 본다. 효과적 시각화 솔루션을 만들기 위해 필요한 기술, 지식, 일반적 능력에 특히 관심을 기울일 것이다.

3장. 편집 방향 설정, 데이터 파악 우리가 사용하는 데이터에 얽힌 문제들과 데이터로부터 찾아내고 표현하고자 하는 이야기들을 살펴본다. 무엇을 말하고자 하는지를 보여주기 위한 편집의 방향성이 얼마나 중요한지 알아보고, 데이터 시각화 프로젝트에서 시간을 가장 많이 소모하는 작업인 데이터 준비 과정을 확인할 것이다. 이 장에서 배운 내용을 견고하게 하기 위해, 데이터로부터 이야기를 발견하고 표현하는 과정에서 시각화 방법론을 적용한 예제들을 살펴볼 것이다.

4장. 시각화 디자인 옵션 결정 데이터 준비 작업 및 범위 결정 단계 완료 후 효과적인 시각화 솔루션을 만드는 과정에 수반되는 디자인 이슈로 우리를 인도한다. 이는 디자인 옵션을 정의하고 무엇을 선택해야 할지를 파악한다는 점에서 이 책의 중심 내용이라고 볼 수도 있다. 이 단계를 통해 시각화 디자인의 구조를 치밀하게 분석하고, 우리의 도전을 데이터의 묘사와 표현이라는 상호 보완적인 두 관점으로 나눠 살펴본다.

5장. 데이터 시각화 방법론 분류체계 커뮤니케이션을 목적으로 데이터 시각화 방법론의 분류를 살펴본다는 점에서 앞 장과 관계가 있다. 이 장에서는 가장 많이 사용되는 차트 유형과 그래픽 방법론을 조직화해서 정리했고, 이를 활용해 각자의 프로젝트에 적용할 수 있는 아이디어 모음집을 만들 수 있을 것이다.

6장. 시각화 솔루션 구축 및 평가 시각화 디자인 구축 과정 중 마지막 단계에 집중한다. 이 장에서는 일반적이고 유용한 소프트웨어와 프로그래밍 환경을 개괄적으로 설명한다. 또한 시각화 디자인의 테스트, 완료, 출시 시점에 고려해야 할 주요 사안과 프로젝트의 출시를 평가하는 데 관련된 중요 항목을 제시한다. 마지막으로 데이터 시각화 디자인 기술을 끊임없이 배우고 개발하고 연마하는 데 도움이 되는 몇 가지 좋은 방법을 공유하면서 마무리한다.

이 책을 읽기 위해 필요한 것

역량 있는 시각화 전문가가 되기 위해서는 시간, 인내, 노력이 필요하다.

이 책을 읽기 위해 타고난 재능은 필요 없다. 어느 정도의 컴퓨터 활용 능력(소프트웨어와 프로그래밍), 수학과 통계에 대한 기본 지식, 디자인 감각이 있으면 이상적인 독자라고 할 수 있다.

물론 다른 것도 많이 알고 있다면 좋겠지만 가장 중요한 것은 데이터를 통해 숨겨진 인사이트를 발견하고 소통할 수 있도록 하는 창의력과 호기심이다. 이 두 가지를 갖추면 이 책을 최대한으로 활용할 수 있다.

이 책을 읽기만 해서는 기술을 익힐 수 없다. 이 전에 경험한 것들과 앞으로 하게 될 일을 현실적인 관점에서 검토해야 한다. 여기서 제시한 기술들을 적용하고 직접 경험을 통해 배우고 익히는 과정을 거치면, 지속적이고 성공적으로 능력을 향상시킬 수 있을 것이다.

이 책의 대상 독자

기존에 시각화 경험이 있는 사람이든 이제 막 시작한 사람이든 상관없이 이 책은 설계 방법론을 최적화하고자 하는 사람이라면 누구에게나 유용하다.

여러분은 디자이너로서 데이터 시각화에 접근하거나, 데이터 관련 기술을 익히고 싶거나, 분석적 능력은 높지만 디자인적 측면에서 영감을 얻고 싶은 사람일 수도 있고, 혹은 이야기를 만드는 데에는 탁월한 감각이 있지만 데이터 기반의 디자인을 다루는 데는 익숙하지 않은 사람일 수도 있다. 이 책은 누구에게나 어떤 식으로든 도움이 될 수 있도록 기획되었다.

혹자는 디자이너 역할에 만족하지 못하거나 데이터 시각화라는 분야에 새로운 호기심을 가질 수도 있다. 혹은 업무를 의뢰하거나 프로젝트 팀을 조정하는 중이어서 디자인 프로세스를 성공적으로 다루고 평가하는 법이 알고 싶을 수도 있다.

역할이나 배경지식에 상관없이 데이터 시각화에 관련된 모든 사람들이 이 책에서 도움을 받고 영감을 얻을 수 있기를 희망한다.

이 책의 편집 규약

정보의 종류를 구분하기 위해 여러 가지 편집 규약을 사용했다. 각 사용 예와 의미는 다음과 같다.

경고나 중요한 노트는 박스 안에 이와 같이 표시한다.

팁과 트릭은 박스 안에 이와 같이 표시한다.

독자 의견

독자로부터의 피드백은 항상 환영이다. 이 책에 대해 무엇이 좋았는지 또는 좋지 않았는지 소감을 알려주기 바란다. 독자 피드백은 독자에게 필요한 주제를 개발하는 데 매우 중요하다.

일반적인 피드백을 우리에게 보낼 때는 간단하게 feedback@packtpub.com으로 이메일을 보내면 되고, 메시지의 제목에 책 이름을 적으면 된다. 여러분이 전문 지식을 가진 주제가 있고, 책을 내거나 책을 만드는 데 기여하고 싶으면 www.packtpub.com/authors에서 저자 가이드를 참조하기 바란다.

고객 지원

팩트출판사의 구매자가 된 독자에게 도움이 되는 몇 가지를 제공하고자 한다.

오탈자

내용을 정확하게 전달하기 위해 최선을 다했지만, 실수가 있을 수 있다. 팩트출판사의 책에서 코드나 텍스트상의 문제를 발견해서 알려준다면 매우 감사하게 생각할 것이다. 그런 참여를 통해 다른 독자에게 도움을 주고, 다음 버전에서 책을 더 완성도 있게 만들 수 있다. 오자를 발견한다면 http://www.packtpub.com/support를 방문해 이 책을 선택하고, 정오표 제출 양식을 통해 오류 정보를 알려주기 바란다. 보내준 내용이 확인되면 웹사이트에 그 내용이 올라가거나, 해당 서적의 정오표 섹션에 그 내용이 추가될 것이다. http://www.packtpub.com/support에서 해당 타이틀을 선택하면 지금까지의 정오표를 확인할 수 있다. 한국어판은 에이콘출판사 도서정보 페이지 http://www.acornpub.co.kr/book/data-visualization에서 찾아볼 수 있다.

저작권 침해

저작권 침해는 모든 인터넷 매체에서 벌어지고 있는 심각한 문제다. 팩트출판사에서는 저작권과 라이선스 문제를 아주 심각하게 인식하고 있다. 어떤 형태로든 팩트출판사 서적의 불법 복제물을 인터넷에서 발견했다면 적절한 조치를 취할 수 있게 해당 주소나 사이트 명을 즉시 알려주길 부탁한다. 의심되는 불법 복제물의 링크를 copyright@packtpub.com으로 보내주기 바란다. 저자와 더 좋은 책을 위한 팩트출판사의 노력을 배려하는 마음에 깊은 감사의 뜻을 전한다.

질문

이 책에 관련된 질문이 있다면 questions@packtpub.com을 통해 문의하기 바란다. 최선을 다해 질문에 답해 드리겠다. 한국어판에 관한 질문은 이 책의 옮긴이나 에이콘출판사 편집팀(editor@acornpub.co.kr)으로 문의해주길 바란다.

1
데이터 시각화의 맥락

이 책을 시작하는 1장에서는 데이터 시각화Data Visualization라는 주제를 간략하게 설명하고, 이어서 이 책을 쓰게 된 의도를 이야기한다.

일단 데이터 시각화라는 주제를 몇 가지 맥락에서 설명하겠다. 이를 통해 데이터 시각화에 대한 관심이 증가하는 이유를 개략적으로 설명할 수 있을 것이다. 또한 기술은 발전하고, 수집과 활용 가능한 데이터의 양은 늘어나며, 혁신적인 형태의 커뮤니케이션에 대한 열망이 늘어나는 이 시대에 데이터 시각화라는 분야가 필요한 이유도 제시한다.

이어서 데이터 시각화의 이론적인 근거를 살펴볼 것이고, 이 중 특히 시각적 지각Visual Perception에 대한 이해가 얼마나 중요한지 짚고 넘어갈 것이다. 또한 이 책의 나머지 부분을 위하여 데이터 시각화에 대한 정의들을 확인할 것이다.

다음으로 이 책의 뼈대가 되는 데이터 시각화 방법론을 소개하고, 효과적이고 효율적인 디자인 프로세스를 지원하는 데 이 방법론이 어떤 역할을 하는지 알아본다.

마지막으로 데이터 시각화의 기본적인 디자인 목표를 살펴볼 것이다. 시각화의 디자인 목표는 디자인 솔루션을 찾는 과정에서 유용하게 쓸 수 있는 프레임워크를 제공한다. 이 프레임워크를 활용하면 디자인 해결책을 찾는 과정에서 하게 되는 선택들의 적합성을 평가할 수 있다.

디지털 시대 개척

구글의 최고 경제학자인 할 베리언은 다음과 같이 말했다(http://www.mckinseyquarterly.com/Hal_Varian_on_how_the_Web_challenges_managers_2286).

> 데이터를 다루는 능력은 데이터를 이해하고, 처리하고, 데이터로부터 가치를 뽑아내고, 시각화하고, 이를 활용해서 커뮤니케이션하는 능력을 뜻하며, 이는 앞으로의 세대에 있어 대단히 중요한 능력이 될 것이다.

데이터 시각화는 새롭게 등장한 개념이 아니다. 데이터를 활용한 시각적 커뮤니케이션은 우리 주변에 다양한 형태로 수백 년 동안, 심지어는 수천 년 동안 존재해왔다. 기업의 임원 회의실에서 여전히 가장 많이 쓰이는 방법인 선 그래프, 막대 그래프, 파이 차트 등도 18세기부터 사용된 것이다.

새롭다고 할 만한 것은 데이터 시각화에 대한 관심과 흥미라고 할 수 있으며, 이는 지난 세대를 거치는 동안 비주류에서 주류로 부상했다.

새롭고 강력한 기술력뿐 아니라 좀 더 개선된 데이터 접근성과 투명성Transparency을 확보하고자 하는 문화적 변화가 촉매가 되어 이 분야는 급격한 성장을 경험했다.

한 때 이 분야의 업무는 전문 통계학자나 엔지니어 혹은 학계의 전유물로 여겨졌지만, 오늘날 세계 곳곳에 존재하는 현장은 매우 활발하고, 정통하고, 포괄적이며 혁신적인 실무자들의 커뮤니티이며, 이 분야를 더욱 매력적으로 발전시키고 있다. 다음 이미지는 여러 국가에 걸쳐 웰빙Well-being의 수준을 비교한 OECD의 '더 나은 삶 지수Better Life Index' 스크린샷이며, 이 분야에서 각광받고 있는 매우 성공적인 시각화 도구 중 가장 최근의 사례다.

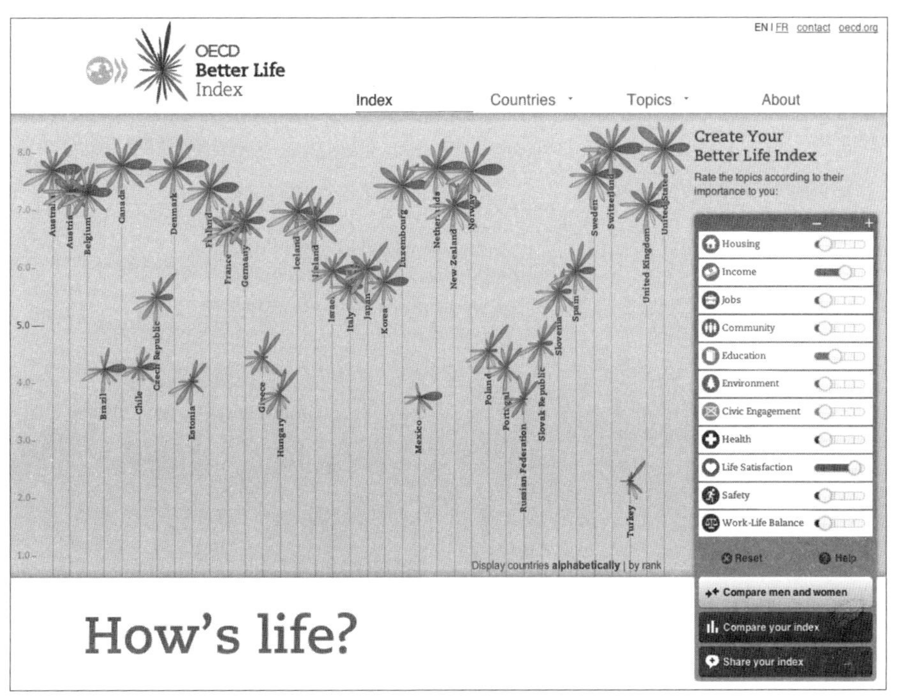

▲ 이미지 출처: 모리츠 스테파너(Moritz Stefaner)(htpp://moritz.stefaner.eu)와 라우레이프 GmbH(Raureif GmbH)(http://raureif.net)의 "OECD Better Life Index"(http://oecdbetterlifeindex.org)

데이터 시각화는 다재다능하고 경계에 얽매이지 않으며 유행에 민감한 젊은이와 같다. 과거 몇 년에 걸쳐 할 베리언과 같은 저명한 사람들이 이 분야를 넥스트 빅 씽Next Big Things 중 하나로 예측했다.

데이터 시각화를 지나가는 유행이나 또 하나의 공허한 버즈워드buzzword로 보는 것은 근시안적이다. 데이터를 이해하고 남에게 전달하고자 하는 수요는 그 중요성이 계속 증가할 것임이 확실하기 때문이다. 그러나 현재의 빅 씽Big Thing이 진화하여 넥스트 빅 씽이 된다는 점을 고려하면, 이 분야는 확산과 성숙에 있어 중요한 시험 무대에 도달했다는 것을 알 수 있다. 기대는 점점 부풀어왔고 이제는 증명이 필요한 크기가 되었다. 실험이나 지속적인 혁신뿐 아니라 어느 정도 구체적인 것을 보여줄 때가 되었다.

시각화는 현대 사회에서 차지하는 역할이 크기 때문에 특히 중요성이 강조되는 분야이다. 이해를 돕기 위해, 세상을 데이터의 측면으로 한 번 살펴보자.

여러분이 지난 24시간 동안 만들어 낸 데이터 흔적Data Footprint을 잠깐 떠올려보자. 여러분이 참여한 활동이나 취한 동작이 데이터로 만들어지거나 수집된다.

여러분은 가게에서 무엇인가를 사거나 전등의 스위치를 켜고, 차에 기름을 넣고, TV를 보는 것 같은 활동을 하고, 이 활동 목록은 계속 추가된다.

우리가 하는 거의 모든 일은 디지털 흔적Digital Consequence을 남기고, 우리의 삶은 끊임없이 기록되고 정량화된다. 조금 으스스할 수도 있고, 조지 오웰의 디스토피아Dystopia가 임박한 것처럼 느낄 수도 있다. 그러나 여전히 분석적 호기심을 갖고 있는 사람들을 위해 이야기하자면, 이 저장된 데이터가 우리가 사는 세상에 대한 발견과 그 발견을 공유할 새로운 기회들을 만들 것이다.

엄청난 발전과 강력한 기술에 대한 접근성으로 인하여 믿기 힘든 분량의 데이터를 믿기 힘든 속도로 수집하고, 생성하고, 유통하고 있다. 디지털 정보는 실로 기하급수적으로 증가하고 있으며, 인류가 지난 2년 동안 생성한 데이터는 그 이전의 전 인류 역사 기간 동안 축적한 데이터보다 많은 양이다(http://www.emc.com/leadership/programs/digital-universe.htm).

데이터는 이제 보이지 않는 자산이다. 관점에 따라서는 세상을 좀 더 낫게 변화시킬 수 있는 무엇일 수도 있고, 경쟁적인 금광으로 만드는 무엇일 수도 있다. "데이터는 새로운 석유이다."라고 2006년 던험비Dunnhumby의 크리브 험비Clive Humby가 최초로 이야기했고 오늘날 관심을 끌고 있는 용어이다. 기업과 정부 기관, 과학자들은 그들이 관리하는 데이터의 엄청난 속도와 다양성, 놀라울 정도의 데이터 사이즈[1]를 효과적으로 활용하는 것이 도전과 동시에 기회라는 것을 알아챘다.

그러나 1과 0으로 만들어진 이 깊은 유정(油井) 안에 담긴 잠재력을 사용하기 위해서는 데이터를 분석하고 핵심적인 통찰을 전달하기 위한 기술을 활용해야 한다.

---

1 빅데이터를 정의하는 속성인 데이터 사이즈(Volume), 다양함(Variety), 속도(Velocity)를 말한다. – 옮긴이

반대 입장에서 보면, 우리는 데이터의 소비자이기도 하다. 수집된 데이터의 양을 고려할 때, 인류 역사상 이렇게 많은 양의 데이터를 처리하고 정리하게 될 것이라고 결코 예상하지 못했다.

신문, 잡지, 광고, 웹, 문자 메시지, 소셜 미디어, 이메일, 우리의 눈과 뇌는 끊임없이 정보의 포격을 당하고 있다. 통상 우리는 하루에 100,000단어를 소비하는 것으로 파악되며(http://hmi.ucsd.edu/howmuchinfo_research_report_consum.php), 이는 모두 처리하기에 너무 많은 분량의 정보다.

의심할 여지없이, 다수의 시각적 공격은 아무 영향을 남기지 않고 스쳐 지나간다. 대부분은 잡신호noise로 취급한다고 해도, 이를 처리하느라 과부하가 걸리고 포화상태에 빠져 멍해지기 마련이다.

이러한 상황을 통해 좀 더 효과적이고 효율적인 데이터 전달 방법이 필요함을 확인할 수 있다. 흥미롭고 유익한 방식으로 메시지를 전달받는 방법이 필요하다.

데이터가 새로운 석유라면 데이터 시각화는 데이터의 가치를 드러내는 엔진이다. 그리고 이것이 데이터 시각화가 디지털 시대를 개척하는 데 있어 최적의 분야인 이유다.

발견을 위한 도구로서의 시각화

존 투키John W. Tukey가 그의 저서 『Exploratory Data Analysis』에서 다음과 같이 말했는데, 이는 데이터 시각화의 가치를 이야기한 가장 흥미로운 주장 중 하나다.

> 전혀 기대하지 않은 것을 깨닫게 해줄 때 그림은 가장 가치 있다.

시각화를 활용하여 데이터를 새로운 관점으로 볼 수 있다는 점과 가공되지 않은 데이터에 숨어 있는 패턴과 예외 사항, 있을 수 있는 이야기들을 시각적으로 관찰할 수 있다는 점을 설명하겠다. 이런 접근은 시각화를 탐색의 도구로 간주하는 것이다.

1970년 대 유명한 통계학자인 프란시스 앤스콤비Francis Anscombe는 이런 관점을 지지하는 모델을 개발했다(우연찮게도 앤스콤비는 투키의 처남이다). 그는 4가지 종류의 데이터 집합을 포함하는 실험을 설계했는데, 각 데이터 집합은 거의 동일한 통계 속성(평균, 분산, 상관관계 등)을 보인다. 이 모델은 '앤스콤비의 콰르텟Anscombe's quartet'으로 알려져 있다.

x1	y1	x2	y2	x3	y3	x4	y4
10	8.04	10	9.14	10	7.46	8	6.58
8	6.95	8	8.14	8	6.77	8	5.76
13	7.58	13	8.74	13	12.74	8	7.71
9	8.81	9	8.77	9	7.11	8	8.84
11	8.33	11	9.26	11	7.81	8	8.47
14	9.96	14	8.1	14	8.84	8	7.04
6	7.24	6	6.13	6	6.08	8	5.25
4	4.26	4	3.1	4	5.39	19	12.5
12	10.84	12	9.13	12	8.15	8	5.56
7	4.82	7	7.26	7	6.42	8	7.91
5	5.68	5	4.74	5	5.73	8	6.89

▲ 앤스콤비가 재해석한 샘플 데이터 집합

(출처: 통계 분석을 위한 그래프, 미국 통계학회 저널, 27호, 17-21p, 1973년)

이 데이터 집합에서 무엇을 파악할 수 있을까? 눈에 띄는 패턴이나 경향성이 있나? 4번째 집합에 8이 계속 등장하지만, 그 외에는 딱히 흥미로운 내용이 없다.

자 그럼, 이 데이터를 시각화하면 무엇을 확인할 수 있는지 보자.

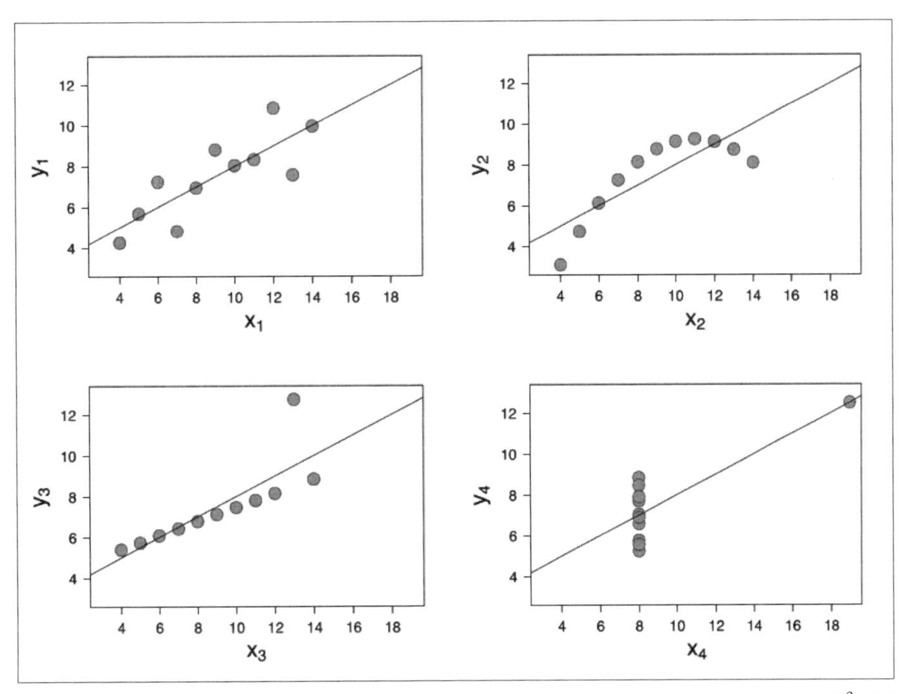

▲ '크리에이티브 커먼즈 저작자표시-동일조건변경허락(Creative Commons Attribution-Share Alike)'[2] 하에 공개된 이미지 (출처: http://commons.wikimedia.org/wiki/File:Anscombe%27s_quartet_3.svg)

앞의 그래프들을 보는 순간 다음과 같은 패턴들을 바로 파악할 수 있다. 이 패턴들은 4개의 데이터 집합에 걸쳐서 X와 Y 값의 관계가 만들어내는 것이다.

- X1, Y1의 추세선이 보이는 일반적인 경향
- X2, Y2의 곡률 패턴
- X3, Y3에서 하나의 특이점을 가진 강한 선형 패턴
- X4, Y4에도 유사하게 파악되는 하나의 특이점을 가진 강한 선형 패턴

2 크리에이티브 커먼즈 라이선스(CCL, Creative Commons License)는 자신의 창작물을 일정한 조건 하에 다른 사람이 자유롭게 이용하도록 허락하는 오픈 콘텐츠 라이선스다. Attribution은 저작자 표시 의무, Share Alike는 동일조건변경허락 의무(콘텐츠를 변경하더라도 원저작물과 동일한 CCL 적용해야 함)를 말한다. - 옮긴이

앤스콤비가 실험을 통해 의도했고 또 실제로 보여준 것처럼 데이터를 시각화하는 것은 매우 중요하다. 데이터를 제대로 이해하고 잘못된 결론을 이끌어내는 것을 피하기 위해, 주요한 통계 속성 몇 가지만을 사용해서 데이터 집합을 묘사하기보다는 시각화 기법을 사용하는 것이 좋다.

시각적 표현 방식을 활용하면, 패턴과 관계, 특이점과 같은 특성을 발견하고 확인하는 작업이 훨씬 쉬워진다. 이러한 것들이 아예 존재하지 않는 경우에도 동일하다. 이런 사실을 통해, 시작 부분에서 인용했던 그림의 가치에 대한 투키의 주장은 더욱 힘을 받는다.

데이터 시각화는 발견의 과정이며, 이를 활용하면 데이터를 단순히 보기만 했던 사람들이 데이터를 이해하게 된다. 이는 미묘하지만 중요한 차이이다.

시각화 지식의 기반

데이터 시각화는 쉽지 않다. 이 점을 명확히 하고 시작하자. 데이터 시각화는 일종의 예술로 간주되어야 하며, 서로 다른 여러 종류의 기술을 독특하게 조합해서 만들어진다. 이 과정은 오랜 시간과 인내를 소모하며, 많은 양의 연습과 경험을 필요로 한다.

또한, 인지 과학이나 통계학, 그래픽 디자인, 지도 제작법, 전산학 등 몇 가지 전통적인 주제에 대한 넓고 심도 있는 지식이 필요하다.

전문가가 되기 위해 여러 분야의 지식이 필요하다는 점은 시각화를 도전적인 주제로 만들기도 하지만, 반대로 많은 사람들에게 흥미로운 제안이 되기도 한다. 이 분야에 다양한 배경을 가진 사람들이 참여하고 있다는 사실이 이를 입증한다.

여러 분야의 융합이라는 관점을 좀 더 상위 레벨에서 보면, 데이터 시각화는 예술과 과학의 교차점이라고 표현할 수 있다. 예술적인 관점과 과학적인 관점의 조합은 섬세한 혼합물을 만들어내고, 이와 같은 대조적인 성분들 간에 적절한 균형을 잡는 것이 디자이너의 작업을 성공 또는 실패로 결정짓는 기준이 된다.

이 분야의 예술적 측면은 디자인 역량을 촉진시키고 혁신에 힘을 실어주는 역할로 볼 수 있다. 디자인적 소통에 성공하려면, 심미적으로는 사용자의 눈을 사로잡고 감성적으로는 그들의 마음에 오래 남아야 한다. 최근 이 분야에 탁월한 수준의 창조적인 작품들이 있다. 그 중 일부는 이 장에서 살펴볼 것이다.

시각화의 저변에 깔린 과학은 다양한 형태로 나타난다. 이미 전산학이나 수학, 통계학에 대해서는 언급했지만, 시각화가 비롯된 또 하나의 중요한 기반은 인지 과학cognitive science에 대한 이해와 시지각visual perception에 대한 연구다. 이것은 시각 정보를 처리하기 위해 눈과 뇌가 어떻게 상호작용하는지를 설명한다.

시각적 인지에 관해 가장 영향력 있는 연구는 1900 년대 초 게슈탈트 학파[3]에 의해 진행되었고, 인지 기관의 법칙the Laws of Perceptual Organization이라는 형태로 정리되었다(http://www.interaction-design.org/encyclopedia/data_visualization_for_human_perception.html).

이 법칙을 통해 우리는 눈과 뇌가 구성 요소들의 배치와 물리적 속성에 근거하여 전체 패턴을 파악하는 데 있어서 얼마나 다른 방식으로 작동하는지 체계적으로 알 수 있다.

게슈탈트 법칙에 대한 두 개의 시각적 사례를 보자.

다음 페이지의 왼쪽 그림은 유사성의 법칙Law of Similarity을 설명한다. 그림에는 행마다 다르게 칠해진 원이 연속해서 나열되어 있다. 시각 프로세스는 이 그림을 보는 순간 동일한 색의 원끼리 연결해서 그룹을 만들고, 색이 칠해지지 않은 행과 구분하여 서로 다른 그룹으로 인식한다. 이 과정은 전주의적 반응pre-attentive reaction으로써, 이를 위해 생각을 하거나 결론을 내기 위해 기다릴 필요가 없다.

3 게슈탈트 학파(the Gestalt School of Psychology): 인간의 시지각이 어떻게 작동하는지 연구하는 독일 심리학자들이 주요 시지각 현상을 다수 발견하고 이를 체계적으로 정리했다. 모양 혹은 도형을 뜻하는 독일어가 게슈탈트이기 때문에 이들의 이론은 시지각의 게슈탈트 원리(the Gestalt Principles of Visual Perception)라는 이름으로 알려지게 되었다. – 옮긴이

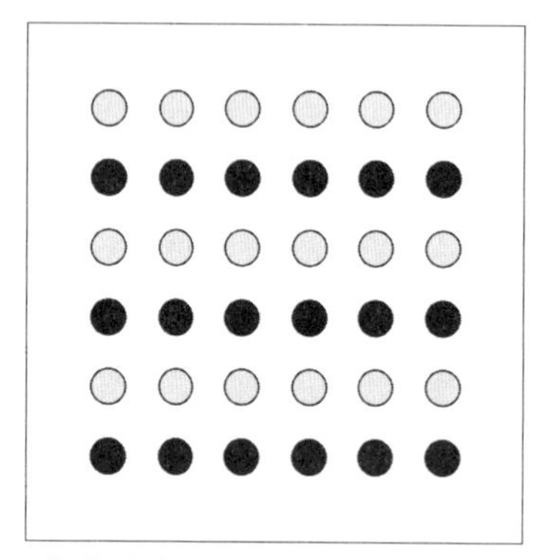
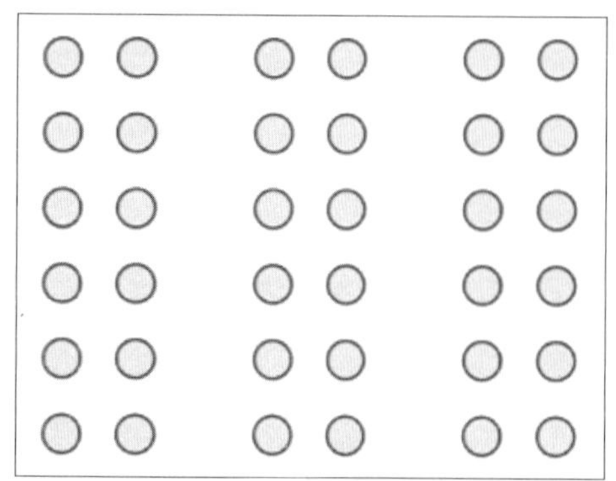

▲ 출처: 위키미디어 공용 미디어 파일 저장소(http://en.wikipedia.org/wiki/File:Gestalt_similarity.svg, http://en.wikipedia.org/wiki/File:Gestalt_proximity.svg)

오른쪽 그림은 근접성의 법칙Law of Proximity을 설명한다. 그림에서 원이 두 열씩 붙어서 배열된 것을 보고, 붙어 있는 열끼리 관련이 있으며 나머지 쌍과 구분된다고 가정하게 된다. 즉, 6개의 열이 아니라 3개의 덩어리나 그룹으로 파악한다.

시지각에 대한 지식의 밑바닥에는 시기능visual Function은 매우 빠르고 효율적인 반면 사고 과정을 거쳐야 하는 인지 절차cognitive Process는 훨씬 느리고 비효율적이라는 이해가 깔려 있다. 시각화에서 이런 속성을 잘 활용하면, 데이터를 이해하는 과정에서 디자인이 좀 더 효과적인 역할을 할 수 있다.

축구 선수가 패널티를 받는 장소를 분석한 다음의 예제들을 살펴보자.

첫 번째 그림은 상당히 명료해서 축구공 표시와 위치, 구분 색을 즉시 확인할 수 있다. 보는 순간 바로 알 수 있으므로 그림을 해석하는 방법을 고민할 필요가 없고, 대신 파악된 정보가 의미하는 바를 생각하는 데 집중하게 된다. 이 패턴과 정보가 의미하는 바는 무엇일까? 만약 골키퍼라면, 패널티를 받는 선수가 골의 오른편으로 슛을 쏘는 경향이 있다는 것을 알게 될 것이다.

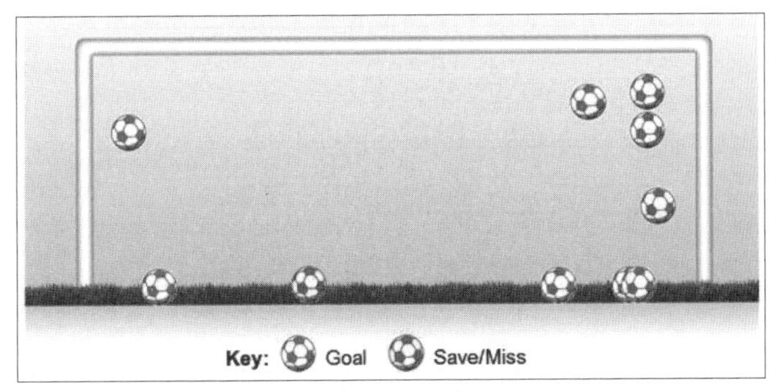

▲ "fair use" 조건 하에 재배포된 그림 (출처: http://www.facebook.com/castrolfootball)

두 번째 그림은 첫 번째 그림과 동일한 유형의 데이터를 표현했지만 어수선하고 혼란스럽다. 단순하고 적당히 공백이 있는 첫 번째 그림과 대조적으로, 두 번째 그림은 강한 색을 사용하고 배경에 그물을 그려 넣었다. 그 결과 눈과 뇌는 도드라지는 배경으로부터 데이터를 분리하는 일, 즉 그물 그림 속에서 축구공의 위치와 색을 찾기 위해 더 많은 일을 해야 한다.

이와 같이 데이터를 표현하는 형태나 속성을 쉽게 이해하지 못할 수도 있으므로, 유사성의 법칙에 따른 전주의적 시지각 능력에만 의존해서는 안 된다. 경우에 따라서는 해석 과정이 심각하게 지연되거나, 의사소통의 효과성 및 효율성이 약화될 수 있다.

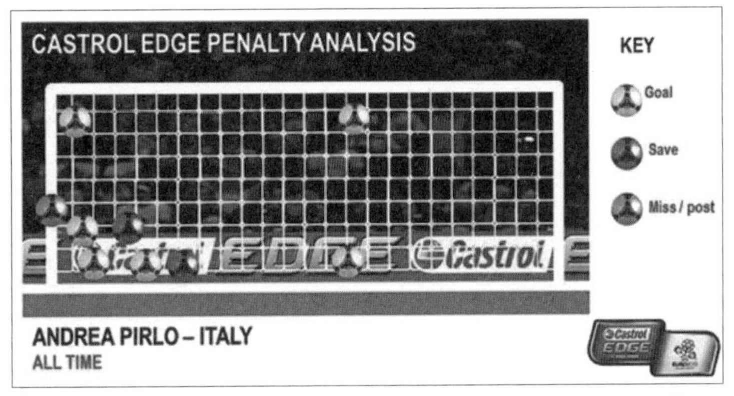

▲ "fair use" 조건 하에 재배포된 이미지 (출처: http://www.mirror.co.uk/sport/football/euro-2012-where-italy-will-place-their-penalties-907506)

앞의 사례는 간단한 예시일 뿐이지만, 데이터를 묘사할 때 시지각의 법칙을 이해하고 따르는 것이 얼마나 중요한지 알려준다.

시각 디자인을 할 때, 시기능의 강점을 살리고 인지 기능의 약점을 피해야 한다. 데이터를 읽고 이해하는 데 필요한 생각이나 계산은 최소화하고, 눈이 효과적이고 효율적으로 일하게 해야 한다.

게슈탈트 학파뿐 아니라 자끄 베르탱Jacques Bertin, 프란시스 앤스콤비Francis Anscombe, 존 투키John W Tukey, 조크 맥킨레이Jock McKinlay, 윌리엄 클리브랜드William Cleveland 등 영향력 있는 학자와 이론가들이 수년에 걸쳐 선도적인 연구와 이론을 개진하고 정리했으며, 이를 활용해서 효과적이고 효율적인 시각 디자인 방법을 좀 더 잘 이해하게 되었다.

여전히 진행해야 할 연구와 실험을 통해 검증할 내용이 많다. 그러나 지금까지 밝혀진 사실만으로도 디자인 작업에 지나치게 직관이 개입하는 것을 줄이는 데 상당히 도움이 된다.

데이터 시각화 정의

이제 데이터 시각화의 정의를 시작하자. 먼저 정보의 교환 과정에 참가하는 주체인 메신저와 수신자, 메시지를 살펴볼 것이다. 이 세 주체 간의 관계는 다음 그림에서 설명하는 것처럼 매우 중요하다.

다음 그림의 왼쪽에는 결과, 분석 내용, 이야기를 전하고자 하는 메신저가 있으며, 디자이너를 의미한다. 반대편에는 메시지의 수신자가 있으며, 시각화 산출물을 사용하는 사용자나 독자를 나타낸다.

중간의 메시지가 커뮤니케이션 채널이다. 우리의 경우에는 데이터 시각화에 해당하며 차트나 온라인 인터랙티브, 터치 스크린 설치, 혹은 뉴스의 인포그래픽일 수도 있다. 이러한 형식을 활용하여, 메신저는 수신자와 커뮤니케이션한다.

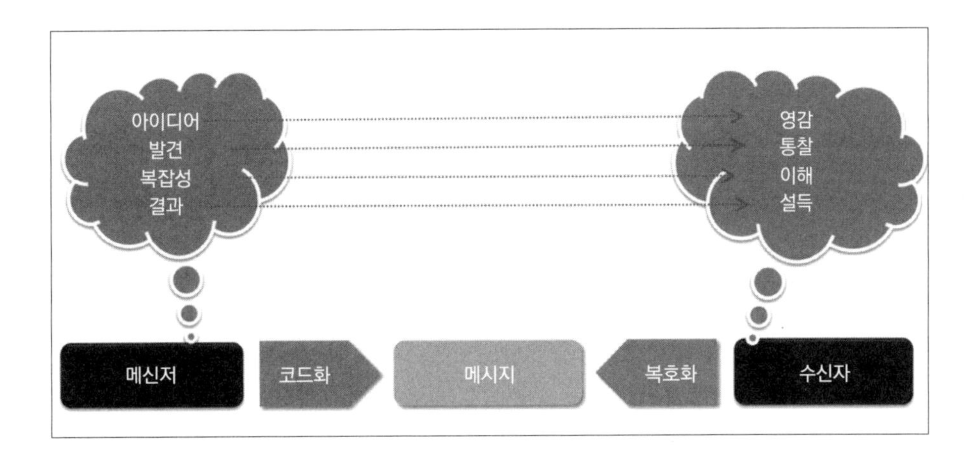

디자이너로서 여러분이 할 일은 독자의 입장이 되어 보는 것이다. 메시지로부터 독자들이 무엇을 찾으려고 할지 상상하고, 예측하고, 판단해보자. 그들이 찾는 이야기는 무엇일까? 새로운 것을 배우려는 것일까, 좀 더 감정적으로 영향을 줄 수 있는 설득시킬 만한 무언가를 찾는 걸까? 시각화 디자인 성공사례의 근간에는 이처럼 독자의 요구를 고려하고 존중하는 이해가 깔려 있다.

메시지는 사용자의 요구 사항을 만족시키고 또한 가장 효과적이고 효율적인 형태로 전달되어야 한다. 이를 보장하기 위해, 사용자가 스스로의 시지각 능력을 활용해 메시지를 가장 효율적으로 해석(복호화decode)할 수 있도록 디자인(코드화encode) 해야 한다.

시각화에 대한 논의가 상당히 초기 단계임에도 불구하고, 이 그림으로부터 다음과 같이 시각화를 정의내릴 수 있다.

> 시각화란, 인지를 확장하기 위해 시지각 능력을 활용하여 데이터를 묘사하고 표현하는 것이다.

이 정의를 명확히 하기 위해, 정의에 포함된 요소들을 좀 더 자세하게 살펴보자.

- **데이터의 형상화**The representation of data: 물리적으로 데이터를 표현하기 위해 선택한 방식이다. 선이나 막대, 원, 혹은 다른 양식이든, 데이터가 원재료이고 그 특

성을 가장 잘 설명하는 데이터 묘사를 만들어내는 것은 동일하다. 4장과 5장에서 이 내용을 구체적으로 다룰 것이다.

- **데이터의 표현**The presentation of data: 데이터의 묘사 이후의 단계이다. 데이터 묘사를 전반적인 커뮤니케이션 작업에 통합하는 방법이며, 어떤 색, 주석, 인터랙티브 특성을 선택할지도 포함한다. 이 내용도 역시 4장에서 더 자세하게 다룰 것이다.
- **시지각 능력의 활용**: 눈과 뇌가 정보를 효과적으로 처리하는 방법을 과학적으로 이해하는 것. 이는 공간 추론spatial reasoning이나 패턴 인식, 큰 그림을 그리는 사고big-picture thinking[4]를 활용하는 것을 말한다.
- **인지의 확장**: 정보를 생각이나 통찰, 지식으로 처리 하는 방법을 효과적이고 효율적으로 극대화하는 것

이렇게 시각화의 정의를 구성하는 몇 가지 요소를 살펴봤다. 각 요소를 이해하는 것도 중요하지만, 궁극적으로는 독자나 사용자가 주제에 대해 더 잘 알게 되었다고 느끼게 만드는 것이 데이터 시각화의 목표일 것이다.

앞서 제시한 데이터 시각화의 정의는 다수의 학자나 저자, 디자이너들 등 전문가의 견해와 크게 다르지 않다. 설명한 모든 것은 패러다임의 전환을 의도하는 것이라기보다는 이 분야에 대한 다년간의 경험과 가르침, 실습, 계속된 연구에 의해 만들어진 개인적인 견해에 가깝다.

데이터 시각화는 변화무쌍하고 계속 진화 중인 분야이다. 그리고 예술과 과학의 특정한 조합을 통해 그 실체가 만들어진다. 따라서 데이터 시각화는 하나의 완전한 정의 혹은 보편적인 정의를 내리기 힘들다. 앞에서 논의한 데이터 시각화의 정의 또한 완벽하지 않지만, 이를 참고하면 데이터 시각화 분야에 대한 안목을 기르는 데 도움이 되고 시각화 분야에서 새로운 형태의 창의적인 발전이 있을 때 이를 쉽게 알아볼 수 있을 것이다.

4 구체적인 사실에서 추상적인 수준으로 발전시키는 사고 능력 – 옮긴이

대중을 위한 시각화 기법

다음은 스티븐 퓨Stephen Few가 자신의 책인 『Show me the Numbers』에서 쓴 문장이다.

> 효과적으로 정보를 표현하는 기술은 직관이 아니라 학습을 통해 얻어진 원칙에 의해 습득된다.

점점 많은 사람들이 데이터 분석, 표현, 해석 관련 일을 하게 되었다. 이는 접근 가능한 데이터가 급격하게 증가했을 뿐 아니라, 데이터가 담고 있는 잠재적인 정보의 가치에 의한 자연스러운 현상이다.

앞에서 한 번 언급했듯이, 데이터를 다루는 일은 한 때 전문가의 영역이었지만 점점 일반 업무화되고 있다. 데이터를 처리하고 분석하는 도구를 언제 어디서나 사용할 수 있게 되면서 이런 현상은 더욱 가속화되고 있다.

이는 시각화가 대중에게 문제인 동시에 기회라는 것을 의미하며, 효과적인 사례를 발굴하고 대중에 전파하는 일이 꼭 필요하다는 사실 또한 확인할 수 있다.

스티븐 퓨의 인용문은 독자의 마음에 반향을 불러 일으킬 것이다. "이런 식으로 시각 디자인을 하는 이유는 무엇일까?"라고 자문한다면, 어떻게 대답할 수 있을까? 다른 사람에게 정보를 제공하기 위해 만든 차트나 그래프를 떠올려보자. 어떻게 디자인했는가? 어떤 요소를 고려했는가?

다음 중에서 그 대답을 찾을 수 있을 것이다.

- 개인적인 취향에 기반한 디자인 스타일이 있다.
- 마음에 드는 것이 본능적으로 떠오를 때까지 이것저것 시도한다.
- 소프트웨어에서 제공하는 기본 디자인에 만족하고 더 수정하지 않는다
- 소프트웨어에 익숙하지 않아서 디자인을 수정하는 방법을 모른다.
- 상사의 요구에 따른다. - "멋진 차트를 만들어 주겠나?"

많은 사람들에게 데이터 시각화 디자인 기술을 의식적으로 다뤄보자는 아이디어가 꽤 새로울 것이다. 교육 수준을 막론하고 시각화 기법을 가르치는 정규 과정이 없다는 것은, 여태 누구도 각자의 시각 디자인 접근 방식에 대해 고민해보지 않았을 수도 있다는 것을 의미한다.

이 주제에 대해 생각하기 전에는, 데이터를 표현하는 방식에 대해 어떤 식으로든 훈련을 받거나 사전 지식을 갖고 있지 않았다. 심지어는 이에 대해 전혀 생각해본 적도 없었다. 취향과 직감을 지침으로 삼았고, 엑셀 같은 도구를 사용해서 기교를 자랑하고자 하는 의도 정도가 있었던 것 같다. 색조의 점진적인 변화gradient와 감동적이라고 표현할 수밖에 없었던 3D 효과를 일반적으로 사용했던 1995년부터 2005년까지의 그래픽 작업에 대해서는 이번 기회를 빌어 사과하고 싶다는 생각이 들 정도다. 요지는 더 나은 방법이 있는 줄을 몰랐다는 것이다. 관심 밖의 일이었다.

본능에 의지하는 것, 즉 도움이 될 것으로 보이는 솔루션들을 적당히 다루는 것으로도 작업에 필요한 요구 사항은 상당 부분 충족된다. 그러나 막대 그래프보다 발전된 도구를 사용하고, 데이터를 전달하고 반응하는 과정에 적용할 수 있는 창의적인 방법이 있으면 좋겠다는 이야기를 종종 듣게 될 것이다.

이런 입장을 이해하지 못하는 것은 아니지만, 그저 무엇인가 다른 것(더 나쁘게는, 무엇인가 "멋진" 것)을 원하기만 하는 것은 좋은 동기가 아니다.

작고 간단한 차트든 복잡한 인터랙티브 그래픽이든 데이터 시각화 디자인 접근 방법을 최적화하고 싶다면, 필수적인 지식과 다수의 디자인에 대한 안목을 갖춰야 할 뿐 아니라 분석적 의사결정 능력 또한 필요하다.

이전에 제시한 것처럼, 본능과 취향은 지금까지는 유효했지만 효과성 측면에서 완전히 새로운 단계로 넘어갈 일만 남았고, 주요 디자인 컨셉을 이해하고 창의적인 프로세스를 배울 때가 되었다. 이것이 바로 방법론의 중요성이 대두되는 이유다.

데이터 시각화 방법론

이 책에서 제시하는 설계 방법론은 어떤 시각화 과제에도 쉽게 적용할 수 있게 만들었다. 효율적으로 처리되어야 하는 중요한 분석과 설계 작업, 의사결정의 순서를 알려준다.

경영 과학OR, Operational Research[5] 수업을 들은 학생이라면, 계획과 준비 과정을 거쳐 전략을 도출하고 실행하는 방식으로 일을 처리하여, 복잡한 문제를 매우 효과적이고 효율적이며 세련되게 해결할 것이다. 데이터 시각화도 마찬가지다.

이 방법론의 적용을 통해 핵심 단계와 고려 사항, 전략을 인식하여, 시각화 프로젝트를 잘 해결해 나갈 수 있을 것이다.

디자인은 대부분 간단한 선형의 프로세스가 아니다. 어떤 단계에서는 순서를 바꿔야 하고, 다른 어떤 단계에서는 반복이 필요한 경우도 있다. 새로운 요인이 나타나서 대안에 영향을 미칠 수도 있으므로 유연함과 열린 마음이 중요하다. 모든 구성요소를 하나하나 다시 살펴보고, 의사결정을 되짚어 보고, 방향을 바꿔보는 것이 필요할 수도 있다. 앞으로 하려고 하는 일이 무엇인지를 파악하는 것은 디자인 선택이라는 지뢰밭에서 최선의 길을 찾게 해줄 것이다.

어떤 사람들은 기본적으로 반복을 통해 만들어지는 디자인 프로세스를 따르는 것이 불편할 수 있다. 그러나 조직적이고 순차적인 방법으로 비효율성과 자원 낭비를 줄일 수 있다면 모두가 이러한 방식에서 가치를 찾을 수 있다고 생각한다.

데이터 시각화 과정에서 나타나는 디자인적 도전은 대부분 기술과 관련이 있고, 시각 디자인의 창조와 실행은 다양한 애플리케이션과 프로그램의 지원이 필요하다. 그러나 방법론은 기술적으로 중립이어야 하고, 개념화와 논증, 의사결정에 중점을 두어야 한다.

---

5 운용 과학(運用科學, Operations research)은 수학적, 통계적 모형 등을 활용하여 다양한 계획에 대해 가장 효율적인 해법을 도출해 내는 기법이다. '운용 과학'이라는 용어는 흔히 경영 과학(Management Science)의 뜻으로 사용되기도 하지만, 이는 경영 과학을 포함한 더 넓은 의미를 담고 있다. 하지만, 그 용어 자체는 'Operations Research'라는 영어 낱말을 그대로 직역한 것으로, 그 의미가 모호하여 학계에서 잘 사용되지 않고, 많은 교육 기관 및 학회에서 줄임말인 'OR'로 부르고 있다. – 옮긴이

소프트웨어는 다양하고, 계속 진화하며, 일반적으로 파편화(세상 모든 일을 해결할 수 있는 단 하나의 도구는 없다)되어 있다. 이는 개별 소프트웨어의 능력이나 활용도와 상관없이, 검증된 의사결정이 중요함을 의미한다.

강조해야 할 또 다른 핵심 포인트는, 데이터 시각화는 엄밀히 말해 과학이 아니라는 것이다. 시각화 분야에는 수학이나 과학과 달리 단 하나의 정답이나 이상적인 상태가 존재하지 않는다. 가장 만족에 가까운 솔루션을 찾기 위해 경험적 방법론을 사용하는 것에 가깝다.

그런 의미에서 방법론은 일방적인 지시는 최소화하고 기본적인 가이드라인에 집중한다. 때로는 혼란이나 자유로운 실험, 직관에 이끌림, 혹은 임의적인 감각이 더 큰 창의성과 우연적인 발견을 만들어 내기도 한다.

고려해야 할 중요한 것들을 제시하거나 다른 시나리오를 위한 잠재적인 솔루션을 제안하는 등의 방법으로 각자의 판단이나 재량에 따라 방법론을 유연하게 적용할 수 있다.

앞서 이 주제를 정의하면서 강조했듯이, 디자인 프로세스의 근본을 깨는 새로운 시도를 제안하는 것이 아니다. 이는 나의 경험, 내가 만났던 뛰어난 사람들과 교류를 통해 만들어진 개인적인 해석이지만, 이 주제에 대해 연구하는 사람이라면 대부분 추천할만한 방법들로 구성된다.

이 방법론을 적용한 이후 작업의 내용이 현저하게 개선되었고, 프로젝트를 효율적이고 우아하게 진행할 수 있게 했다. 이는 내가 항상 갈망했던 것들이다.

시각 디자인의 목표

2장에서 다룰 방법론을 시작하기 전에 핵심 디자인 목표를 확인하는 것이 중요하다. 이 디자인 목표는 작업의 진척도와 디자인 의사결정의 적절함을 판단하는 데 도움을 주는 프레임워크를 제공한다.

방법론은 프로세스의 단계별로 다수의 핵심 개념과 결정 사항들을 소개하는 반면, 디자인 목표는 개별 단계가 아니라 전체 과정에 걸쳐 있는 복잡한 이슈를 볼 수 있게 한다.

핵심 디자인 목표는 다음과 같다.

형식과 기능을 모두 고려할 것

다음은 미국의 유명한 건축가인 프랭크 로이드Frank Lloyd가 한 말이다.

> '형태는 기능을 따라간다'라는 말은 잘못된 말이다. 형태와 기능은 정신적으로 결합된 하나의 존재다.

첫 번째 디자인 목표를 통해 형태와 기능, 혹은 실체와 스타일 간의 해묵은 논쟁과 바로 맞닥뜨리게 된다. 1908년으로 돌아가보면, 프랭크 로이드 라이트Frank Lloyd Wright는 이들이 디자인의 여러 측면이며, 서로 결합하거나 전체 안에서 조화를 이루고, 둘 중 하나라도 희생시키지 않아야 한다고 주장했다. 형태와 기능은 동시에 추구할 수 있고, 양쪽 모두가 필요하기도 하다.

앞서 예술과 과학에 대한 논의에서 언급했듯이 균형을 찾는 것은 매우 어려운 일이지만, 심미적이고 동시에 기능성을 갖춘 최적점을 찾는 것을 목표로 해야 한다.

디자이너이자 저술가인 돈 노만Don Norman은 사람들이 매력적인 것에 얼마나 관대한지, 그리고 그것들을 얼마나 사용하고 싶어 하는지에 대해 이야기한다(http://www.jnd.org/dn.mss/emotion_design.html). 실제로 어떤 학설은 생각하는 방식과 어떻게 느끼는지가 서로 분리되지 않는다고 주장한다.

노만은 미적 감각이 얼마나 자연스럽게 감정적이거나 정신적인 반응을 이끌어내는지 설명한다. 그러나 감정적 애착 관계는 좋은 사용성이나 직관을 얻은 경험을 통해서도 형성될 수 있다. 매력적인 외형은 기능을 향상시키고, 기능은 그 실행을 통해 아름다움을 보여준다.

이 책 전반에 걸쳐, 형태와 기능 모두를 우아하게 구현하는 데에 성공한 디자인 사례들을 살펴볼 것이다. 다음 그림은 페르난다 비에가스Fernanda Viegas와 마틴 와텐버그Martin Wattenberg가 개발한 윈드맵 애니메이션에서 가져왔다. 이는 매우 아름답고 뛰어난 디자인으로, 미국 전역에서 부는 바람의 형태와 세기, 방향에 대한 정보를 사용자에게 제공한다. 형식과 기능이 최적으로 결합된 사례라고 할 수 있다.

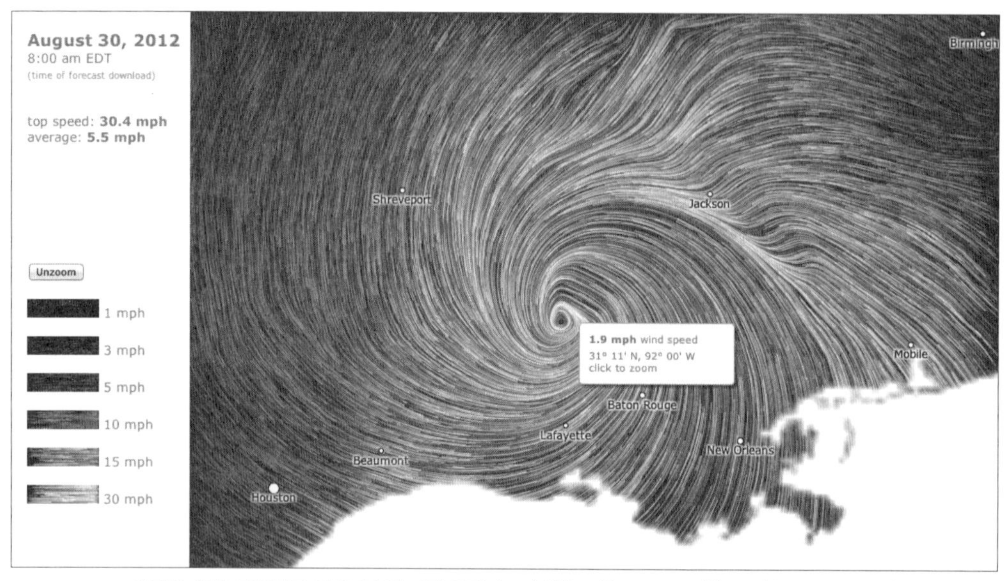

▲ 이미지 출처: 페르난다 비에가스와 마틴 와텐버그의 "윈드맵(Wind Map)"(http://hint.fm/wind/)

일반적인 조언을 하나 하자면, 초반에는 시각화의 기능성을 확보하는 데 집중하라. 초보자는 특히 이 충고를 염두에 두는 것이 좋다. 우선은 형식을 발전시키는 방법을 찾기보다는 기반을 확보해야 한다. 간단한 비유를 들자면, 내부 장식을 하기 전에 집을 먼저 지으라는 것이다. 그러나 이 둘은 본질적으로 연결되어 있기 때문에 너무 구분할 필요는 없다. 시간이 흐르면 이 둘을 훨씬 쉽게 조화시킬 수 있을 것이다. 이에 대한 자세한 내용은 4장에서 다룰 것이다.

모든 일의 필요성을 증명하라

다음은 「뉴욕 타임즈」의 그래픽 편집자인 아만다 콕스Amada Cox가 한 말이다(http://vimeo.com/29391942).

> "할 수 있는 일이 뭘까 궁리하느라 바빠서, 그것이 해야 할 일인지 아닌지 고려하는 것을 깜박하곤 한다."

대부분의 경우, 방법론의 저변에 깔린 핵심 아이디어는 프로젝트 중 수행하는 모든 일이 사전에 계획되고 완전히 파악되었을 뿐 아니라, 모두 실행 근거를 확보한 채 진행된다는 것을 밝히는 것이다.

이는 방법론의 출발점에서 앞으로 수집하게 될 정보를 미리 인식하고 적절히 반응해서 이후 수행되는 모든 것이 프로젝트의 목적과 사용자들의 필요에 부합한지 확인하기 위함이다.

이제 의도적 디자인Deliberate design이라는 아이디어를 살펴보자. 이는 개별의 표시와 특징들, 디자인 요소 하나하나가 포함되거나 제외될 때, 혹은 사용될 때 그에 적합한 근거 하에 실행되는 것을 의미한다.

디자인과 컨셉화, 구축의 단계에 들어섰다면, 도형의 형태, 컬러 팔레트의 선택, 레이블의 위치, 인터랙션의 활용 등 모든 시도를 준비해야 한다.

다음의 사례는 데이터 일러스트레이터 스테파니 포사벡Stefanie Posavec이 작업한 것으로, 트리 구조로 표현했다. 다음 그림의 모든 시각적 요소는 데이터를 설명하는데 쓰였다. 색의 활용, 꽃잎 사이의 거리, 줄기의 위치와 배열 등 어떤 요소도 낭비되지 않았고, 모든 요소는 의도 하에 사용되었다.

그림자나 레이블, 색깔처럼 작업에는 포함은 되었지만 실제 데이터를 표현하지 않는 요소의 경우에는 이들이 시각적 인지 프로세스에 도움을 주는 경우에만 포함해야 한다.

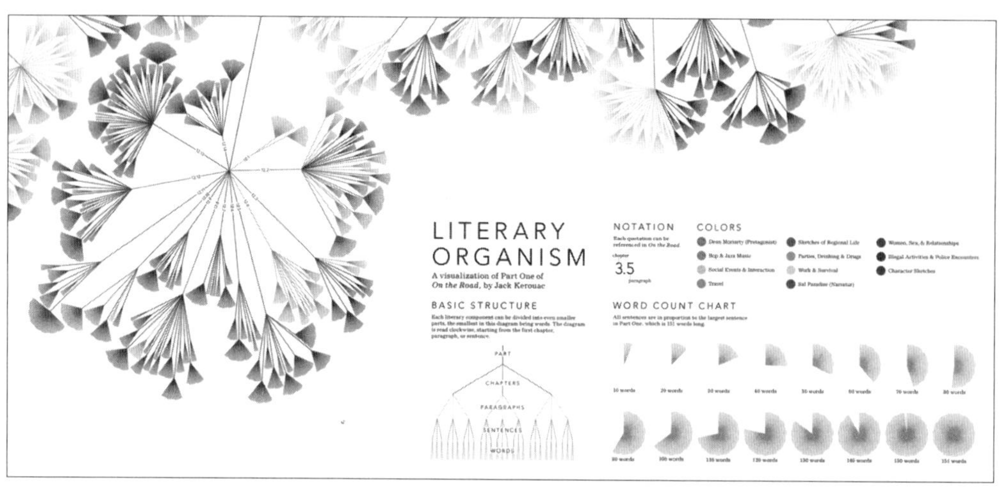

▲ 이미지 출처: 스테파니 포사벡의 "문학작품을 유기적으로 나타내기(Literary Organism)"
(http://itsbeenreal.co.uk/index.php?/wwwords/literary-organism/)

인터랙티브나 움직이는 시각요소를 사용할 때는 "어떤 일을 할 수 있다고 해서 그 일을 꼭 실행할 필요는 없다."라는 아만다 콕스의 말을 기억하자. 시각화가 여러분의 기술적 역량을 과시하는 무대가 되어서는 안 된다.

그럴듯한 인터랙티브 기능으로 시각화 작업을 채우는 것은 빠지기 쉬운 함정이다. 이런 선택을 할 경우 프로젝트가 멋지게 보이거나 기술적으로 인상을 남기기는 하지만, 프로젝트가 당초 의도한 목적은 달성할 수 없다. 그리고 정보 교환의 효율성과 효과에 개입한 대가로 형식과 기능 간의 조율에도 실패하게 된다.

직관적인 디자인을 통해 접근성[6] 확보

다음은 에드워드 터프트Edward Tufte가 한 말이다(http://adage.com/article/adagestat/edward-tufte-adagestat-q-a/230884/).

> "과함, 어수선함, 혼돈은 정보의 속성이 아니다. 그것은 디자인의 실패에서 비롯한다."

---

6 접근성(accessibility): 디자인이 얼마나 이해하기 쉬운지 여부 혹은 서비스나 제품을 손쉽게 활용할 수 있는 정도를 나타내는 용어로 사용했다. – 옮긴이

마을이나 도시 중심가에 가게 되면 주변을 한 번 쭉 돌아보고, 사람들이 가게 문을 열고 들어가는 기본적인 동작을 하면서 얼마나 자주 헷갈리고 곤란함을 겪는지 살펴보자. 그저 열고 걸어 들어가면 되는 간단한 동작일 뿐인데, 디자인의 직관성 부족으로 인하여 문의 접근성과 기능이 얼마나 자주 손상되는지 확인할 수 있다.

문을 여는 방법은 아주 직관적이다. 그러나 간혹 멋지게 생긴 문고리 같은 심미적 요소가 문을 당겨야 할 때 밀게 만들고 밀어야 할 때 당기게 만들기도 한다. 이는 디자인의 직관성과 논리에 결함이 발생한 것이며, 직관적 행위 유도에 실패한 사례다. 보기에 이렇게 작동할 것이라고 예상하지만 실제는 그렇게 동작하지 않은 것이다.

이런 아이디어는 시각화에서도 중요한 개념이다. 앞에서 대략 살펴본 것처럼, 공간 추론과 시각적인지에 의한 패턴 인식을 더 활용해야 한다. 사용자들이 서비스나 제품을 사용하기 위해 혹은 읽거나 이해하기 위해 쓸데없이 시간을 낭비하기를 바라지 않는다면 말이다.

시각화 과정에서 디자이너는 시각 디자인과 데이터를 결합시킨다. 시각 디자인을 데이터에 이르는 창문이라고 본다면 접근성은 디자인과 그 작동을 통해 만들어진다.

여기에서 접근성과 즉시성을 구분해야 한다. 시각화 결과물을 읽거나 해석할 때의 속도는 주제의 복잡도나 프로젝트의 목적에 의해 결정되는 것이지, 디자인의 비효율성에 영향을 받는 것이 아니다.

간혹 근본적으로 간단한 주제이거나 데이터가 쉽고 직관적인 경우도 있다. 이는 독자가 데이터를 비교적 쉽게 해석한다는 것을 의미한다.

반대로 데이터 프레임워크가 다소 복잡할 수도 있다. 이 경우에는 복잡성을 중시해서 주제의 본질을 단순화하거나, 의미를 희석시키거나, 내용을 줄이지 않는 것이 작업의 목표가 될 것이다. 이런 종류의 작업 결과물은 빠르고 쉽게 이해하기 힘들 것이다.

어떤 경우에는 시각화 산출물을 이해하기 위해 노력이 필요하기도 하다. 정보를 읽을 수 있을 만큼 눈과 뇌를 훈련시키는 데 꽤 많은 양의 경험이 누적되어야 하는 것이다.

눈과 뇌가 아닌 근육이라고 생각하면 쉽다. 막대 그래프나 선 그래프는 분석을 위한 도구로서 단단히 자리 잡히고 학습되었기 때문에 매우 익숙하지만 무언가 새롭거나 기존과 다르거나 복잡해 보이는 것을 접한다면, 이를 사용하는 방법을 보는 즉시 바로 알 수 없다 해도 이상한 일이 아닌 것이다.

이제 사례를 통해 상당히 복잡한 데이터 프레임워크를 살펴보자. 다음은 과감한 시각화 산출물을 이해하는 법을 설명할 목적으로 자주 사용되는 유명한 그림이다. 이 그림은 영화의 성공을 판단하기 위해 세 개의 각기 다른 지표를 사용했다.

그림의 왼쪽 라인은 영화평을 나타내는 지표이고 이는 값이 높을수록 좋다. 오른쪽 라인은 투자 비용과 수익을 나타내고, 두 값의 차이인 수익$_{\text{profit}}$이 클수록 좋다.

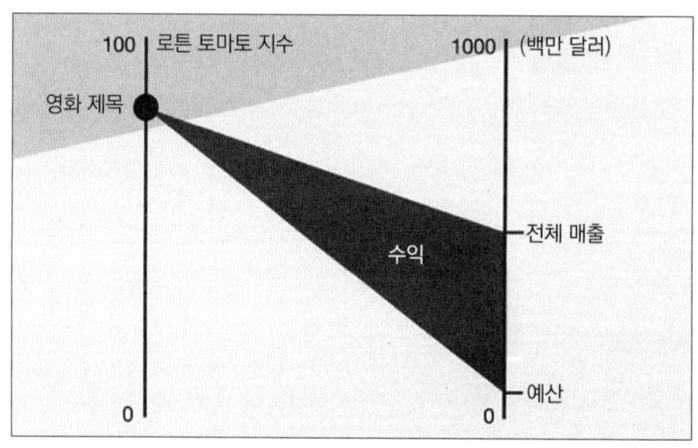

▲ 이미지 출처: 크리스티나주크스(KrisztinaSzucs)의 "수익률 스포트라이트"(http://www.szucskrisztina.hu)

막대 그래프나 선 그래프처럼 이미 학습한 적이 있는 익숙한 방식이 아니고 특이한 방식으로 데이터를 표현했기 때문에 그림에 표현된 영화 데이터를 읽고 해석하는 방법을 익히는 데 잠시 시간이 필요하다. 그러나 읽는 법을 익히는 데 잠깐 노력을 들이면 사용자의 이해도 높아진다는 면에서 이 방법이 영화 데이터를 시각화하는 데 효과적임을 설명할 수 있다.

다른 예로 두 개의 축구 경기를 나타낸 다음 그림을 보자. 이 그림에서 완벽한 패스는 녹색 선을 사용하고 슛은 파란 삼각형, 골인은 붉은 점으로 주요 이벤트를 나타냈다.

▲ 이미지 출처: 미카엘 델의 "엄브로(Umbro) 월드컵 포스터"
(http://www.mikemake.com/Umbro-s-World-Cup-Poster)

일단 독자가 도형의 형태와 위치가 의미하는 바를 이해하면 이 그림을 통해 각 게임에서 일어난 주요한 이벤트와 게임의 전반적인 흐름을 아주 쉽게 파악할 수 있다.

이 절의 서두에서 에드워드 터프트Edward Tufte가 언급한 부정적인 특징을 모두 피할 수 있다면, 사용자를 적절한 경로로 인도할 수 있을 것이다. 독자나 사용자가 시각화 결과물을 사용하고 이해하는 데 드는 노력은 충분한 양의 인사이트로 보상해야 한다는 점을 기억하자.

사용자를 속이지 말자

의도적이든 아니든 데이터를 비효율적이거나 부적절한 방식으로 표현하면 사용자에게 잘못된 정보를 전달할 여지가 남는다. 시각화 윤리는 이러한 잠재적 눈속임 관련이 있다. 때로는 시각화 디자이너가 시각적 인지에 대한 정보가 부족해서 문제가 발생하기도 한다.

다음의 2차원 평면 파이 차트와 3차원 입체 파이 차트가 있다. 사람의 눈은 이와 같은 형태의 그래프를 해석하기 위해, 전체 중 각 부분의 픽셀이 차지하는 비율을 파악한다.

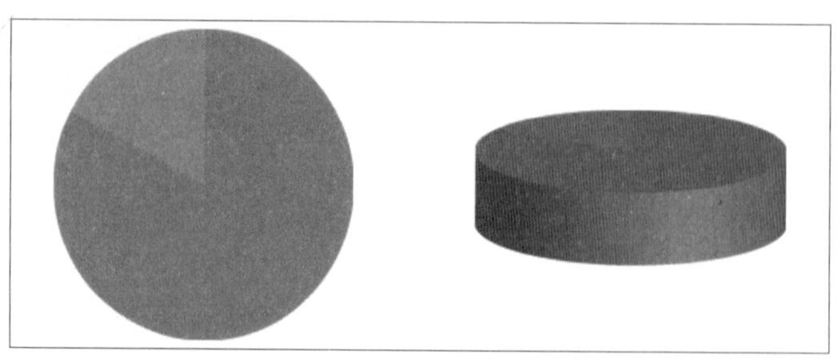

▲ 이미지 출처: 앨런 스미스의 "취리히에서 일어난 케빈의 신기한 사건"
(http://www.researchobservatories.org.uk/EasysiteWeb/getresource.axd?AssetID=38334)

왼쪽의 2차원 파이 차트는 면적의 82%를 차지하는 파란 부분과 18%를 차지하는 주황색 부분으로 구성되며, 이들은 실제 데이터 값과 동일하다. 그러나 오른쪽과 같은 3차원 그래프는 우리의 눈을 속인다. 사람은 등각 투영법isometric projection[7]으로 표현된 값을 쉽게 조정할 수 있는 능력이 없기 때문이다. 이 경우 그래프를 입체로 표현한 것은 순전히 장식적인 목적인데, 입체로 표현하기 위해 차원을 추가하고 파이 차트 자체의 높이를 같이 보여줌으로써, 파란 부분의 면적은 91%가 되고 주황색은 9%가 된다. 오른쪽의 그래프는 사용자에게 왜곡된 값을 보여주는 것이다.

유사한 예를 몇 년 전에 있었던 위키피디아의 모금 캠페인에서 확인할 수 있다. 다음 진척도 그래프는 전체 목표 대비 실제 모금된 금액을 나타낸다.

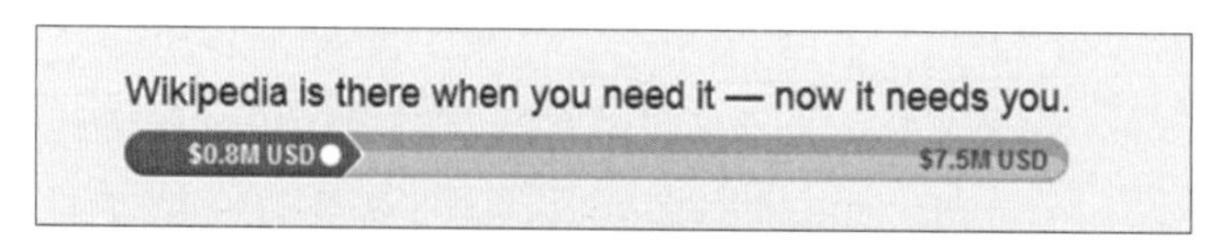

▲ CCA-공유 가능 하에서 가져온 이미지 (출처: https://donate.wikimedia.org/)

파이 차트와 마찬가지로 막대 그래프에서도 시각적으로 인지된 픽셀의 수를 데이터 값으로 인지한다. 그래프의 라벨은 목표치의 10.7%인 $0.8M가 모금되었다고 적혀있지만, 실제 막대 그래프의 길이를 측정하면 전체 막대 길이의 24.6%를 차

7 평면에 물체를 입체로 묘사하기 위한 방법으로, 물체가 가진 인접한 면을 동일한 비율로 보여주는 것. 예를 들어 주사위의 모서리를 중심에 그리고 3면을 동일한 넓이로 보여줌으로써 주사위가 정육면체 형상임을 표현하는 방식을 말한다. – 옮긴이

지함을 확인할 수 있다. 다시 한 번 말하자면, 표현 방식이 데이터 값을 심각하게 왜곡하는 것이다.

다음은 미적 감각과 스타일이 어떻게 시각화를 장악하는지 보여주는 사례이다. 영국 TV의 축구 중계 중 3차원 막대 그래프가 인상적으로 등장하는 장면이다.

이 그래프를 통해 우리는 무엇을 알 수 있을까? 값 1을 나타내는 Drawn이라는 노란색 막대가 있고 이 막대는 4라는 값을 나타내는 Aston Villa 막대의 절반보다 더 큰 것 같다. 어떻게 이런 일이 일어났을까?

이 시각화 작업을 한 디자이너들은 막대 그래프 안에 카테고리 이름을 넣도록 결정함으로써 데이터 값을 완전히 왜곡시켜버렸다. 앞으로 이보다 더 흥미로운 통계 수치들을 접하게 되겠지만 이 그림과 같은 왜곡된 시각화 산출물이 세상에서 없어지지 않을 것이다. 장식적 목적과 스타일을 과하게 강조한 디자인이 얼마나 위험한지 증명이 필요한 이유다.

시각화 윤리를 따르는 것은 어떤 프로젝트에서도 꼭 필요하다. 이것은 기본 중의 기본이며 좋은 시도이고 사용자에 대한 존중이자 구체적인 부분까지 관심을 기울이는 증거다.

정리

1장에서는 디지털 시대의 맥락과 데이터 시각화의 역할을 학습했다. 오늘날 접할 수 있는 대규모의 데이터를 쉽게 이해하기 위해 데이터 시각화 기법이 사용된다.

점점 더 많은 사람들이 시각화 기법이 필요한 일에 참여하고 있지만, 이러한 작업을 효율적으로 수행하기 위해서는 본능에 따르기보다는 세심한 학습과 훈련이 필요하다는 점도 논의했다.

이 책이 제시하는 방법론을 통해 디자이너들은 시각화 기법을 익히기 위해 어떤 전략을 취할 것인지 배울 수 있다. 또한 시각화 디자인 작업 전반에서 필요한 의사결정 시 지침이 될 것이다.

마지막으로 디자인적 사고를 시작하기 위해 몇 가지 중요한 목표를 학습했고, 이 목표는 시각화 솔루션을 만들어가는 과정 내내 솔루션의 효과성을 측정하는 데 유용하게 사용될 것이다.

2장에서는 모든 디자인 프로젝트의 시작 단계에서 수행하는 프로젝트의 목적 수립과 이로부터 파생되는 핵심 요소를 식별하는 방법에 대해 알아보면서, 데이터 시각화 방법론에 대한 논의를 시작할 것이다.

2

프로젝트의 목표 설정 및 핵심 요소 확인

1장에서는 데이터 시각화의 정의와 맥락, 역할을 살펴보았다. 시각화는 예술과 과학이 교차하는 지점에 있다는 것과 시각적 인지의 중요성도 확인했다.

또한 데이터 시각화 방법론의 가치에 대해 논의했고, 디자인 프로세스를 시작하기에 앞서 전반적으로 염두에 두어야 할 핵심 목표에 대해서도 학습했다.

2장에서는 디자인 방법론에 있어 필수 작업인 시각화 프로젝트의 목적을 정의하는 단계부터 시작한다.

디자인 작업에 착수하기 전 프로젝트가 어떤 배경에서 시작되었는지 확인해야 한다. 해당 프로젝트가 누구를 위한 것이고, 어떤 요구사항을 만족시켜야 할지 파악하는 것 등을 말한다. 이 과정은 프로젝트의 범위를 결정하는 데 큰 영향을 미친다.

시각화 프로젝트의 목적은 프로젝트에 깔려 있는 의도를 자세히 살펴보고 시각화의 기능과 분위기를 어떻게 정의할지 생각하게 한다. 이전에도 언급한 것처럼 이렇게 꼼꼼히 따져보는 과정을 통해 프로젝트 초기 단계에서부터 의사결정을 내릴 수 있는 기회가 만들어진다.

이어서 시각화 프로젝트에 영향을 줄 수 있는 핵심 요소를 확인하고 평가할 것이다. 이 과정을 통해 앞으로 프로젝트에서 다루어야 할 제약사항과 특징, 요건을 파악할 수 있다.

마지막으로 효과적인 시각화를 위해 필수적인 기술과 지식, 일반적인 능력과 같은 프로젝트에 미치는 영향이 큰 요소들을 심도 있게 살펴볼 것이다.

프로젝트의 목적 명확화

자, 그럼 아주 근본적인 질문부터 시작해보자. 프로젝트를 왜 하는가? 프로젝트의 목적은 무엇인가?

이런 질문은 다소 직설적이다. 그러나 프로젝트를 더 진척시키기 전에 이런 점을 명확히 하는 것은 매우 중요하다. 아마도 당신은 "그냥 시작하면 안 될까요?"라고 생각하고 컴퓨터 앞에 앉아서 데이터를 조작하고 싶어서 몸이 근질거리겠지만 앞으로 거치게 될 방법론의 초기 몇 단계는 좀 더 주의 깊고 분석적인 평가를 하는 습관을 기를 수 있도록 꼼꼼하게 만들어졌다.

"purpose(목적)"이라는 단어의 정의를 찾아보면, 보통 '존재의 이유'라든가 '의도된 효과'와 같은 표현을 볼 수 있다. 이 두 가지 표현이 지금부터 정의내리고자 하는 내용의 핵심이다.

존재의 이유

존재의 이유에서부터 확인해보자. 이는 프로젝트가 시작된 근원이나 프로젝트의 배경이 된 계기를 알아보는 것이고 앞으로 맡게 될 일의 범위와 맥락, 어느 정도의 창의성이 필요한지, 특정한 창의적인 목표를 추구해야 하는지 아닌지, 이미 만들어진 아이디어는 무엇이 있는지에 대한 이해를 돕는다.

프로젝트는 일반적으로 두 가지 중 하나다. 어떤 일을 요청받거나 혹은 뭔가 해보기로 직접 결정하는 것이다. 너무 뻔한 이야기지만 창의적인 측면에서 보면 이 둘은 매우 다른 시나리오다.

전자의 경우는 일을 의뢰받아서 하게 되는 프로젝트로, 같이 일하는 동료나 상사 혹은 고객이 일을 요청하게 된다. 다른 경우라면, 입찰이나 디자인 콘테스트 참가를 위한 일인 경우도 있다.

요구사항의 개괄적인 내용에 대해 전달받거나, 혹은 간략하게 정리된 내용을 읽게 되거나, 혹은 초반 토의가 이루어질 것이다.

프로젝트를 위한 개괄적인 요구사항은 서면이나 구두로 간략하게 전달하거나, 이를 위한 몇 번의 협의가 필요할 수도 있다. 프로젝트를 의뢰한 사람들이 무엇을 원하는지에 전체적으로 확인하고 지시사항도 받게 될 것이다.

정황 정보를 수집함으로써 프로젝트의 배경을 이해할 뿐 아니라 요청받은 일이 무엇인지, 이 프로젝트를 해야 하는 이유는 무엇인지, 누구를 위한 프로젝트인지를 더욱 명확히 알 수 있다. 요구사항이 구체적이지 않고 개방적인 경우에는 프로젝트 수행자 입장에서 선택 가능성이 훨씬 폭 넓어진다. 그러나 보통은 어느 정도 상세 내용이 결정되어 있는 경우가 일반적이다.

여러분은 시시각각 변하는 초기 아이디어들을 듣는 고통을 경험하고, "그래프는 근사하게", "예쁘게 만들어주세요", "에드워드 터프트Edward Tufte 스타일을 원해요" 같은 요구사항에 대응하면서 창조적인 영혼이 천천히 죽어나가는 듯한 느낌을 받게 될 것이다.

이에 반해, 직접 시작한 프로젝트의 경우에는 여러 가지 측면에서 다르다. 여러분이 매우 흥미를 느끼는 주제에서 찾은 데이터일 것이고, 어떤 이론을 시험해보고 싶어서 시작했거나, 동료와 토론해보고 싶은 주제(좀 더 솔직하게는, 술 한 잔 곁들이며 나누고 싶은)일 수도 있고, 그저 특정한 무언가에 호기심이 생겨서 좀 더 깊이 살펴보고 싶었을 수도 있다.

이 시나리오는 완전히 스스로 정의하고 스스로 결정하는 것이므로 의뢰받은 프로젝트에 비해 훨씬 유연하다. 여기에는 고객이나 문서, 지시사항, 범위나 시간에 대한 제약, 심지어는 관객도 없다. 그저 빈 도화지 위에 자유롭게 그림을 그리듯 처음 영감을 준 존재의 향기를 쫓으면 된다.

의뢰받은 프로젝트의 경우, 해결해야 할 문제도 전혀 다르고 프로젝트의 결과에 대해서도 좀 더 압박이 있게 된다.

의도된 효과

프로젝트를 하게 된 동기나 배경이 무엇이든 간에, 무엇을 만들 것이고 어떤 형태로 만들지, 이를 위해 무슨 일을 해야 할지를 고려하면서 프로젝트의 비전을 만들게 된다. 창조적인 프로세스를 시작하게 되면 본능적으로 하게 되는 일이다.

프로젝트의 작업에 대해서 생각하는 순간 머리 속에서 비전이 떠오를 것이다. 과거 본 적이 있는 영향력 있는 작품이나 영감을 얻었던 작업을 떠올릴 수도 있다. 혹은 이전에 개발하다가 그만뒀던 개념을 기억해낼 수도 있다.

이런 생각이 들 때 그것을 포착하는 것이 중요하다. 스케치북이나 태블릿이나 담배 종이 등 어디든 상관없고 잊어버리기 전에 적기만 하면 된다. 도중에 그만두지 않고 생각했던 것을 계속 실행할 의지가 있다면 이런 본능에 따른 생각은 나중에 그 가치를 드러낼 것이다.

이런 창조적인 번뜩임 덕분에 프로젝트가 목적하는 두 번째 측면인 시각화의 의도된 효과로 생각을 전환할 수 있다.

이 모든 것은 이렇게 깊이 생각해야 하는 이유는 다음과 같다. 지금이 프로세스의 가장 초기 단계라고 하더라도 여기서 내리는 결정이나 무엇을 만들 것인지 정의하는 것은 프로젝트 내내 추구해야 할 창의적 방향에 중대한 영향을 줄 것이다. 뒤집을 수도 없고 개선할 수도 없는 일을 하자는 뜻은 아니다. 그러나 의도를 명확히 하고 집중하게 만드는 것은 중요하다. 이를 통해 문제의 복잡도를 낮추고 솔루션의 범위를 좁혀갈 수 있다.

여기서 내리는 결정은 기술과 인력 등 가용 자원에도 영향을 미치겠지만, 이에 대해서는 이 장의 끝에서 좀 더 살펴보겠다.

1장에서 데이터 시각화의 목적을 "인지의 증폭"이라고 정의했던 것을 기억할 것이다. 혹은 다른 표현으로는 사람들이 좀 더 정보를 잘 받을 수 있도록 만드는 것이라고 정의했었다. 데이터 시각화를 만드는 데에는 다양한 동기와 이유가 있으므로 이렇게 말하는 것은 다분히 의도적이지만, 모호한 목적이라고 할 수 있다.

다음의 예시를 한 번 살펴보자. 이는 데이터를 시각적 표현으로 만드는 작업에 숨어 있는 다양한 실행 가능한 의도를 나타낸 것이다.

Lookup
Persuade
Creative technique
Learn/Increase knowledge
Answer questions
Change behaviour
Conduct analysis
Monitor signals
Play with data
Tell story
Trigger questions
Enlighten
Contextualise data
Find patterns/no patterns
Serendipitous discoveries
Familiarise with data
Shape opinion
Emphasize issues
Inspire
Grab attention
Present arguments
Assist decisions
Experimentation
Art/Aesthetic pleasure
Shock/Make an impact

제시된 동사나 사용된 표현들을 좀 더 자세히 살펴보면, 그로 인한 효과가 얼마나 다양하고 범위가 넓을지 쉽게 짐작할 수 있다.

예를 들자면 신호를 모니터링하거나 데이터를 검색하기 위해 만든 시각화는 주의를 끌거나 행동을 변화시키기 위해서 만든 디자인과는 매우 다를 것이다. 마찬가지로 주장을 나타내거나 스토리텔링을 하기 위한 시각화는 분석을 하거나 데이터와 '놀기' 위해 만든 디자인과 매우 다르게 만들어질 것이다.

우리는 여기서 의도의 각각 다른 측면을 확인할 수 있다. 의도된 효과라는 것은 프로젝트를 통해 무엇을 달성할 것인지를 달성하고, 그 목적을 어떻게 달성할 것인지를 결정하는 것을 의미한다.

그 근간은 시각화 프로젝트의 주된 청중이 누구인지 알아내는 것이다. 이는 프로젝트를 위해 고려해야 할 사항 중 가장 중요하고, 의도된 독자나 사용자를 파악하는 것은 초기 업무를 정의하고 범위를 설정하는 단계에 결정적인 영향을 준다.

다음 예시와 같이 여러 종류의 청중이 있고, 이들이 무엇을 필요로 할지 파악해야 한다.

- 상급 임원으로 구성된 경영회의와 같은 특정한 주제에 대해 잘 알고 있는 사람들을 대상으로 하는가?
- 모든 사회 인구학적 특성을 포함하지만 특정한 주제에는 관심을 갖는 대규모의 고객을 대상으로 하는가?
- 전 세계 누구든 불특정 다수의 청중을 대상으로 하는가?
- 관리자와 1:1로 수행하는 프로젝트인가?
- 철저하게 개인적인 업무인가? 데이터 자체를 탐색하고 무엇인가 배우기 위한 프로젝트인가?

시각화 프로젝트의 주된 청중이 누구인지 명확히 하는 것은 프로젝트에 담을 의도를 구체화하는 데 도움이 된다. 또한 이를 통해 시각화 프로젝트의 기능과 분위기라는 두 가지 중요한 측면을 정의할 수 있게 된다.

의도 설정: 시각화의 기능적 측면

데이터 시각화에서 "의도된 기능"이란 디자인, 데이터, 사용자 사이에 만든 기능적 경험에 관한 것이다.

앞 장에서 예로 들었던 단어들을 다시 한 번 보면, 시각화의 기능을 서로 다른 세 가지 기능이나 카테고리로 묶을 수 있을 것이다. 언제나 그렇듯이 약간씩 겹치는 경우도 있지만, 작업하려는 시각화 작품의 기능이 다음 중 하나에 속한다면 디자인적으로는 큰 차이를 보일 것이다.

- 독자들에게 데이터를 설명하기 위해 사용하는 경우
- 데이터를 시각적으로 탐색하기 위한 수단을 제공하는 경우
- 표현을 위해 "전시" 목적으로 데이터를 사용하는 경우

설명을 위한 용도일 때

설명을 위한 데이터 시각화는 구체적이고 집중적인 내용을 서술함으로써 독자에게 정보를 전달하는 것이다. 시각화를 통해 전달하고자 하는 핵심 메시지와 가장 중요한 분석적 측면을 시각화의 주된 청중이 요구하는 사항과 융합하기 위해 디자이너가 주도하는 편집 과정이 필요하다.

데이터를 설명하는 데에는 여러 가지 방법이 있다. 예를 들어, 기업은 최근 실적 정보를 제공하고 확인이 필요한 주요 이슈를 강조하기 위해 대시보드를 사용한다. 경제 위기 관련 문제들의 복잡도와 심각성을 설명하기 위해 신문에 실린 그래픽도 있다. 시간에 따른 인구 이주 패턴을 보여주는 애니메이션 디자인도 가능하다. 특정 음료의 당분 함량에 대해 주의를 끌기 위해 만들어진 시각화도 있을 수 있다.

최종 결과물은 일반적으로 탄탄하게 구성된 스토리를 중심으로한 시각적 경험이다. 디자이너의 목표는 전하고자 하는 스토리를 명쾌하게 표현하는 시각 디자인과 직관적으로 이해할 수 있는 그래픽 디스플레이를 만드는 것이다.

다음 페이지의 그림은 생키Sankey 다이어그램이라고 불리는 차트 형태 기반의 설명적 시각화 예제로 담수 소비량이 많은 10개의 국가와 국가별 담수 사용량 및 용도를 함께 보여준다.

설명을 위한 시각화의 경우 반드시 정적인 디자인으로 만들 필요는 없다는 것을 기억해두자. 가장 강렬한 부분이나 스토리 위주로 진행하는 부분은 인터랙티브나 애니메이션 형식으로 만들 수 있다.

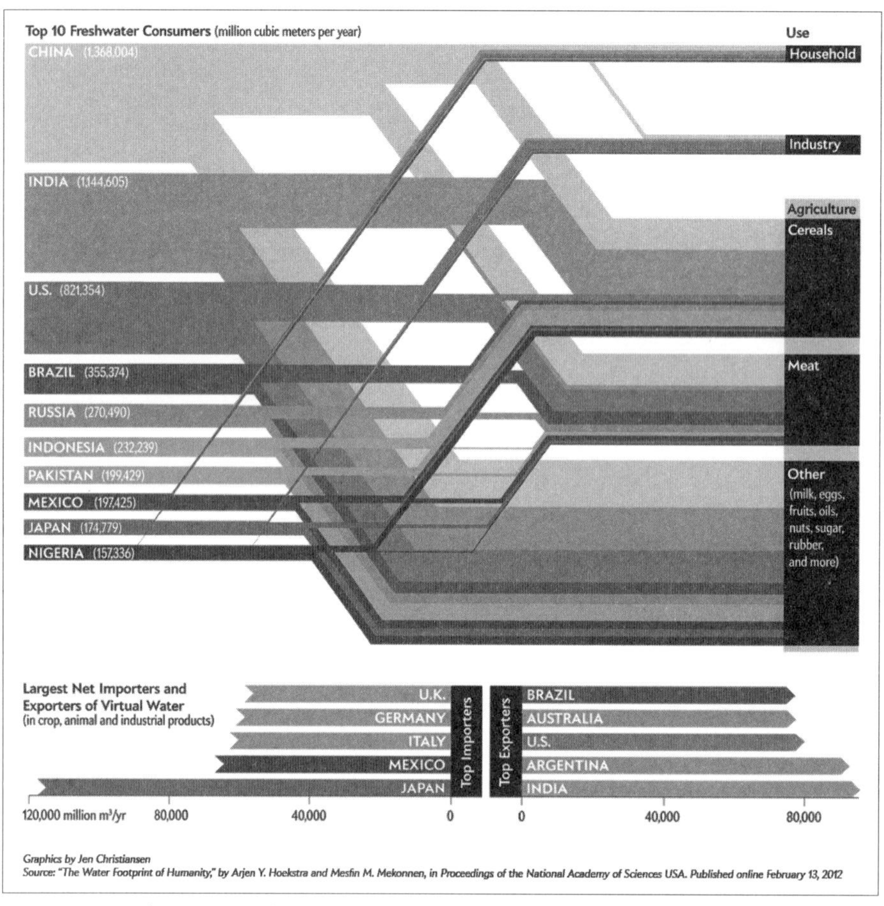

▲ 마크 피세티(Mark Fischetti)와 젠 크리스티안센(Jen Christiansen)의 "상수도 소비량 Top 10 국가" 2012년 6월(http://www.scientificamerican.com/article.cfm?id=water-in-water-out), 허락 하에 기재함.

탐색을 위한 용도일 때

탐색적 데이터 시각화 디자인은 설명을 위해 만들어진 시각화와는 좀 다르다. 탐색적 데이터 시각화 디자인 시에는 사용자가 주도적으로 시각화를 경험하는 과정 중에 데이터를 쉽게 이해하고 정보를 얻을 수 있도록 지원하는 데 주력해야 한다. 설명을 위한 데이터 시각화와 달리, 탐색적 데이터 시각화는 구체적이고 단일한 내러티브의 전달에는 취약하다. 이는 데이터를 시각적으로 표현하는 것보다는 시각적 분석에 가깝다.

탐색적 솔루션은 사용자가 시각적으로 데이터를 탐색할 수 있는 인터페이스 역할을 하는 도구를 만들어 내는 것이 목적이다. 이 도구를 활용하는 과정에서 호기심을 자극하는 일이 반복되고, 이를 통해 사용자는 개인적인 발견을 하거나, 패턴 혹은 관계를 찾을 수 있다. 또한 다양한 시각화 화면을 여러 가지 방식으로 조합함으로써 우연적 발견을 할 수 있는 가능성도 열려 있다.

탐색적 시각화와 설명을 위한 시각화 사이의 차이를 드러내는 주요한 속성은 독자가 인사이트를 찾기 위해 쏟은 노력의 양이다. 설명용 작품의 경우, 디자이너가 작업을 많이 해서 데이터 세트로부터 흥미로운 이야기와 분석을 명확하게 보여주어야 한다. 탐색적 작품의 경우에는 유의미하거나 흥미로운 것을 독자가 직접 찾아서 분석해야 할 일이 더 많다.

다음 그림은 산점도 행렬Scatterplot matrix 시각화다. 이는 다변량 데이터 세트에서 상관 관계를 밝히는 데 자주 사용되는 방법으로, 시각적으로 전체 행렬의 변수들 간에 상관 관계가 있는지를 시각적으로 빠르고 효과적으로 파악할 수 있게 하는 방법이다. 이는 탐색적 시각 디자인의 좋은 예시다.

탐색적 시각화를 반드시 인터랙티브하게 디자인할 필요는 없다. 시각적 분석은 데이터를 정적으로 표현해도 가능하다. 앞의 사례는 실제 인터랙티브하게 구현되었지만 정적인 상태에서도 데이터 세트의 상관 관계와 패턴을 발견할 수 있다.

인터랙션은 의미 있는 탐색적 경험을 창조하기 위해, 사용자가 문제 해결을 위한 도전에 몰두할 수 있도록 돕는 다양한 기능을 제공한다고 볼 수 있다.

필터링, 정렬, 브러싱(특정 데이터 값을 선택하거나 분리해 내는 것), 변수 조정, 수정사항 조회 등의 기능은 사용자가 데이터를 조사하는 것을 돕는 주요 방법일 뿐이다. 인터랙션에 대해서는 4장에서 더 자세히 논의할 것이다.

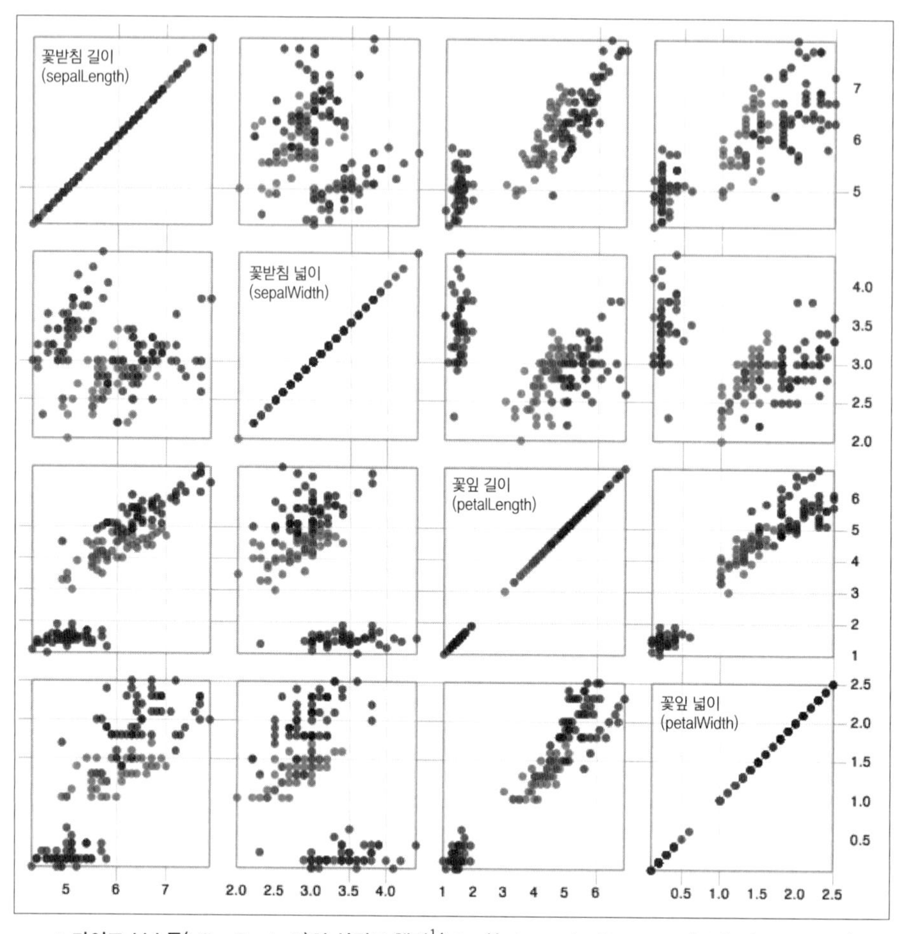

▲ 마이크 보스톡(Mike Bostock)의 산점도 행렬[1](http://mbostock.github.com/d3/ex/splom.html)

설명적 시각화가 기본적으로 타인을 위해서 만들어졌다면, 시각적 분석의 탐색 데이터 및 과정은 타인뿐 아니라 자신이 직접 탐색할 목적으로도 만들어졌다. 예를 들어 과학자의 경우 결과를 논문에 싣기 전에 연구 내용에서 패턴을 찾고 묻혀 있는 중요한 결과를 발견하기 위한 적절한 기능(이 경우는 설명 기반의 시각적 증거도 필요할 것이다)도 필요할 것이다.

1 붓꽃 데이터 세트(Fisher's Iris Data Set): 피셔(Fisher)가 공개한 다변량 데이터 셋으로 붓꽃 각 부위(꽃잎, 꽃받침)의 길이와 넓이를 측정하여 붓꽃의 종과 함께 기록했다. 마이크 보스톡은 이 데이터 셋을 활용하여 산점도 행렬을 만들었다. – 옮긴이

표현을 위한 용도일 때

의도된 기능의 세 번째 역할은 어떤 면에서는 논란의 대상이 될 수 있다. 데이터의 "전시"를 시각화의 의도된 기능으로 포함하는 것은 다수의 사람들이 내린 데이터 시각화의 정의와 일관성이 떨어지기 때문이다.

정치 스캔들처럼 이 논란을 시끄럽게 만들려고 하는 것은 아니지만, 몇 가지 측면에서는 살펴볼 필요가 있다. 이 분야에서 이것은 큰 문제이며 논란을 야기할 수도 있다.

시각화의 기능을 분류하려고 하면 이 분야가 얼마나 다양한 범위를 포함하는지 느끼게 된다. 경계를 명확하게 하기도 어렵고, 개인적인 해석도 자유롭기 때문이다.

여기서는 데이터를 원재료로 사용하는 디자인에 대해서 논의하고 있지만, 순수하게 정보를 전달하는 의도는 포함하지 않고 있다. 대신, 데이터를 활용한 개인적인 표현이나 작품의 전시라고 보는 편이 더 목적에 가깝다. 이런 결과물은 "데이터 예술"이라는 단어로 표현할 수 있다.

데이터 예술은 구조화된 스토리가 약하고 시각적 분석 기능을 제공하지 않는다는 특징을 보인다. 대신 예술작품이나 미적인 표현 혹은 기술이나 기법의 전시를 만들어내는 것에 치중한다. 극단적으로는 재미 요소나 장식적 목적으로 디자인이 치중되기도 한다.

데이터 시각화의 이런 특정 시도는 논쟁의 여지가 다분하다. 시각화와 그래픽 디자인, 생성적 디자인, 창조적 예술 같은 가까운 분야를 구분하고 정의하고자 하는 시도에 반하는 일이기 때문이다.

다음 예제에서는 코맥 매카시의 책 『더 로드』(문학동네, 2008)에서 사용된 모든 형용사를 표현한 데이터 예술(제작자 스스로가 데이터 예술로 정의하고 있다)의 사례를 볼 수 있다. 형용사들은 알파벳 순서로 원형으로 나열되어 있고, 원주에서 시작하는 각 선은 시간 순서를 나타낸다.

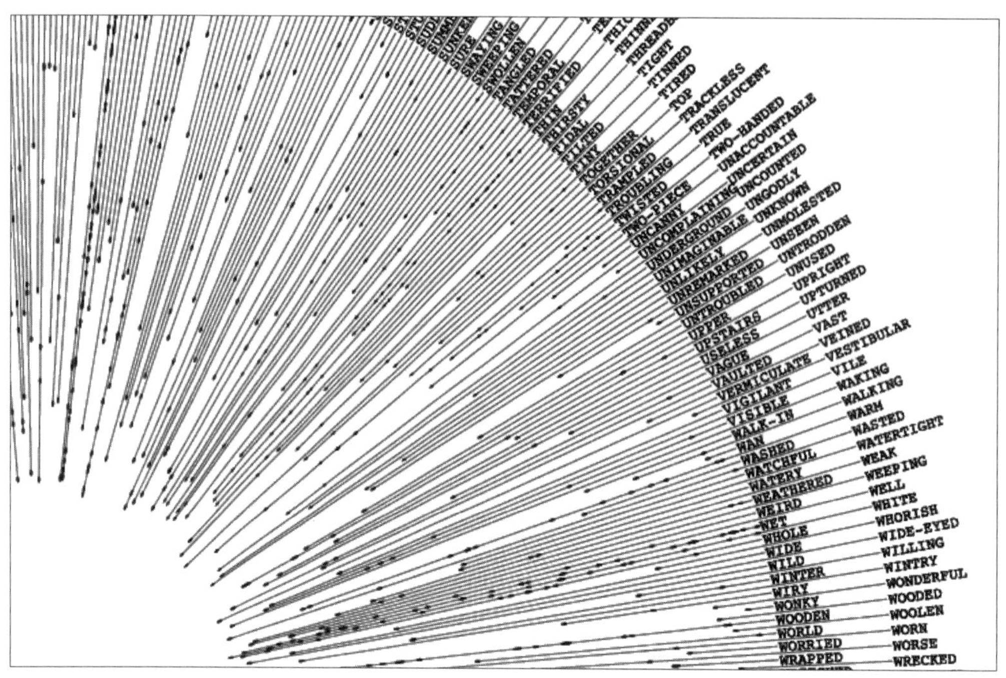

▲ 켐퍼 스미스(Kemper Smith)의 "『더 로드(The Road)』에서 사용된 형용사"
(http://distantshape.com/the_road.html)

시각적으로 매우 흥미로운 작품이고 구성 측면에서도 인상적인 기술이나 알고리즘 솔루션을 활용했음에도 불구하고, 이 책을 읽는 사람들에게 이 작품의 기본적인 의도는 이해하기 쉽지 않다. 개인적으로는 이 작품이 탐색적 시각화(정적이지만 독자들이 형용사의 조합과 패턴을 살펴볼 수 있음)와 데이터 예술의 경계에 있다고 본다.

설명적 시각화는 단일 시각 경험을 제공하고 탐색적 시각화는 다양하지만 유한한 경험을 할 수 있다고 정의한 반면, 전시를 목적으로 하는 디자인은 더 열려 있고 무한한 가능성을 가지고 있다.

표현을 위한 디자인은 심미적인 측면에서 반응을 얻는 것을 목표로 한다. 그리고 사람들 속에서 전파되면서 심미적인 연쇄 작용을 일으킨다. 사람들 사이에서 퍼질수록 작품에 대한 감정적 반응과 해석이 다양하고 풍부해지기 때문이다.

의도 설정: 시각화의 분위기

앞에서 데이터 시각화를 만드는 데 있어 실제 의도를 나타내는 다양한 맥락들에 대해 살펴보았다. 시각화의 기능에 따라 이런 항목들을 어떻게 분류해야 할지 세 가지 방식을 제시했다.

이런 분리된 카테고리 간에 어느 정도 중첩이 있을 수도 있지만, 현재 하고 있는 작업의 내용이 설명, 탐색, 전시 중 어디에 좀 더 적합한지 상대적으로라도 판단해야 한다.

기능을 설정하는 것은 "의도"라는 공식의 한 부분일 뿐이다. 디자인 방향성은 의도의 두 번째 측면인 분위기에 대해서 고려할 때보다 명확해진다.

적합한 분위기를 설정하는 것은 기능을 넘어서서 디자인 경험의 스타일을 정하는 역할을 한다. 분위기는 창작물을 통해서 강조하고 싶거나 원하는 감정적 반응의 유형과 관련이 있다. 따라서 디자이너에게 있어서 어떤 종류의 디자인이 원하는 분위기를 표현할 수 있는지 아는 것이 매우 중요하다.

이런 종류의 판단을 할 때, 예술적 관점과 과학적 관점 사이에서 저울질하는 자신을 발견하는 것은 어쩔 수 없는 현상이다. 관점 간의 균형을 잡는 것은 데이터 시각화 디자이너라면 누구나 해결해야 할 중요한 도전 과제다. 앞 장의 끝에서 디자인의 목표들을 논할 때, 처리해야 할 복잡한 문제 중 하나로 강조한 바 있다.

앞서 데이터 예술에 대한 논란과 논쟁에 대해 언급했는데, 이를 통해 가장 확실한 경계선을 알 수 있을 뿐 아니라 이 분야의 두 축인 예술과 과학 간에 생기는 잘못된 인식과 불편한 관계를 정리할 수 있다.

너무 일반화하는 것일 수도 있지만, 과학적 측면의 입장은 시각화로부터 나온 결과의 정확성과 효율성을 보존해야 한다는 것이다. 목적에서 벗어난 다양한 데이터 시각화는 시각화의 질과 효과를 떨어뜨린다고 본다.

다른 측면에서, 예술 분야에서는 경험적 면과 데이터의 창조적 표현법, 관중들과의 새로운 미학적 연결고리를 찾고자 한다. 일반적으로 이 분야의 전문가는 강한 디자인 주도적 분야나 전산학 지식을 가진 사람인 경향이 있다.

이 사이에 끼어 있는 나머지 사람들은 시류가 가는 방향에 따라 양쪽에 모두 발을 걸치고 있거나, 어느 쪽에 특별한 취향을 가지지 않은 채 경계선에 머무르는 경우라고 할 수 있다.

입장과 신념이 전혀 다른 두 역할을 합리적으로 조율하려면 어떻게 해야 할까? 후자는 미학적 그리고 기술적 창의성을 통해 무엇을 할 수 있을지 나타내는 데 강점을 가지고 있다. 전자는 인지와 시각적 인식에 관련된 법칙에 대한 증거 및 관찰을 통해 무엇을 해야 할지 이해하는 데에 도움을 줄 것이다. 우리는 매력적일 뿐 아니라 역할에 충실한 시각화가 필요하다.

하지만 간혹 어쩔 수 없이 한 쪽에 좀 더 치우쳐야 하는 상황이 있다.

데이터 시각화를 만들게 하는 잠재적인 동기 두 가지를 보자.

- "모니터링을 위한 차트가 필요한데..."
- "사람들을 설득하기 위해 시각 자료가 필요한데..."

자, 독자 혹은 사용자들에게 정보를 더 잘 전달해야 하는 두 가지 상황이지만, 의도된 효과나 원하는 결과는 각기 다르다.

예를 들어 사용자가 이를 본 후의 반응의 경우, 월간 실적 파악을 위해 사용하는 막대 그래프와 선 그래프로 꽉 찬 대시보드의 경우 분석적이고 실용적인 스타일이어야 한다. 갑자기 예상치 못한 이상한 결과 때문이 아니라면 굳이 감정을 끌어올리거나 휘저을 필요가 없다. 시각화 디자인 스타일은 사용자가 접하는 특정 유형의 의도된 본질에 따라 일관적이어야 하고, 정확하게 인지하는 것을 강조하는 딱 떨어지는 형식이어야 한다.

기부 모금액이 어느 정도 레벨에 달성했을 때 얼마나 많은 생명을 살릴 수 있는지 보여주는 프리젠테이션의 의도된 강조 효과와 비교해보자. 이 경우 설정과 의도는 감정이 차오를 수 있도록 설득하는 데에 중점을 두고 있다. 따라서 좀 더 개인적이고 인상적인 경험을 만들어야 한다.

시각화 디자인의 적절한 분위기를 판단하기 위해 두 가지 극단적 예를 살펴보았다. 물론 두 사례 모두 데이터를 시각화해서 보여주는 기본적인 목적인 사람들에게 정보를 주고자 하는 동기는 공유하고 있다.

한 시나리오는 상대적으로 실용적인 스타일을 통해서 데이터 해석의 효율성과 정확성을 최적화할 것이고, 다른 쪽은 데이터가 갖는 스토리에 대해 긍정적 감정 반응을 끌어낼 때 효과적이라고 판단할 수 있을 것이다.

시각화의 분위기란 정확하고 분석적인 묘사부터 감정적이고 추상적인 개념까지 포괄하는 하나의 연속체로 설명할 수 있다.

정확하고 분석적으로

다음은 족 맥킨레이Jock Mackinlay가 한 말이다(http://hci.stanford.edu/ courses/cs448b/f10/lectures/CS448B-20100923-DataAndImageModels.pdf).

> "정보가 하나의 시각화로 전달되었을 때 다른 정보들보다 훨씬 손쉽게 받아들여진다면, 이 시각화는 다른 시각화보다 더 효과적인 것이다."

이 인용구는 실용적 혹은 분석적 시각화가 내포하는 우선순위와 의도를 완벽하게 간파하고 있다. 이런 형식을 너무 단순하거나 지루하다고 생각하는 사람들도 있겠지만 이는 근시안적 관점이고, 이런 식의 데이터 묘사가 필수적이라는 사실에 대한 이해가 부족한 것이다.

이런 분류에 적합한 디자인은 종종 막대 그래프, 선그래프, 점 그래프를 사용해서 데이터를 표현한다. 예를 들어, 몇 년간의 올림픽 결과 분석 프로젝트에서 가져온 다음 예제에서 볼 수 있듯이, 간소한 형식을 특징으로 한다.

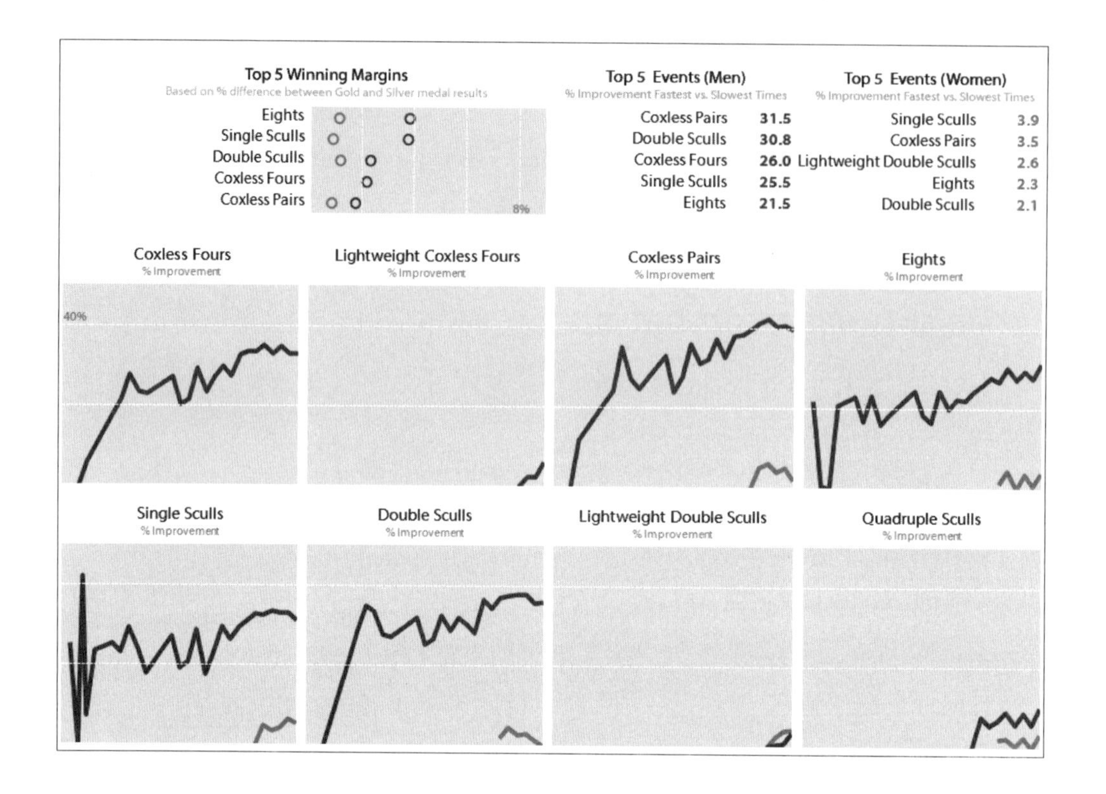

실용적인 분위기로 시각화한다는 것은 데이터를 빠르고 효율적이며 정확히 묘사해서 전달할 수 있도록 디자인해야 한다는 것이다. 일반적으로 데이터를 활용하여 무언가를 배우고자 하거나 데이터를 조작할 필요가 있는 독자 수요가 있을 것이다. 시각적 분석을 통해 숨겨져 있는 패턴을 발견하거나 사업 활동에 대한 최근 효과를 간단히 알고 싶은 사람들이 있는 기업 환경 같은 것이 예가 될 수 있다.

이 경우, 시각화 자체에 주의를 집중하거나 미학적인 강점을 갖는 그래프를 보거나 인터랙션을 만드는 것은 그다지 가치가 없다. 게다가 보여지는 데이터 스토리에 감정적이거나 비유적인 연결을 하려고 시도하는 경우도 없을 것이다.

시각화의 기능이 주는 순수함과 영향력(효율적인 이해를 통한 만족)은 전달되는 그래프의 미학적 요소에 의해서 완성된다. 이것이 실용적 업무에 우아함을 부여한다.

감정적이고 추상적으로

다음은 TED2008에서 크리스 조단Chris Jordan이 한 말이다(http://www.ted.com/talks/chris_jordan_pictures_some_shocking_stats.html).

> "우리가 이 큰 수를 충분히 느끼지 못하고, 이해하지도 못하는 게 두렵다."

가끔 막대나 직선, 직각 외에 곡선이나 원 혹은 좀 더 구부러진 무언가를 사용하고 싶어질 때도 있고 그런 게 필요할 때도 있다. 4장에서 살펴보겠지만, 이런 선택은 값을 인지하는 과정에서 정확도를 떨어뜨릴 수 있기 때문에 신중한 결정이 필요하다. 이런 종류의 고민은 디자이너로서 숙명이다.

추상적 시각화는 시각화의 분위기에 있어서 일반적인 이야기나 패턴을 묘사하는 미학에 좀 더 가깝다. 모든 데이터 포인트와 카테고리에 대해서 이런 것을 만드는 것은 어려울 수 있다. 데이터의 물리적 성질을 이해할 수 있는 시각 정보를 만드는 것으로 충분하다.

다음 그림은 전 세계의 상용 여객기에 대한 비행 경로 네트워크를 시각화한 프로젝트에서 가져왔다. 특히 토론토 피어슨 공항에서 이착륙하는 비행기의 경로를 강조했다. 이 프로젝트는 전염병 감염 위험에 대처하기 위해서 만들었다.

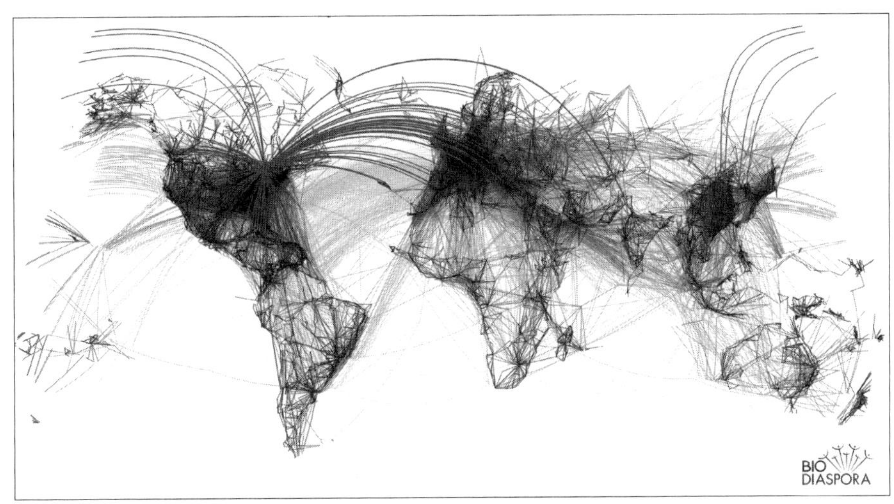

▲ 바이오디아스포라(Bio.Diaspora)의 "토론토 출/도착 항공기의 비행 경로", 2012년(http://www.biodiaspora.com/)

이 디자인은 항공 통계 분석에 대한 요약 정보를 제공하려고 만들어진 것이 아니다. 이 시각화는 데이터에 더 집중할 수 있도록 하고, 세계가 항공 여행으로 얼마나 연결되어 있는지 깨달을 수 있는 놀라운 시각 인터페이스를 제공한다. 이를 통해 얼마나 짧은 시간에 전 세계로 병이 전파될 지 상상할 수 있다.

서두에서 묘사했듯이, 실용적 목적과는 달리 여기서는 내용을 강조하고 문제를 전달하며 가끔은 충격을 주기도 한다. 실용적 접근으로는 할 수 없는 우아하고 혁신적인 방법으로 시각적 집중을 유도하는 것이다.

옆 페이지의 이미지는 이라크의 사망자 수를 나타낸 신문 인포그래픽의 한 부분이다. 이 차트는 위에서 아래로 뻗는 막대 그래프일 뿐이지만, 톤tone이 매우 강력하고 붉은 색을 활용한 단호한 메타포를 담고 있어서 전달하고자 하는 이야기에 대해 강렬한 감정을 갖게 한다.

물론, 시각화의 기능과 분위기에 과도한 기대를 하지 않는 것이 중요하다. 데이터 시각화에 대한 과장되고 과한 기대가 자리잡기 쉽기 때문이다.

데이터 시각화는 결론으로 가는 과정이지 결론 자체가 아니다. 시각화는 독자와의 연결고리지만, 우리 스스로가 갖고 있는 고유의 불합리함, 편견, 가정, 불합리한 취향 등의 제한에 갇힐 수 있다. 이런 요소는 시각화에 대해 예상되는 반응의 지속성 및 신뢰성을 약화시킬 수 있지만, 영향을 미칠 수 없는 것일 수도 있다.

데이터 시각화의 목적에 가장 적합한 디자인 스타일이 실용적인 내용과 감정적인 내용 사이의 어디쯤인지 최상의 판단을 내리는 것은 데이터 시각화 디자이너의 몫이다. 또한 시각화의 효과에 의해 일어나는 일에 대한 궁극적인 책임은 사용자 및 독자에게 있다.

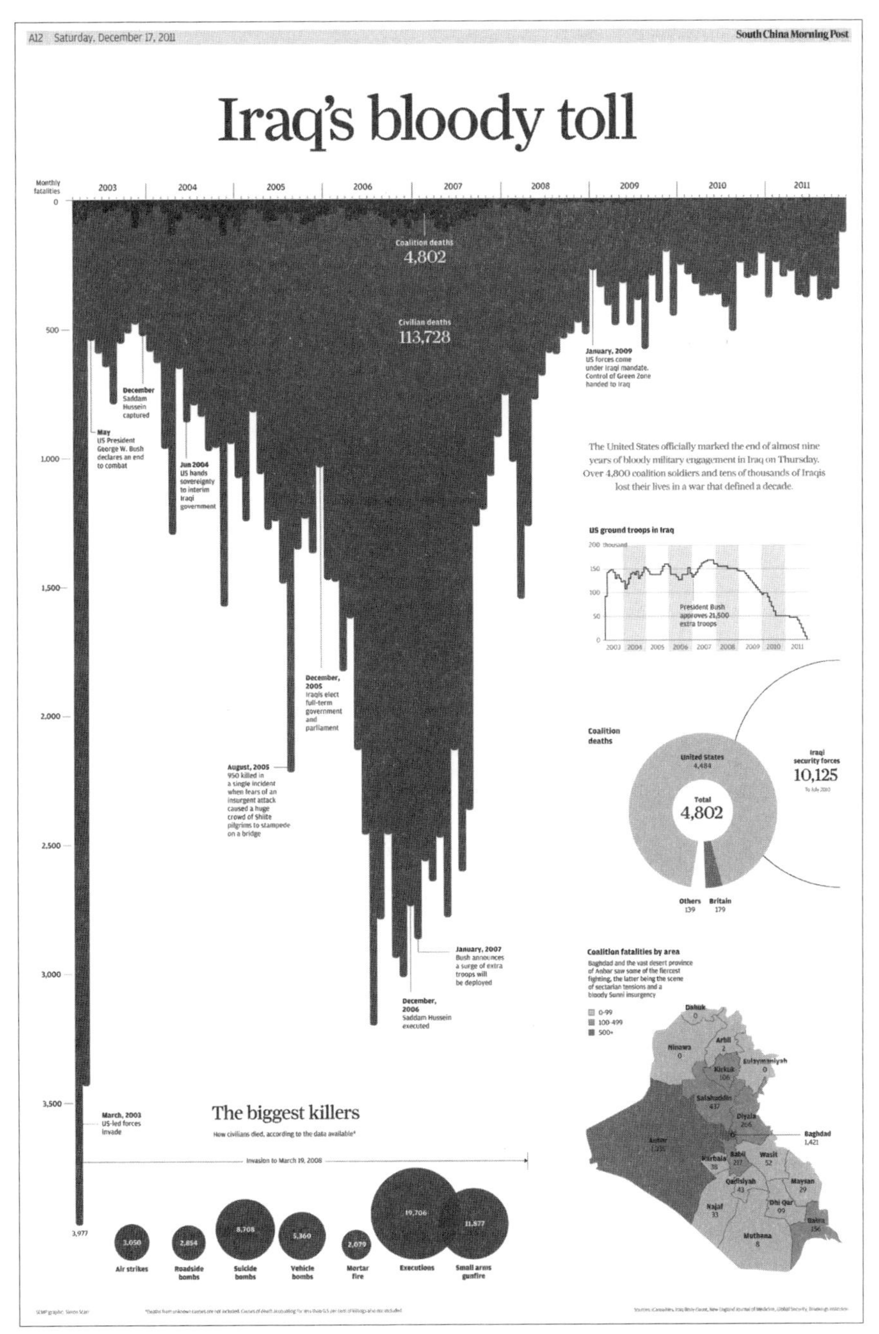

▲「the South China Morning Post」의 "이라크 사망자수(Iraq's Bloody Toll)", 사이먼 스카(Simon Scarr), 2011년 12월 13일 토요일자(http://graphics-info.blogspot.hk/2012/09/malofiej-20-look-at-ourparticipation.html)

시각화 프로젝트를 둘러싼 핵심 요소들

다음은 에드워드 터프트의 책, 『The Visual Display of Quantitative Information』에서 인용했다.

> "디자인 이론의 대부분은 회의주의자들로부터 환영받는다... 눈으로 직접 보는 대신 전문 용어가 갖는 권위라는 렌즈를 통해서만 보게 될 것이다."

시각화 프로젝트의 목적을 세우면서 디자인에 필요한 분위기와 기능을 같이 설정하게 되는데, 이 때 시각화 디자인의 형태과 방향에 영향을 미치는 여러 요인들이 등장한다.

특히 맥락 상의 조건이 미치는 영향을 식별하고 인지하는 것은 중요하다. 이 조건들은 프로젝트와 관련하여 달성할 수 있는 일과 할 수 없는 일, 그리고 달성하는 방법에 영향을 준다.

이런 요소의 목록은 모호하고 잘 정돈되지 않은 것처럼 보일 수 있지만, 잘못된 판단이나 오해를 뿌리뽑아 프로세스의 효과와 효율성을 극대화하고 싶다면 이를 빨리 확립해 두는 게 좋다.

너무 늦어서 검토할 수 없어질 때까지 기다리면 안 된다. 그런 상황이라면 이미 시간과 자원을 충분히 낭비한 후이기 때문이다.

다음은 시각화 프로젝트에서 잠재적인 영향을 파악하고 고려해야 하는 중요한 요소들이다.

- **목적**: 앞에서 다룬 것처럼, 프로젝트에는 다양한 발단과 이유가 있다. 개인 프로젝트라면, 외부 제약 조건으로부터 자유롭고 자신의 능력과 의도만으로 규정될 것이다. 여기서는 고객이나 동료로부터 의뢰받은 프로젝트에 책임을 져야 하는 경우를 강조해서 이야기하고자 한다. 이 경우 의뢰자가 달성하고자 하는 목표를 가능한 정확하게 이해하기 위해 뛰어난 수준의 의사소통 능력을 발휘해야 한다. 가끔은 고객 스스로 무엇을 추구할지 모르는 상황에서 확정되지 않은 요구사항을 받을 수도 있다. 이런 때에는 요구사항을 정의하고 프로젝트

의 범위를 정하는 것까지 역할이 확장될 수 있다. 다른 경우라면, 특이한 소재나 특정한 스타일을 지정하는 것처럼 일반적인 관례에서 벗어나는 작업을 요청받거나, 특정한 디자인이나 가용 자원의 문제로 아예 실행 불가능한 일을 요청받을 수도 있다. 이 때에도 역시 고객의 기대 사항을 조율하기 위해서는 의사소통 능력이 필요하다. 부끄럽다는 생각에 꼭 확인해야 할 사항을 묻는 것을 뒤로 미루기 쉽지만, 이는 고통을 야기할 뿐이다.

- **시간적 압박**: 모든 외주 디자인 프로젝트는 시간과 마감의 압박을 받는다. 대부분의 프로젝트는 하루 단위의 작은 일에서부터 장기간에 걸친 프로젝트에 이르기까지 정해진 스케줄이 있지만, 시간이 줄어드는 상황에서도 창의성을 유지해야 한다는 것은 언제나 디자이너를 시험에 들게 한다. 상황이 어떻든 간에 우리는 시간을 효과적으로 사용해야 한다. 다음의 방법론이 제시하는 전략이 바로 이 부분에 특효약이다. 업무 계획을 세우고 할 일을 균형 잡히게 배치하면, 덜 중요한 일을 하는데 불필요하게 많은 시간을 쓰는 일을 피할 수 있다. 종종 다른 일을 하면서 시각화 프로젝트를 병행하게 되는데, 이는 처리할 수 있는 업무량뿐 아니라 집중력에도 영향을 줄 것이다. 바로 이런 때에 프로젝트 관리 기술이 중요한 역할을 하게 된다. 즉, 해야 할 일과 해서 안 되는 일을 정리 해서 자원을 효율적으로 쓸 수 있게 한다. 또한 주요한 내용을 기록에 남김으로써 프로젝트에 관련된 생각이나 아이디어, 진행 상황 등을 놓치지 않고 관리하고, 이를 통해 프로젝트 간 전환이 무리 없이 가능하게 한다.
- **비용**: 모든 프로젝트에서 재원은 항상 이슈가 되며, 특히 큰 프로젝트라면 더 말할 것도 없다. 비용은 프로젝트 수행 시간, 추가 투입 가능한 팀원의 규모, 사용 가능한 기술 자원에도 큰 영향을 미친다. 금전적인 측면에서 잠재적인 이슈가 확인되지 않은 상태라면, 계획 수립이나 준비 단계에서 하는 모든 일이 무의미하다.
- **고객의 압박**: 시간적 압박 외에도, 고객이나 동료가 예상치 못한 압박을 주거나 작업에 방해가 될 수 있다. 예를 들어, 요구사항을 바꾸거나 아예 새로운 것을 요청하기도 하고, 디자인 솔루션에 간섭하거나, 작업을 방해하는 귀찮은 일을

만들기도 한다. 고객으로부터 오는 압박의 징후가 기업의 비주얼 요소나 브랜드 정체성, 레이아웃 규칙, 편집 가이드라인, 기술적 프레임워크를 준수할 것을 강조하는 데서 나타나기도 한다. 이러한 압박이나 방해가 주는 영향을 예상하고, 이를 감소시키기 위한 노력이 필요하다. 이상의 모든 것은 디자인 선택의 범위를 제한할 수 있기 때문에 잘 대응할 수 있도록 준비가 필요하다. 또한 고객과의 관계뿐 아니라 상호 간의 기대를 효과적으로 관리해야 하고, 고객들에게 프로젝트를 개방해야 한다. 즉, 프로젝트의 진척 상황을 주기적으로 공유하고, 가능하다면 중요한 의사 결정 시에는 고객을 참석시킬 것을 권장한다.

- **포맷**: 디자인적인 관점에서 프로젝트에 큰 영향을 주는 측면이다. 작업 중인 디자인은 정적인가, 인터랙티브한가? 프로젝트가 다면적이라면 둘 다 만들어야 할 것이다. 인터랙티브 디자인 작업 중이라면, 어떤 플랫폼에 호환 가능하게 만들어야 할까? 웹, 태블릿, 스마트폰에서 사용될까? 만약 정적 디자인이라면, 책에 작은 그림으로 들어가거나 한 면을 꽉 채울 만큼 큰 그림일 수도 있고, 벽에 붙이는 포스터 작업일 수도 있다. 시각화 디자인의 포맷은 매우 다양하다. 동영상일 수도 있고, 야외에 놓인 잔잔한 디스플레이거나, 미술관에 설치된 대형 터치 스크린일 수도 있다. 이는 프로젝트의 가능한 빠른 단계에서 결정되어야 하는 중요한 고려 사항이다. 다른 고려 사항으로는 일회성 작품인가, 재사용이나 복제가 가능한 작품인가? 같은 프로젝트의 사용 빈도를 들 수 있다. 이러한 요소는 프로젝트의 실행 가능성에 매우 큰 영향을 준다. 즉, 만들 수 있는 것과 만들 수 없는 것을 결정하는 중요한 기준이 된다.
- **기술적 역량**: 이미 보유한 기술적 역량 외에 추가로 사용 가능한 기술 자원이 있는가? 예를 들어, 기능 제한이 있는 무료 툴을 사용하는가, 혹은 유료 소프트웨어를 사용 가능한가? 만약 온라인 프로젝트라면, 서버의 속도나 용량 등에 있어 최적의 기술적인 인프라가 갖춰져 있는가? 포맷을 선택하는 경우라면, 어떤 프레임워크를 사용할 것인가? 어떤 브라우저가 적절할까? 백엔드 데이터베이스를 위해서는 어떤 기술이 필요할까? 이처럼 대상 범위가 넓을 뿐 아니라 매우 기술적인 의사 결정이므로, 이를 판단할 기술 전문가의 지원이 필요할 것이다.

데이터 시각 디자인 분야의 8개 모자 모델

시각화 디자인 프로젝트의 마지막 단계에서 고려해야 할 이슈는 개인별 능력과 작업의 공동 작업자들에 대한 평가이다. 전체적으로 어떤 기술과 지식을 소유했거나 혹은 부족한가? 이것은 대부분의 경우 큰 이슈다. 따라서 우리는 2장의 나머지 부분을 이 이슈를 좀 더 자세히 다루는 데 할애할 것이다.

기능의 측면에서 시각화 디자이너에게 요구되는 것은 매우 많다. 이는 피사체의 진정한 종합 성격을 반영하기 위한 것이다. 다른 성분의 융합은 풍요로움과 관련된 이슈의 다양함을 이끌어낸다. 마스터하기에 큰 도전이 되는 것도 사실이다.

대부분의 경우, 프로젝트의 전체 범위에서 필요한 지식과 기술을 획득하고자 하는 시도는 겁나는 일이거나 어떤 것인지 알 수 없는 정도의 일이다. 일종의 슈퍼히어로가 되어야 성공할 수 있을 것 같은 기분이 든다.

요구되는 능력의 범위에서 분석적인 관찰을 하면 각 사람들의 역할과 요구사항을 밝힐 수 있다. 이는 여러 명이거나 혹은 단 한 사람일 수도 있다.

이들을 "데이터 시각화 디자인의 여덟 모자"라고 불러보자. 이는 복잡한 문제를 해결해야 할 때 도움이 되는 서로 다른 생각의 관점과 관계된 에드워드 드 보노의 여섯 사고 모자의 개념에서 영향을 받았고, 성공적인 시각화를 위해 요구되는 서로 다른 속성을 구조화하고자 하는 시도이다.

이는 강점과 약점을 식별하는 데 도움을 주고, 의무와 책임의 범위 중 어디에 초점을 맞출지 파악하는 데 유용하다. 또한 개인적인 약점을 해결할 때 뿐 아니라 다른 사람을 지원하여 격차를 줄이는 과정에도 활용 가능하다.

창안자

창안자는 리더이다. 이들은 요청이나 스스로 갖게 된 호기심에 따라 작업의 해결책을 찾는다. 이 모자는 탐험가의 모자이다. 이들은 문제에 대한 답을 찾고 그들의 연구자 마인드에 답을 줄 수 있는 증거를 찾기 위해 데이터를 탐색하고 다양한 디자인을 탐구한다. 창안자는 이 장에서 다룬 많은 부분의 고려사항에 책임이 있다.

이들은 프로젝트의 전체적인 분위기와 기능을 설정할 뿐 아니라 타깃 고객을 파악하고 식별한다. 이들은 또한 솔루션의 형식이나 플랫폼과 같은 요소와 주요 기술적 이슈도 정의한다.

데이터 과학자

데이터 과학자는 광부의 모자를 쓴 데이터 광부로 묘사할 수 있다. 이들은 데이터의 확보, 획득, 처리, 준비하는 데 책임이 있고, 이는 다양한 종류의 크고 작은 데이터 세트에 대응할 기술적 능력을 보유했음을 의미한다. 일단 데이터를 획득하면 데이터 과학자는 실험과 준비를 책임지고 수행한다. 이들은 통계기법이나 수학적 지식를 활용하여 데이터의 패턴이나 관계, 설명적인 속성을 파악하기 위한 탐색적 데이터 분석에 착수한다.

기자

기자는 스토리텔러이다. 이들은 시각화가 풀고자 하는 문제에 대한 내러티브 방식을 결정한다. 창안자, 데이터 과학자와 함께 일하면서, 이들은 핵심 스토리를 만들고, 분석을 진행하기 위한 관점을 잡아나간다. 또한 편집 과정에서 프로젝트의 주제를 유지하는 데 필요한 질문들을 만들어낸다. 창안자가 초기 아이디어를 꽃피우면, 기자는 분석적 기회를 만들기 위해 연구자의 자세로 개발을 이어간다.

컴퓨터 과학자

컴퓨터 과학자는 실행하는 사람이다. 이들은 프로젝트를 살아있게 만들고, 궁극의 기술력으로 솔루션을 구축한다. 이들은 또한 데이터를 수집, 조작, 사전 제작 시각화 작업 등을 효율적이고 효과적으로 수행하는 기술적 노하우를 바탕으로 데이터 과학자를 지원한다. 이들이 보유한 소프트웨어와 프로그래밍에 대한 경험과 지식의 폭은 프로젝트의 잠재적인 방향이나 결과물의 수준에 영향을 큰 미친다. 이는 시각화를 위해 프로그래밍을 하지 않고 도구를 사용하는 경우에도 마찬가지다.

디자이너

디자이너는 창의적인 사람이며, 컴퓨터 과학자과 조화를 이루어 솔루션을 만들어 내는 사람이다. 이들은 시각적인 세부 사항을 보는 눈을 갖고 있으며, 혁신과 스타일을 보는 재능을 갖고 있고, 잠재적인 가능성을 보는 능력이 있다. 또한 창안자가 만들고 기자가 발전시킨 메시지를 작품에 반영하는 데 필요한 전문성을 갖는다. 이들은 어떤 솔루션이 현실적으로 적용 가능한지에 대해서는 컴퓨터 과학자의 능력을 존중하지만, 시각화를 구성하는 각 부분이 제대로 동작하는지 여부와 그 이유에 대해서는 자체적인 판단 근거와 비전을 갖는다.

그들의 핵심 책임은 메시지를 전달하면서 동시에 독자를 끌어들이기 위한 심미적인 매력도 보장함으로써 솔루션이 형태와 기능 면에서 조화를 이루도록 하는 것이다.

인지 과학자

인지 과학자는 사상가들이고, 기술이나 디자인 솔루션의 효과적 뒤에 숨겨진 과학을 이해하는 사람이다. 이들은 시지각 지식을 갖고 있으며, 이는 눈과 뇌가 효과적이고 효율적으로 작동하는 방식에 관한 것이다. 또한 게슈탈트 법칙이나 커뮤니케이션 이론, 색 이론, 인간 - 컴퓨터 상호작용의 원리 등의 개념에 대해 잘 이해하고 있다.

추가로 이들은 기억이나 주의 집중, 의사결정, 행동의 변화 등 사람의 정신과 마음이 작동하는 방식과 그 복잡도를 잘 알고 있기 때문에 디자인 프로세스에 도움을 줄 수 있다.

전달자

전달자는 프로젝트의 의사소통에 관한 일을 한다. 이들은 협상자이자 발표자의 역할을 하고, 사용자-고객-디자이너 간의 소통자다. 프로젝트의 진척과 요구사항, 문제, 솔루션에 관한 정보를 관련된 모든 사람들에게 제공하는 역할을 한다. 프로세스의 모든 과정에 가까이 있어야 하고, 요구사항을 이해하고 제약사항을 인식하고 가능성을 인지하고 런칭/홍보/최종 작품 전시를 담당해야 한다. 기술자와 비기술 인력 모두에게 문제를 정확하게 설명할 수 있어야 한다. 또한 기대와 관계를 관리하는 역할이 가장 중요하다.

프로젝트 매니저

프로젝트 매니저는 매니저나 코디네이터이다. 이들은 프로젝트를 유지하는 데 가장 인기 없는 역할을 수행하는 사람이다. 프로젝트의 프로세스와 진척도를 관리하고, 제 시간에 제대로 된 메시지를 갖고 하나의 작품으로 응집력을 갖도록 한다. 작업을 이해하고, 프로젝트를 둘러싼 핵심 요소를 이해하고 관리한다. 이 역할은 작품의 완성을 보장해야 하고, 따라서 세부 사항까지 챙기는 꼼꼼함과 모든 것을 검토하는 인내심과 책임감이 필요하다. 또한 무결성과 시각화 윤리성에 책임이 있다.

정리

이 장에서 데이터 시각화 방법론에 대한 논의를 시작했다. 디자인 작업을 시작하기 전 작업 계획을 수립하고 적절한 준비를 하는 것, 프로젝트의 범위를 설정하는 것이 매우 중요하다. 이와 같은 초기 작업을 선행하지 않으면 이후 계속되는 최종 디자인 프로세스의 효과와 효율을 저해할 수 있다. 어떤 디자이너라 할지라도 이런 일을 할 여유는 있을 것이다.

데이터 시각화가 데이터가 갖고 있는 패턴을 발견하는 데 얼마나 유용한지 확인했다. 원시 데이터에서 바로 인사이트를 얻어내는 것은 실질적으로 불가능하다.

시각화 프로젝트의 목적을 수립하는 것이 첫 번째 단계에서 가장 중요한 작업이다. 시각화가 전달하는 기능과 느낌 사이의 구분을 중요하게 다루었다. 이러한 특성 안에서 우리는 기능적으로 데이터를 설명하고 탐색하고 전시하기 위한 시각화 작품 사이의 차이를 설명했다.

더욱이 실용적인 목적의 시각화 작품과 감정적이거나 추상화에 좀 더 집중한 시각화 작품 사이의 잠재적인 디자인의 차이 간의 중요성을 확인했다.

이 장의 나머지 부분을 통해 확인한 것처럼, 프로젝트의 목적을 가급적 이른 시기에 명확하게 만드는 것이 시각화 디자인 프로세스를 성공으로 이끄는데 매우 중요하다. 이런 결정은 디자인적 선택뿐 아니라 독자들의 경험에도 영향을 준다.

시각화 프로젝트의 형태와 범위에 강한 영향을 주게 되는 핵심 요소를 살펴봤다. 그것이 기술적인 문제이든, 형식이나 경제적인 여유, 혹은 시간과 관련된 이슈이든, 이들 요소는 이후 작업에 엄청난 영향을 미치게 된다.

마지막으로 시각화 디자인 작품을 성공적으로 만들어내는 데 필요한 개인적 역량의 범위를 깊이 있게 살펴보았다. 그리고 작업을 진행하거나 협업을 하는 과정에서 발생하는 차이를 해결하는 방법을 확인했다.

다음 장에서는 계획 수립과 전처리라는 중요한 단계를 살펴볼 것이다. 여러분의 의도된 내러티브를 파악하고 보유한 데이터에 좀 더 익숙해지는 과정이다.

3
편집 방향 설정, 데이터 파악

2장에서는 데이터 시각화 방법론에 대해 다루기 시작했고 특히 프로젝트의 시작 부분에서 수행하게 될 중요한 준비 작업 두 가지를 소개했다. 프로젝트의 목적을 수집하는 것, 프로젝트에 영향을 미치는 다양한 요인을 식별하는 것이다.

이후 만들게 될 시각화 작품은 디자인 단계를 밟고 각 단계에서 새로운 영향 요인이 등장함에 따라 꾸준히 발전하게 될 것이다. 초기 단계에서 내리는 모든 결정은 이후 단계에서 다시 고려하게 되고 점차 세련되어져 가겠지만, 가급적 명확한 의도를 갖고 작업을 할수록 수고를 덜고 좀 더 효율적으로 일을 진행할 수 있을 것이다.

이번 장에서 방법론의 다음 단계로 이동한다. 이 단계에서는 앞으로 작업하게 될 데이터와 관계된 이슈, 추출하고 표현하고자 하는 스토리와 관련된 이슈들을 살펴본다. 이 활동들은 프로젝트의 개시와 디자인 컨셉 사이에 연결고리가 되고 다음 작업을 포함한다.

- 시각화와 관련하여 다음과 같은 질문들을 던질 수 있다. "표현하고자 하는 메시지가 무엇인가? 묘사하고자 하는 주요 스토리가 무엇인가? 독자들이 시각화를 통해 어떤 질문에 답을 얻을 수 있는가?" 이 질문들은 시각화를 통한 커뮤니케이션이 어떤 차원에서 이루어지는지 보여주며, 이 질문들을 고려해서 편집 방향을 잡고 개선하는 방법을 살펴볼 것이다.
- 데이터를 확보하고 전처리 하는 작업, 그리고 확보한 데이터가 목적에 적합하고 쓸만하다는 것을 디자인 단계에 앞서 확인하는 것은 쉽지 않은 일이고 일반적으로 시간이 가장 많이 걸리는 작업이다. 종종 겉으로 드러나지 않은 활동이 되기도 하는 이 작업의 메커니즘을 살펴볼 것이다.
- 마지막으로 시각적 분석 기법을 활용해서 데이터를 파악하고 주요한 인사이트를 찾는 사례를 살펴볼 것이다. 또한 데이터의 물리적 성격을 파악하는 것이 편집 방향을 잡는 것이나 데이터에 대한 질문을 구체화하는 것, 그리고 이후 디자인적 선택에 어떤 영향을 미치는지 설명하겠다.

편집 방향의 중요성

다음은 에드워드 터프트Edward Tufte[1]가 한 말이다(http://adage.com/article/adagestat/edward-tufte-adagestat-q-a/230884/).

> "좋은 콘텐츠를 만들어 낼 수 있는 디자이너란 세상에 존재하지 않는다."

2장에서는 시각화 프로젝트의 배경이 되는 시각화의 목적을 알아내기 위해 고려해야 할 다음과 같은 사항들을 살펴봤다.

---

1 "기자들이 그래픽 작업을 하는 것에 대해 어떻게 생각하느냐?"는 질문에 에드워드 터프트가 회신한 이메일 중 일부이다. 실제 그가 한 대답의 전문은 다음과 같다. – 옮긴이

"직업적인 디자이너보다 콘텐츠를 만드는 사람들이 그래픽 작업을 하도록 두는 것이 낫다. 이것이 「뉴욕타임즈」의 영업 기밀이다. 그들은 시각화를 담당하는 사람을 "그래픽 뉴스 리포터"라고 부르고, 이들은 자신이 직접 시각화 작업을 할 기사를 취재한다. 이런 방식이 여의치 않다면, 최소한 콘텐츠를 만드는 사람이 디자이너를 충분히 가이드해야 한다. 추론가나 발표자라면 모를까, 좋은 콘텐츠를 만들어 낼 수 있는 디자이너란 세상에 존재하지 않는다."

- 시각화 작업을 하는 이유는 무엇인가?
- 누구를 위해 작업하고, 요구사항은 얼마나 잘 정의되었는가?
- 어떤 기능을 수행하는가?
- 만들고자 하는 시각화는 어떤 톤tone인가?

디자인 프로세스의 전 과정에 걸쳐, 초기 단계에서 내린 정의를 수정해야 할 경우도 생긴다. 하고 싶은 일과 할 수 있는 일, 해야 하는 일이 무엇인지 정확하게 파악함에 따라 작업 결과가 점점 모양이 잡혀가는 것이다.

이런 식으로 흘러가는 것은 자연스러운 일이다. 그러나 결정을 확실히 하는 시기를 앞당길수록 방향잡기는 더 쉬워진다. 조기에 내린 결정은 견고한 출발점이 되고, 앞으로 만들어 갈 시각화 작품을 통해 표현하고자 하는 메시지와 관련해서 추가로 어떤 의사결정들을 하게 될지 파악하는 데 도움이 된다.

이런 내용들이 어떻게 이야기되던지 디자인 단계를 통해 커버되겠지만, 그에 앞서 독자에게 어떤 내용을 전달할 것인지 구체적으로 결정해야 한다.

가장 영향력이 있고 인정받는 시각화와 인포그래픽 디자인 작품은 신문이나 잡지를 통해서 접하게 된다.

아마도 가장 많은 사람들이 인정하는 것은 「뉴욕 타임즈」겠지만 이 외에도 「가디언」(영국), 「내셔널 지오그래픽」(미국), 「워싱턴 포스트」(미국), 「보스턴 글로브」(미국), 「라 인포마첸」(스페인), 「에포카」(브라질) 같은 곳도 훌륭한 성과를 보이고 있다.

이 조직들이 훌륭한 성과를 만들어내는 비결은 에드워드 터프트가 앞에서 이야기했던 내용인 편집 방향을 잘 살리는 것이다.

다루고 있는 데이터의 규모나 복잡도와 무관하게, 이것은 데이터 시각화를 잘 만들기 위해 꼭 필요한 중요한 역량이다. 그리고 프로젝트의 성공, 즉 시각화 설계에 유일하게 영향을 주는 것이다.

편집 방향은 독자에게 이야기하려고 하는 구체적인 메시지가 무엇인지 결정하는 것이다. 이는 신호로부터 잡음을 제거하고, 주제와 관련된 가장 가치 있고 영향력 있는 혹은 가장 관련 높은 부분을 알아낼 책임을 갖는 것을 의미한다.

이를 위해 독자들이 관심을 갖는 것이 무엇인지 가늠해볼 필요가 있다. 그들이 알고 싶어하는 것, 또는 흥미롭게 생각하는 것이 무엇이라고 생각하는지 검토하자. 그리고 데이터를 활용해서 묘사 할 수 있는 이야기가 무엇인지 알아내야 한다.

독자가 원하는 것이 무엇인지를 결정하는 것이 항상 간단하지는 않다. 특히 시각화의 대상이 다양한 유형과 배경을 가진 넓은 독자층인 경우 더욱 그렇다. 그렇더라도 시각화가 제공하는 분석의 부분적인 단면들이 예상 독자들을 만족시킬 수 있는 방법을 찾아야 한다.

고객이나 동료에 의해 시작된 프로젝트의 경우, 이미 구체적인 분석 요건이 있을 수 있다. 이 경우 발표와 커뮤니케이션을 요구받을 것이다. 이미 정해진 방향을 변경할 수 있는 여지는 거의 없다.

의뢰받은 일을 하든 스스로의 호기심을 위해 일을 하든 어느 정도의 자유는 확보되어야 한다. 시각화를 통해 묘사하고자 하는 것이 무엇인지를 결정하는 데 영향을 주는 두 개의 역할인 분석가와 스토리텔러로서의 기능을 잘 수행하기 위해서다.

디자인의 실행은 프로젝트의 성공에 중대한 영향을 준다. 그러나 전달하고자 하는 메시지를 명쾌하게 하고 논거를 충분히 하지 않으면, 시각화는 어쩔 수 없이 초점을 잃게 될 것이다.

독자 앞에 모든 것을 다 풀어놓지 말자. 좋은 시각화는 독자에 대한 편집자의 배려 수준을 포함한다. 어떤 데이터를 갖고 있다는 이유로 그것을 전부 사용해야 한다는 강박을 버리자. 편집 방향에 따라 데이터를 까다롭게 선별하라.

이 태도는 모든 종류의 시각화 프로젝트에서 필수적이다. 스토리텔링에 대한 아이디어는 오직 설명적 작품과 관련이 있다고 생각할 수도 있지만 그렇지 않다. 탐색적 디자인에서도 편집 방향을 보이기 위해 노력할 필요가 있다.

차이점이라 한다면, 탐색적 시각화의 경우 인사이트에 대한 접근성과 발견 가능성을 높여주면 스토리텔링은 줄어든다는 것이다. 물론 이 경우에도 주제를 잡고 중요한 분석 차원을 결정하는 것은 여전히 중요하다. 독자의 해석 경험에 어느 정도로 개입할 것인지도 신경 써야 한다.

다음에 살펴보겠지만, 가장 효과적인 데이터 시각화 디자인은 분석 차원 내에서 탐색적 요소를 사용함으로써 기능적인 측면의 조합을 만들어내고 관리한다.

뒤집어서 말하자면, 시각화 작품을 보다가 비효율적으로 보이는 사례를 발견한다면, 그들은 대체로 내러티브가 약하거나 스토리가 부재하고 독자에 대한 진정한 배려가 부족할 가능성이 높다. 바로 시각화 디자인에 영향을 주는 세부 사항들이다.

전처리 및 데이터 파악

가리언지의 전 편집자인 사이먼 로커스는 자신의 책 『Facts Are Scared: The Power of Data』에서 다음과 같이 썼다.

> "80%의 노력, 10%의 위대한 아이디어, 10%의 결과물"

스토리와 분석을 본격적으로 정의하고 개발을 시작하기 전에, 데이터에 접근하고 준비하는 등 소매를 걷어붙이고 궂은 일을 몇 가지 해야 한다.

데이터를 먼저 확보할 것인지 혹은 분석 주제의 세부 차원을 먼저 구체화할 것인지는 프로젝트의 맥락에 따라 결정된다. 이것은 말하자면 닭과 달걀 상황이다. 데이터와 편집 방향 중 무엇이 먼저 준비되어야 할까? 필요한 데이터를 결정하기 위해 편집 방향이 필요하다. 그러나 데이터를 실제로 입수하기 전에는 그 속에 어떤 잠재적인 인사이트가 있을지 알 수 없다.

두 가지 이슈를 동시에 진행하기 위해 데이터 과학자와 언론인의 역할 사이에 어느 정도 반복이 일어날 것임을 받아들이는 것이 최선이다.

데이터는 원재료이고 창조적인 레시피의 주된 재료이다. 무엇을 의도했거나 시각화 디자인을 통해 무엇을 보여주려고 희망했는지와 관계없이, 데이터는 어쨌든 이야기를 시작할 것이다.

만약 원하는 데이터가 없거나 확보한 데이터가 원하는 바를 말하지 않는다면 혹은 찾아낸 메시지가 기대했던 것보다 덜 흥미로운 경우라도 할 수 있는 일은 없다. 이것은 꼭 기억해야 할 중요한 요소다. 3D를 추가하고 세련되고 멋지고 끝내주는 디자인에 금가루를 뿌려대도 이 사실은 변하지 않는다.

불완전하고 오류로 뒤덮였거나 혹은 평범하고 지루한 데이터 세트는 아주 간단하게 시각화를 오염시킨다. 그래서 가장 기본적인 임무는 이런 일이 일어나는 것을 피하는 것이다. 모든 추측과 희망을 배제하는 것이다. 데이터를 획득하면, 그 데이터의 상태, 성격, 잠재적인 스토리를 파악하고 시작하는 것이다.

이를 달성하기 위해, 다음과 같은 고통스러운 전처리 메커니즘을 통과해야 한다. 이는 데이터에 익숙해지기 위한 과정이다.

획득(데이터 확보): 일단 데이터를 보유해야 한다. 앞에서 언급한 것처럼 이미 공급된 상태일 수도 있다. 필요한 데이터를 요구하기 위해 필요한 구체적인 분석 차원을 이미 정의했을 수도 있고, 여전히 일반적인 수준의 분석 레벨에 머무르고 있을 수도 있다. 이 모든 것은 요구사항이나 의도가 얼마나 잘 정의되었는가에 달렸다.

데이터를 획득할 수 있는 장소와 목적을 달성하기 위해 사용한 방법론은 가장 잘 알아두어야 할 내용이다. 다음과 같은 출처를 참고하자.

- 동료, 고객, 혹은 서드 파티 단체를 통해 획득
- 정부시스템에서 다운로드받기
- 수작업으로 모으고 기록하기
- 웹 기반 API에서 추출
- 웹사이트에서 스크랩
- PDF 파일에서 추출(이것이 실제 상황이라면 참 안된 일이다)

미국의 사회적 확장을 설명하기 위해 우체국의 확산 스토리를 사용한 시각화로부터 가져온 다음 이미지를 참고하자. 1700년에서 1900년 사이에 전국적으로 11,000개가 넘는 우체국의 위치가 기록되는 것을 볼 수 있다.

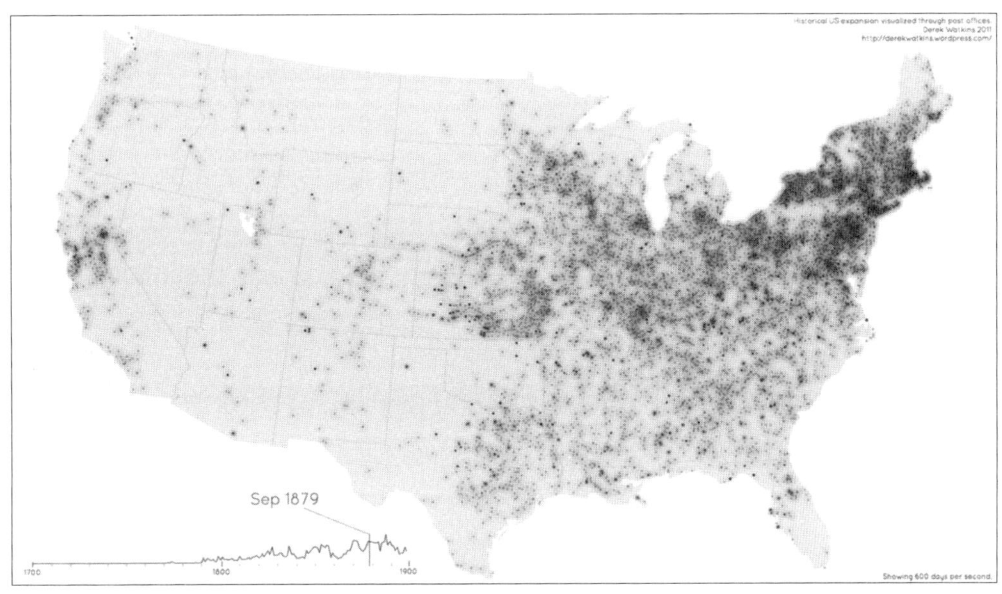

▲ 데렉 왓킨스(Derek Watkins)의 "미국의 우체국 확산 시각화"(http://blog.dwtkns.com/2011/posted/)

프로젝트의 전체 데이터는 미국의 우체국 서비스 웹사이트에서 수집되었다. 지리정보의 정확도를 위해 가제티어gazetteer의 데이터를 활용했다. 지도에 표현할 수 없어서 1,500개(12%)에 이르는 정보가 분석에서 제외되었다.

데이터를 수집하고 전처리하는 데 엄청난 양의 노력과 고통이 따른다. 언제 데이터에 접근하는가는 문제가 아니다. 데이터를 구체화시키고 필요한 형태로 만들기 위해 때로 고된 일을 해야 한다. 필수적인 이번 단계를 위해 가급적 많은 시간을 투입해야 한다는 점을 확실히 해야 한다.

검수: 데이터를 입수했다면 철저한 조사를 통해 획득한 데이터의 적절성에 대한 신뢰도를 확인한다. 잠재적인 요구사항을 만족시키기 위해 데이터가 얼마나 적합하고 완벽한지 평가하는 것을 포함한다. 이 단계의 작업을 효율적으로 수행할 수

있도록 도움을 주는 도구가 많이 있다. 데이터의 크기와 복잡도에 따라 그리고 분석가의 역량에 따라 엑셀이나 타블로Tableau, 혹은 구글 리파인google refine을 활용해서 빠르게 데이터를 살펴보고, 필터링, 정렬, 검색을 수행한다. 이를 통해 데이터의 품질을 안정화할 수 있다. 활용 가능한 도구는 이 외에도 수없이 많다.

- **완전성**: 필요한 데이터가 모두 있는가 혹은 추가 데이터가 필요한가? 크기와 형태는 만족스러운가? 필요한 카테고리를 모두 포함하는가? 필요한 기간만큼 확보되었는가? 필드와 값은 빈 곳이 없는가? 데이터 레코드는 충분한가?
- **품질**: 중요한 에러가 있는가? 설명되지 않는 분류나 코드가 있는가? 이상한 날짜나 ASCII 문자와 같은 포맷 이슈가 있는가? 데이터가 중복되어 있는가? 데이터의 정확도는? 일반적이지 않은 값이나 이상치를 포함하는가?

데이터 타입: 원천 데이터의 성질을 이해하는 것은 중요한 출발점이다. 나중에 데이터의 실제 패턴이나 관계를 파악하기 위해 시각적 탐색을 하겠지만 지금은 데이터 유형의 기본 개념을 먼저 이해해야 한다. 4장으로 넘어가면 이 내용이 더 중요하게 여겨질 것이다. 다음 표에 데이터 유형과 각 유형별 예시를 담았다.

타입	예시
범주형 명목 데이터(Categorical nominal)	국가, 성별, 텍스트
범주형 서열 데이터(Categorical ordinal)	올림픽 메달, "리커트(Likert)" 척도[2]
정량 데이터/등간 척도(Quantitative/interval-scale)	날짜, 온도
정량 데이터/비율 척도(Quantitative/ratio-scale)	가격, 연령, 거리

데이터의 유형을 이해하기 위해 각 유형별 값의 범위를 따져보거나 샘플 데이터를 만들어보면 도움이 된다. 예를 들어 올림픽과 관련된 데이터는 다음과 같다.

2 설문 조사 등에서 사용하는 응답 척도의 하나로 렌시스 리커트(Rensis Likert)가 정리했다. 응답 항목들은 명확한 서열성이 있어야 하며, 이를 통해 응답자는 설문 문항에 대한 동의/비동의 수준의 상대적인 강도를 답변한다(리커트 척도의 사용 예: 이 책은 유용하다. 1. 전혀 그렇지 않다. 2. 그렇지 않다. 3. 보통이다. 4. 그렇다. 5. 매우 그렇다.). – 옮긴이

데이터	타입	범위
올림픽 개최	정량(등간 척도)	27개의 서로 다른 연도(1896 – 2012)
메달	범주형 서열	금, 은, 동
경기	범주형 명목	1,500개가 넘는 종목명

데이터의 품질을 확보하기 위한 변환: 이 작업에 검사 단계에 이어서 데이터를 정리하고 클렌징하는 작업이다. 디자인 작업에서 사용하는 데이터의 상태를 변환하는 과정에서 발견되는 에러가 어떤 종류가 있는지 볼 것이다. 사라진 데이터에 의한 갭을 메꾸기, 중복 제거하기, 에러 값 정리하기, 일반적이지 않는 글자 처리하기 등이 일반적으로 하게 되는 일이다.

분석을 위한 변환: 품질을 위한 변환과는 대조적으로, 이 작업에서는 데이터를 클렌징하는 것보다는 데이터의 전처리와 정제에 집중할 것이다. 이 작업은 데이터를 활용해서 진행하게 될 분석과 디자인 작업을 염두에 두고 진행한다.

관련하여 다음과 같은 활동을 생각할 수 있다.

- 변수 파싱(나누기)(예: 날짜 데이터에서 연도를 추출하기)
- 변수를 병합해서 새로운 데이터를 만들기(예: 이름과 성을 사용해서 전체 이름full name 만들기)
- 정량 데이터와 텍스트 데이터를 정해진 코드나 키워드로 전환하기
- 기존 데이터에서 새로운 값을 만들어내기
- 분석에서 사용하기 위해 값을 계산하기(예: 백분율 계산 등)
- 사용할 계획이 없는 데이터 삭제하기(단, 주의할 것!)

다음으로 고려해야 할 중요한 것은 시각화 작업을 위해 어느 수준의 데이터 해상도를 원하는가 이다. 적절한 수준의 구체성을 얻기 위해 데이터를 더하거나 쪼개야 할 수 있다.

디자인 에이전시는 야후 이메일 네트워크에 대한 준실시간 시각화 작업을 하면서 데이터 전처리 과정 중 복잡한 문제에 직면했다. 목적은 특정한 시간대에 세계 곳곳에서 발송되고 처리되는 이메일의 방대한 양을 보여주는 것이었다. 그리고 야후가 스팸 메일을 가로막고 감소시키는 데 도움을 주기 위해 얼마나 노력을 기울이는지 보여주는 것이다. 다음 스크린샷을 통해 확인할 수 있다.

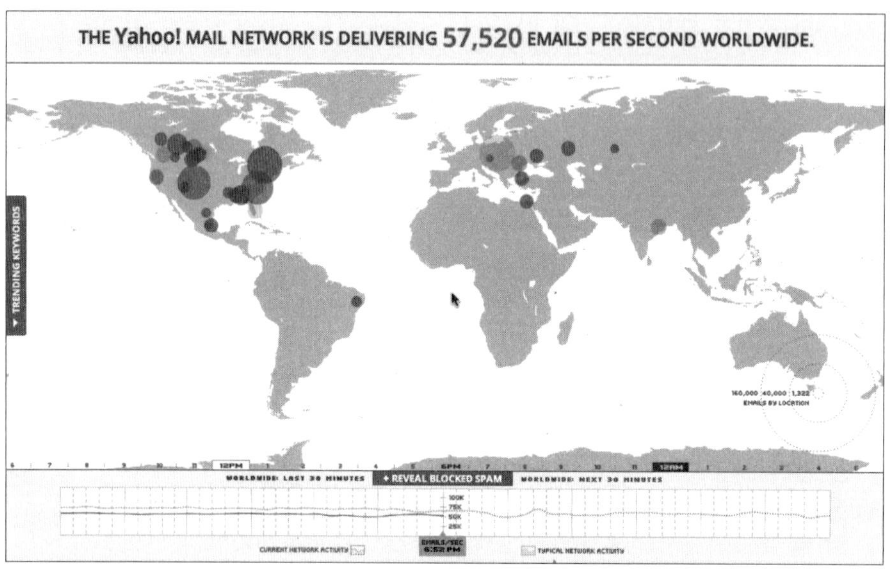

▲ 페리스코픽(Periscopic)의 "야후! 메일 시각화"(http://www.periscopic.com/#/work/yahoo-mail/)

매일 대략 56억 통의 이메일이 발송된다(스팸 메일은 200억 통 이상이다). 이는 프로젝트에 제공된 엄청난 양의 데이터는 어느 정도 디테일로 보여주는 것이 가장 적정 수준일까?라는 문제를 제기했다.

기술적인 측면에서 데이터의 속도와 크기를 어떻게 다룰 것인가 뿐 아니라 이 스토리를 전달하는 데 적절한 해상도가 무엇인가 하는 문제이기도 했다.

다음은 그들이 참고한 전략이다.

- 제목과 보조 그래픽의 전 범위에 걸쳐 제시된 헤드 라인 통계는 전체 데이터의 양을 나타낸다.

- 지리적 공간 뷰의 경우, 신중하게 설계 알고리즘이 데이터의 대표 샘플을 추출하기 위해 적용되었다. 전체 데이터를 통해 볼 수 있는 활동의 미묘한 뉘앙스를 포착하면서도 데이터를 100% 표시하기 위해 따라오는 기술적인 낭비를 피하기 위한 최적의 선택이었다.
- 지리 데이터는 도시와 지역별로 군집화했다. 이는 원의 위치와 크기로 표시되고 주요한 신호와 패턴을 이해하는 데 도움이 된다.

데이터 해상도를 가급적 조기에 적절하게 처리하는 것이 얼마나 중요한지 보여주는 좋은 사례다. 유사한 상황을 만나게 되면, 다음과 같은 옵션들을 일반적으로 검토할 수 있다.

- **최대 해상도**: 개별 데이터의 표식으로 사용할 수 있는 모든 데이터를 표시함
- **필터링 된 해상도**: 특정 기준에 따라 레코드를 제외
- **집계된 해상도**: 예를 들어 "롤업" 데이터, 월, 년, 또는 특정 카테고리
- **샘플 수준 해상도**: 데이터의 일부를 추출하기 위해 특정한 수학적 선택 규칙을 적용(매우 많은 양의 데이터를 보유했고 빠르게 실물 모형을 개발하거나 아이디어를 테스트하고 싶을 때, 설계 단계에서 특히 유용함)
- **제목 수준 해상도**: 전체의 통계적 합계 값을 표시

통합: 처음 데이터에 접근할 때는 필요로 하는 모든 것이 있다고 믿거나 혹은 있기를 기대한다. 그러나 검사와 준비 작업을 거치면서 어느 정도 갭이 있음을 알게 된다.

보유한 데이터에 추가 데이터 계층이 결합mashed-up될 필요가 있을 수 있다. 추가 계산을 수행하거나 원래 데이터와 나란히 놓고 컨텍스트를 파악하거나 커뮤니케이션의 범위를 확장하기 위한 목적이다. 분석 프레임을 잡거나 스토리텔링을 하기 위해 추가로 필요한 데이터가 있을지 항상 점검해야 한다.

숙련된 디자이너는 어떤 프로젝트에서든 데이터의 획득와 처리, 전처리가 시간을 많이 소모하고 집중적인 작업이라는 사실을 인정할 것이다.

편집 방향 재정비

다음은 「뉴욕타임즈」의 아만다 콕스Amanda Cox가 한 말이다(http://seekingalpha.com/article/66269-an-amazing-graphic-on-boxoffice-receipts).

> "질문의 형태를 바꿔보면 다른 답이 만들어진다."

데이터 전처리가 완료되었으니 편집 방향을 다시 다뤄보자.

시각화 작업을 바로 시작하고 싶은 유혹을 억누르고, 분석 주제를 정제하고 중요한 메시지가 무엇인지 확인하기 위해 몇 가지 작업을 해야 한다.

첫 번째 섹션에서 데이터를 이해하고, 스토리를 찾아 그것을 적절한 청중에게 전달하는 것이 얼마나 중요한지 설명했다. 이것은 독자에 대한 배려의 수준이다. 시각화를 통해 단순한 정보 전달 만을 추구하지 않고, 독자가 관련 주제로부터 인사이트를 찾을 수 있도록 관심 있게 다뤄야 한다.

모든 디자이너는 데이터가 감추고 있는 이야기를 밝혀내는 기자 같은 능력을 개발하고 싶어한다.

다음 스크린샷은 최근 개발된 시각화 프로젝트 사례다. 이 시각화 사례는 몇 가지 눈에 띄는 사실과 수치를 제시함으로써, 세계 교육 문제를 사람들에게 널리 알리기 위한 목적으로 만들어졌다.

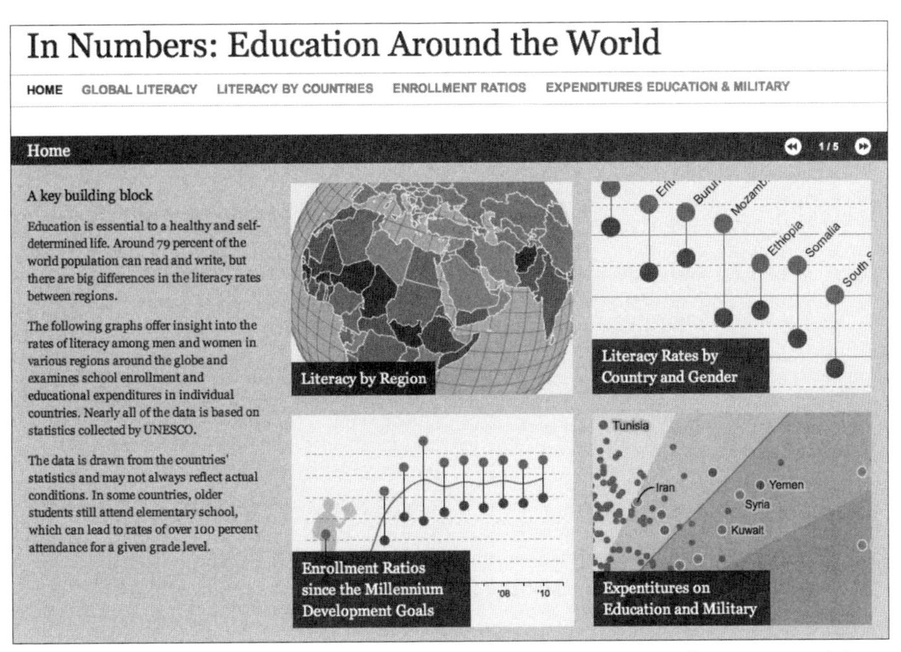

▲ 그레고르 아시치(Gregor Aisch)가 작업한 독일 국영 TV 방송인 독일의 소리(Deutsche Welle)의 "세계의 교육"(http://visualdata.dw.de/specials/bildung/en/index.html)

충분히 상상 가능하겠지만, 세계 교육과 관련해서 참으로 다양한 종류의 스토리를 이야기할 수 있다. 이런 상황에서 디자이너는 어떤 분석 차원dimension이 적절할지 결정해야 하는 어려운 숙제를 떠맡게 된다.

이 프로젝트의 강점은 분석 주제와 관련된 내러티브를 적절히 선정하고 정의한 데 있다. 독자들에게 엄청난 양의 정보와 숫자를 쏟아붓거나 끝이 없을 것처럼 보이는 변수 조합을 제안하는 대신, 교육과 관계된 몇 기지 관점으로 주제를 정리했다. 지역별 문맹률, 국가/성별에 따른 문맹률, 취학률, 군사비 대비 교육비가 그것이다.

화면 상의 스토리 패널을 쭉 탐색하면서, 일련의 설명적 시각화 디자인을 제공받는다. 스토리 패널을 활용해, 데이터를 단순히 보여줄 뿐 아니라 스토리를 전달하고 설명까지 하는 셈이다.

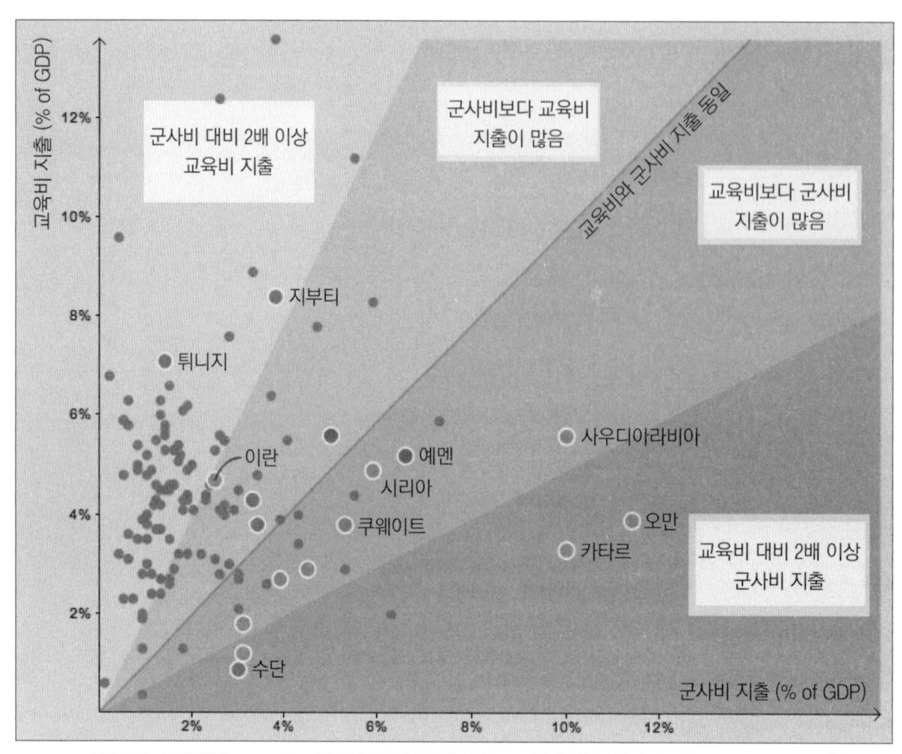

▲ 그레고르 아시치(Gregor Aisch)가 작업한 독일 국영 TV 방송인 독일의 소리(Deutsche Welle)의 "세계의 교육"(http://visualdata.dw.de/specials/bildung/en/index.html)

이 예제에서 모든 국가의 군사비 지출 대비 교육비 지출 산포도를 볼 수 있다. 이것은 차트 그 이상이다. 디자이너는 스토리를 전달하고, 효과적인 텍스트 정보(라벨과 자막)와 시각적 주석(기준선과 배경의 음영)을 제공해서 인사이트를 효과적으로 얻을 수 있도록 할 책임이 있다. 특정한 국가와 지역을 강조하기 위해 필터 기능을 추가함으로써 더 깊은 이해를 위한 탐색적 분석 차원dimension도 사용하고 있다.

이것은 데이터를 사용한 편집 방향 설정과 스토리텔링을 보여주는 좋은 사례이다. 4개의 핵심 주제가 아주 우아한 방식으로 전달되었다.

이 프로젝트에서 확인한 것은 "데이터 질문data question"에 대답을 주는 시각화다. 데이터 질문은 일련의 질문들이고 해석을 위한 분석 차원이다. 독자들이 시각화 디자인을 접할 때 추구하는 것들이다.

이것은 단순히 이야기를 전달하는 프레임을 말하는 것이 아니고, 독자들에게 전달하고 싶은 특정한 인사이트 같은 것이다. 이것은 달성할 수 있는 가장 자세하고 구체적인 편집 방향이다. 사용자가 데이터나 관련된 주제에 대해 갖게 되는 질문에 가장 적절하고 대답이 되는 설명을 시각화가 해줄 수 있어야 한다.

이제 우리는 편집 초점과 시각화의 디자인 옵션 간의 관계를 고려하기 시작했다.

아만다 콕스Amanda Cox가 이전에 이야기했듯이, 데이터를 표현하기 위해 선택한 방법(선택한 차트의 유형을 통해 만든 형식)은 답하고자 하는 질문에 의해 영향을 받아야 한다.

예를 들어 만약 두 개의 다른 카테고리에 속한 값을 비교하기 위한 목적이라면, 막대 그래프를 사용할 수도 있다. 이 목적을 달성하기 위해 선 그래프를 사용하지 않을 것이다. 그러나 값이나 값의 변화가 시간에 따라 변하는 것을 보여주기 위해서라면 선 그래프를 사용할 수도 있다. 앞서 봤던 산포도는 모든 나라에 대한 두 개의 정량 값을 비교하는 데 완벽한 방법이고, 파악된 데이터 질문에 대답하는 적절한 형식이다.

자, 이제 무슨 질문에 답을 하려고 하는 것인지 알아보자.

이를 위한 효과적인 접근법은 논리적인 추론, 특히 연역법과 귀납법을 실행함으로써 도출될 수 있다. 이 기술은 학문과 과학 연구에 가장 전형적인 방법들이다.

연역적 추론은 특정한 아이디어를 뒷받침하는 증거를 찾거나 확인하는 과정을 포함한다. 이것은 특정한 가설을 검증validate하기 위한 방법이다. 데이터 질문을 정의하기 위한 연역법은 어떤 스토리가 흥미롭고 데이터와 관계가 있고 활용 가능한지에 대해 어느 정도 감을 잡고 시작한다. 핵심 주제와 분석 차원에 대한 아이디어를 입증하기 위해 데이터 분석을 계속하게 된다.

귀납적 추론은 반대로 작동한다. 이것은 훨씬 개방적이며 탐색적이다. 무엇이 흥미로운 이야기가 될지 정확히 모르는 상태에서 시작한다. 시각화 기법과 분석 방법론을 시도하고 데이터에 잠재되어 있는 흥미로운 사실들을 발견하고, 데이터 질문을 변경하고 조합을 바꿔서 다시 적용한다. 아무것도 얻지 못하고 끝날 수도 있지만, 증거가 풍기는 냄새에 감각을 집중시킴으로써 뜻밖에 엄청나게 많은 인사이트를 얻을 수도 있다. 스토리를 찾기 위해 시각적 분석을 활용한 것이다.

시각화 프로젝트에서 충분한 시간이 있다면 연역법과 귀납법을 동시에 사용하는 것이 좋다. 이를 통해 주어진 주제에 대해, 데이터 세트를 활용해서 밝힐 수 있는 스토리가 무엇인지 가급적 많이 파악할 수 있다. 그러나 이는 이상적인 경우일 것이다.

스토리를 찾기 위해 시각적 분석 활용

다음은 벤 슈나이더만Ben Schneiderman의 말이다.

> "시각화는 갖고 있는 줄도 몰랐던 질문에 답을 준다."

2장에서는 데이터 시각화 작업의 배경이 되는 여러 종류의 의도와 동기에 대해 논의했다. 대부분의 경우, 우리는 남을 위해 무엇인가를 만들고 제공한다고 생각한다. 주제에 대한 인사이트를 찾는 과정에서 디자이너 자신이 독자가 되고 스스로를 위해 시각화 작업을 하는 경우를 고려하지 못하는 것이다.

바로 이런 목적으로 시각적 분석을 활용하려 한다. 시각적으로 데이터 세트를 분석하고 연역법과 귀납법을 모두 활용함으로써 데이터 세트를 모든 측면에서 탐색할 수 있고, 주제를 더 잘 파악할 수 있다.

벤 슈나이더만이 앞에서 언급했고 프랜시스 앤스콤Francis Anscombe의 실험을 통해 확인한 것처럼, 시각화 디자인은 데이터를 조사하기 위해서가 아니라 사실은 보는 용도로 사용한다. 이 과정에서 원재료의 숨겨진 특성을 발견하거나, 그 형태나 내재된 관계 등을 파악하게 된다.

이 작업은 데이터 엿보기나 시각화 디자인 시제품이라고 부를 수 있을 것이다. 원재료에 더 익숙해지거나 다른 사람에게 무엇을 설명할 것인지 결정하고 이를 어떻게 달성할지 이해하기 위해 시각화 기법을 사용한다.

시각화 분석은 시각적으로 표현된 데이터를 해석하고 읽어내는 능력, 즉 높은 수준의 그래픽 리터러시Graphic Literacy를 요한다. 자주 겪는 일은 아니지만, 다수의 사람들이 시각화나 인포그래픽을 사용할 때 매우 소극적이 되곤 한다는 사실을 인정할 것이다.

이 작업은 훨씬 높은 수준의 주의를 필요로 한다. 데이터의 시각적 분석을 개선해 가면서 중요한 스토리를 찾아내기 위해 다양한 특성을 관찰할 준비를 해야 한다.

비교와 비율

- **범위 및 분포**: 값의 범위를 파악하고, 개별의 변수들 혹은 변수의 조합이 갖는 분포의 형태를 확인하는 것
- **순위**: 크기를 기준으로 데이터의 순서를 확인하는 것. 최대값과 최소값, 중간값을 확인한다.
- **측정**measurement: 값이 갖는 중요성을 파악하기 위해 숫자 자체(몇 자리 숫자인지 등)보다 깊이 있게 조사하는 것
- **맥락**context: 평균, 표준편차, 목표나 예측의 맥락에서 벗어나는 값을 판단

다음 그림에서 보는 것처럼 막대 그래프를 사용하면 값Value과 범주Category를 동시에 비교할 수 있다.

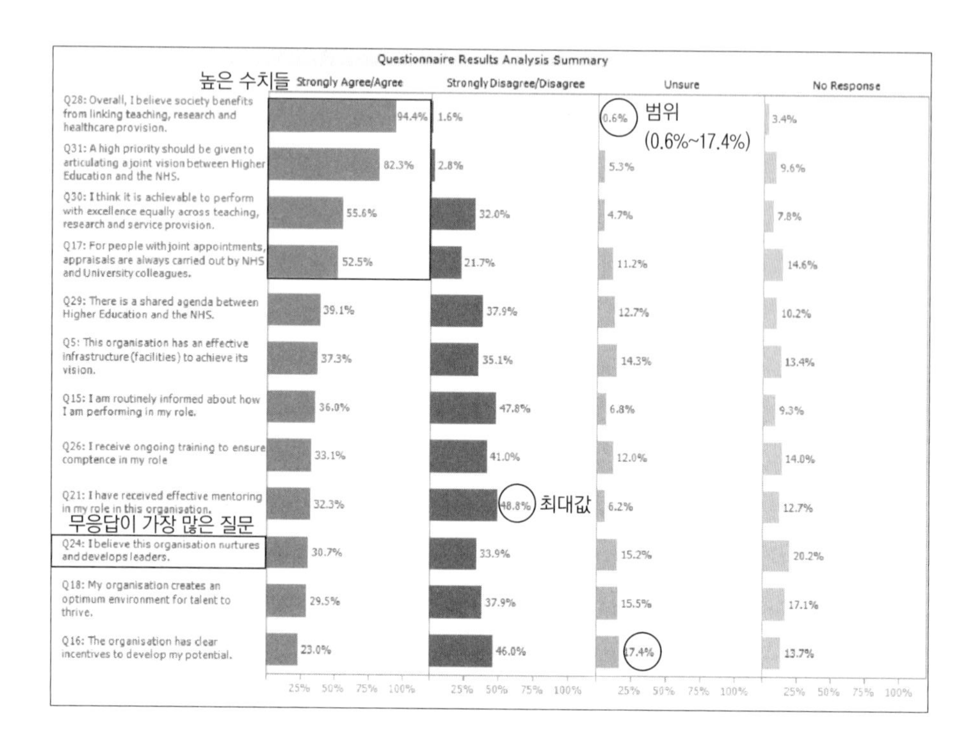

추이와 패턴

- **방향**: 값이 증가하거나 감소하는 등 변화가 있는지 혹은 유지되는지
- **변화의 속도**: 값이 선형이나 지수형으로 변화하는지 혹은 변화가 없는지, 변화의 속도는 얼마나 급한지
- **변동**: 반복되는 패턴이 있는지, 심각하게 변동의 폭이 큰지, 계절 효과seasonality와 같이 어떤 리듬이 있는지 혹은 무작위 패턴인지
- **중요도**: 알아낸 패턴이 중요한 신호인지 무시해도 되는 잡음인지
- **교차**: 변수 사이에 교차나 중첩이 발생하는지, 관계의 변화를 나타내는 교차점이 나타나는지

라인 차트는 패턴이나 경향을 관찰하는 데 가장 적절한 방법이다.

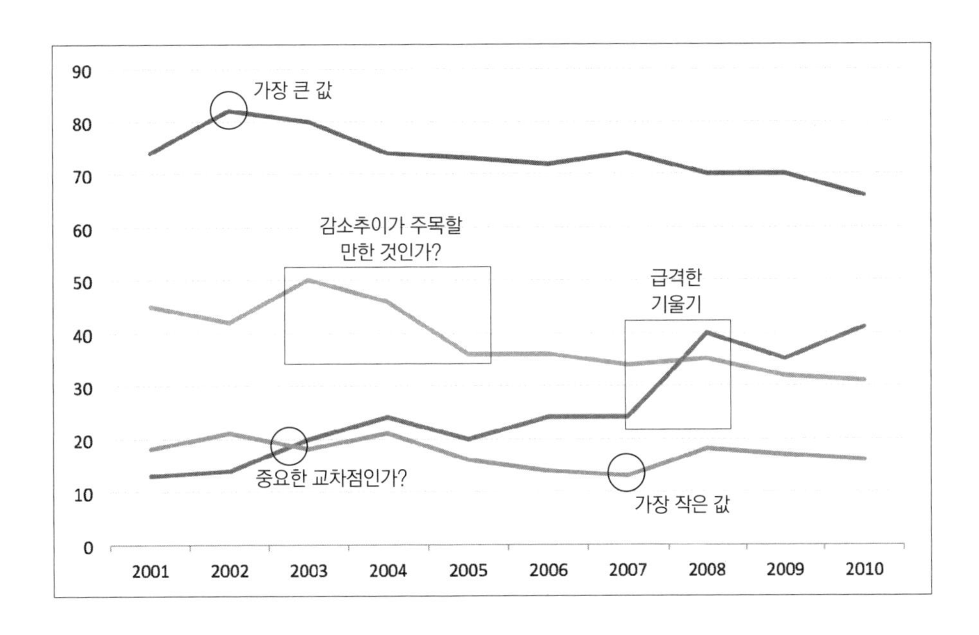

관계와 연결

- **예외**: 이상치outlier와 같이 정상 범위norm를 벗어난 변수를 찾을 수 있는지? 이런 값은 변수의 범위에 영향을 줄 수 있다.
- **상관성**: 강하거나 약한 상관 관계가 존재하는지?
- **연관성**: 변수와 값의 조합들 간에 의미 있는 관계가 파악되는지?
- **클러스터 및 틈**gap: 데이터가 군집화되는 것처럼 보이는지? 데이터 포인트 사이의 빈 틈은 어디인지?
- **계층 관계**: 데이터의 범주와 하위 범주의 구성과 분포, 관련성을 결정하는 것

다음 페이지에 보이는 것처럼, 산포도를 사용하면 관계의 유형을 쉽게 파악할 수 있다.

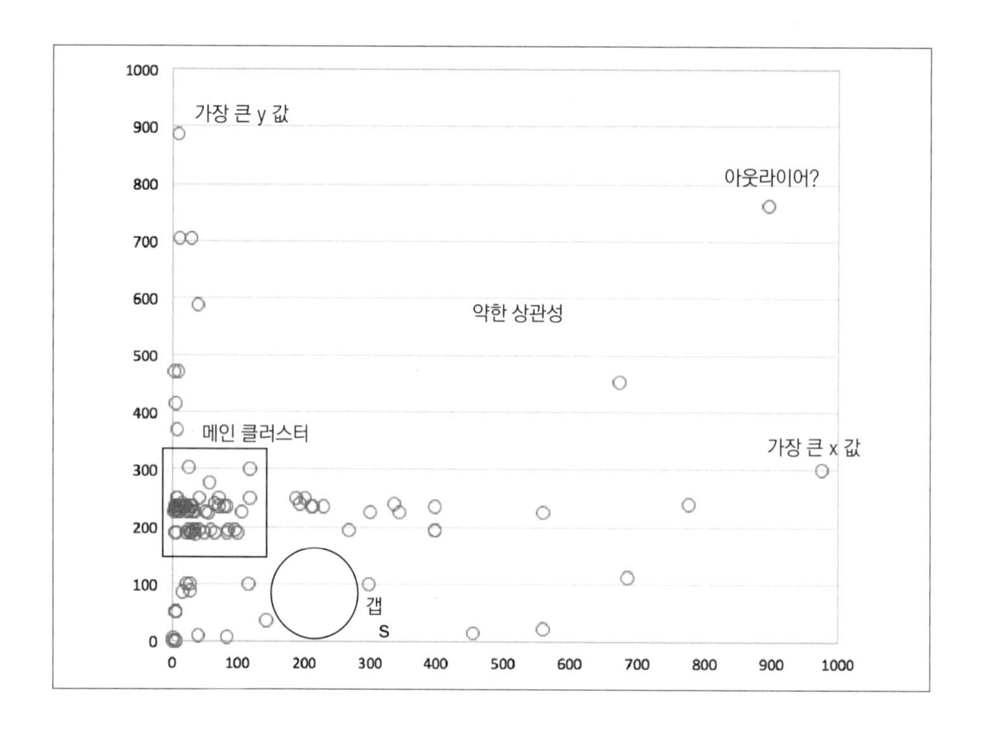

이상과 같이 더 구체적인 레벨의 시각적 분석을 시작함에 따라, 편집 방향을 탄탄하게 하기 위해 필요한 만큼 충분히 데이터에 익숙해졌다. 보유한 데이터를 대상으로 시각적 조사를 실행하면, 이전 몇 페이지에 걸쳐 설명한 것 같은 특징들을 드러내게 될 것이다. 그 곳에서 바로 스토리를 찾을 수 있다.

탐색할 변수를 무한히 조합하면 시각적 분석은 끝나지 않고 계속될 수 있다. 특히 큰 규모의 데이터가 주어질수록 분석의 기회는 더욱 풍부해진다. 연역적 접근과 귀납적 접근을 적절히 활용하면 흥미로운 스토리를 효율적이고 효과적으로 찾아낼 수 있을 것이다.

이 장에서 사용한 차트는 앞으로 살펴볼 내용 중 일부분이다. 5장에서 다양한 차트의 유형과 기능에 대해 더 공부할 것이다. 이를 통해 다양한 데이터를 표현하는데 가장 적합한지 이해할 수 있을 것이다.

시각적 분석은 데이터 세트에 내재된 스토리를 이해하는 것보다 정교한 작업이다. 시각화 디자인을 통해 답하고자 하는 특정한 종류의 "데이터 질문"을 만드는 과정에서 시각적 분석이 큰 도움이 될 것이다.

자, 이제 스토리를 찾았으니 이를 전달할 적절한 방법을 찾아야 한다. 4장에서 자세히 다룰 것이다.

스토리 발견과 스토리 전달

자세한 설명에 앞서, 데이터의 이해와 시각적 분석, 스토리의 발견과 전달의 차이에 대한 이해를 돕기 위해 간단한 예제를 살펴보자.

다음의 데이터 테이블 샘플을 보자. 이 데이터는 올림픽 게임에 대한 것이다. 그 중에서도 최상위 여덟 국가가 최근 다섯 번의 올림픽에서 획득한 전체 메달의 수를 기록한 것이다. 상위 여덟 국가 선정 기준은 2008 베이징 올림픽에서의 랭킹을 사용했다.

최근의 올림픽 메달 획득 추이에 대해 스토리를 발굴하라는 요청을 받았다면, 어떻게 작업을 시작할까?

하계 올림픽의 메달 획득 총계

국가	2008	2004	2000	1996	1992
미국	110	103	92	101	108
중국	100	63	59	50	54
러시아	72	92	88	63	112*
영국	47	30	28	15	20
오스트레일리아	46	49	58	41	27
독일	41	49	56	65	82
프랑스	40	33	38	37	29
한국	31	30	28	27	29
총	951	929	925	842	815

* 구 소비에트연방의 일부였을 당시 (데이터 출처: http://www.datavaseolympics.com/index.htm)

일단 데이터를 훑어보면서 눈에 띄는 게 있는지 찾아보자.

주요한 이슈로 먼저 눈에 띄는 것은 1992년 러시아연방의 전체 메달 숫자는 구 소련USSR 시절의 메달 숫자라는 것이다. 이는 최근 개최 시 메달 수에 비해서 월등히 높은데, 다른 연방의 메달 숫자를 모두 더했기 때문이다. 러시아연방 이외 지역의 선수들을 구별해내는 것은 쉽지 않으므로 1992년 러시아연방의 메달 수는 분석에서 제외하는 것이 합리적이다. 그렇지 않으면 데이터의 해석이 왜곡될 것이다.

가로 방향은 가장 최근 개최에서 시작해서 과거 순으로 나열했고, 세로 방향은 2008년 올림픽에서의 성적 순으로 배열했다. 국가별 메달 수뿐 아니라, 여덟 국가의 메달 수를 합한 데이터도 있다.

이제 데이터 세트에 대한 이해 수준을 높이기 위해, 통계적 특성을 기록하며 조사를 계속하자.

- 두 개의 변수: 국가, 개최 연도
- 국가는 9개의 값을 갖는 범주형 명목 변수(국가별 메달 수 및 합계)
- 개최 연도는 5개의 값을 갖는 정량/등간 척도 변수(5개의 값을 가짐)
- 최대 메달 개수는 110 개이고, 최소는 15
- 메달 합계의 최대값은 951 개이고, 최소값은 815개(단, 러시아의 메달을 포함할 경우임)
- 개최 연도는 4년 간격
- 가장 긴 이름의 국가는 중국(중화 인민 공화국), 가장 짧은 국가는 프랑스

이를 통해 데이터의 형태뿐 아니라 시각화를 구조화하는 데 영향을 줄 수 있는 속성들에 대해 어느 정도 알 수 있게 된다.

수행해야 할 다른 종류의 전처리 작업은 무엇이 있을까?

데이터 변환은 보통 데이터의 품질을 확보하기 위해 시행한다. 여기서는 이미 제외하기로 한 러시아 연방의 데이터에 관한 사항을 제외하면 아직 데이터 변환은 없다.

분석에 사용할 숫자를 만들기 위해 데이터 변환을 한다면, 각 대회에서 메달 수 총계를 백분율로 보여주는 등 약간의 계산을 할 수도 있을 것이다. 혹은 레이블을 위한 공간을 만들기 위해 국가 이름 변수 값의 일부를 축약하기로 결정할 수도 있다.

데이터의 병합을 고려할 필요도 있다. 이 예제의 목적을 위해 가급적 원본 데이터를 그대로 사용할 예정이지만, 분석 주제의 맥락을 잡거나 돋보이게 하기 위해 다음과 같은 (혹은 제시하지 않은 다른) 여러 가지 옵션이 있을 수 있다.

- 각 국가가 획득한 금, 은, 동 메달의 수
- 최근 올림픽의 상위 8국가 이외의 다른 모든 올림픽 참가국들의 총 메달 수 통계
- 모든 올림픽 게임의 회차별 메달 통계
- 국가별 참가 선수 수 - 각 국의 승률을 계산하기 위해
- 종목별 성적
- 국가별 인구, 혹은 스포츠 인구(기록이 존재한다면) - 성과의 배경을 이해하기 위해
- 사회정치적, 지리정치적 이슈의 역사적 마일스톤 - 시간을 기준으로 각국의 상태를 이해하기 위해
- 시각화 디자인을 강화할 수 있는 요소로써 국기들의 이미지파일이나 국가별 올림픽 협회의 URL 링크

이러한 추가 데이터 항목들을 확보 할 수 있는지는 별개의 문제이며, 이런 항목들이 스토리에 도움이 되지 않을 수도 있다. 하지만 상상력을 발휘하고 작업에 실제로 도움을 줄 수 있는 아이디어를 탐색하는 것은 항상 도움이 된다.

- 처음 요청을 받고 데이터를 모았을 때 어떤 호기심들이 떠올랐을까?
- 이 이슈에 관해 어떤 차원의 분석이 관련이 있거나 흥미로울까?
- 시각화 디자인을 통해 어떤 질문들에 답하려고 하는 걸까?

데이터 세트를 탐색하거나 어떤 종류의 비교, 경향, 패턴, 관계를 발견할 수 있는지 보기 위해 시각적 분석 작업을 시작할 때가 되었다.

보유한 데이터 세트가 두 개의 변수로 구성된 작은 규모라는 점을 감안하면, 과도하게 다양한 시각적 분석을 할 필요는 없어 보인다.

첫 번째 그래프는 개최 연도를 따른 메달 획득의 추이를 보여주는데, 플로팅 바 차트floating bar chart를 활용해서 각 국가별 메달 총계의 범위를 나타낸다.

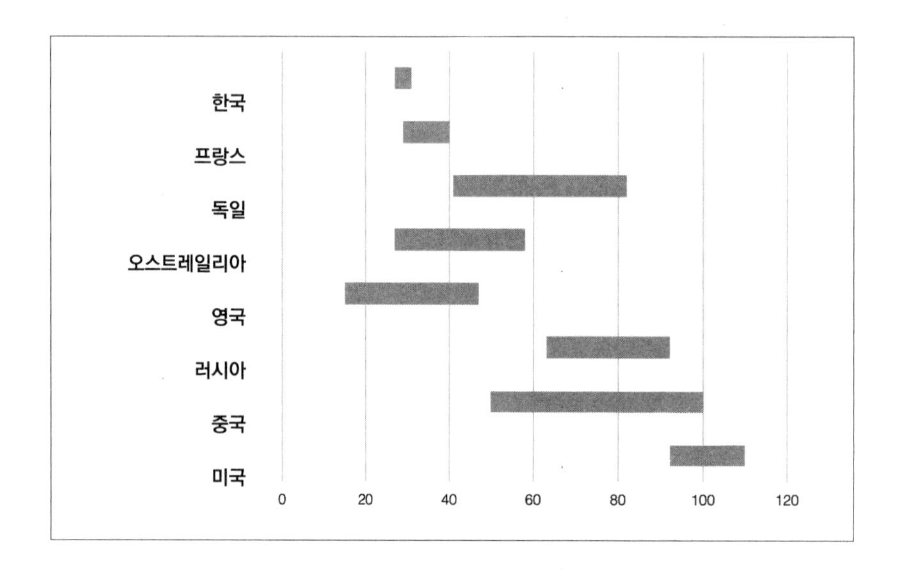

수집한 기술 통계량과 차트를 함께 해석함으로써, 주제에 관해 다음과 같은 몇몇 흥미로운 질문들을 만들 수 있다. 그리고 중심이 될 스토리가 어떤 내용일지 짐작할 수 있다.

질문	대답
메달 획득 성적이 크게 변한 국가들은 어떤 국가들인가?	성적의 변동은 개선일 수도 있고 감소일 수도 있으며 일관적이지 못한 변화를 보일 수도 있다. 독일과 중국의 성적이 특히 흥미롭다.
어떤 국가들이 성적을 일관적으로 유지하고 있는가?	가장 좁은 면적의 막대, 즉 값의 범위가 가장 작은 경우이다. 미국, 프랑스, 특히 대한민국이 관심을 끈다.

(이어짐)

질문	대답
성적과 순위의 변동에 있어서 가장 흥미로운 스토리가 있는 국가들은?	이 차트로는 파악하기 굉장히 어려울 수 있으나, 막대가 겹치거나, 다른 막대의 길이를 초과하는 경우도 보인다. 현재로써는 중국의 스토리가 눈여겨볼 만하다.

이제 변환된 데이터를 사용하여 같은 차트를 다시 만들어보자. 변환 데이터는 전체 메달 합계 대비 국가별 획득 메달 수 비율을 백분율로 계산했다.

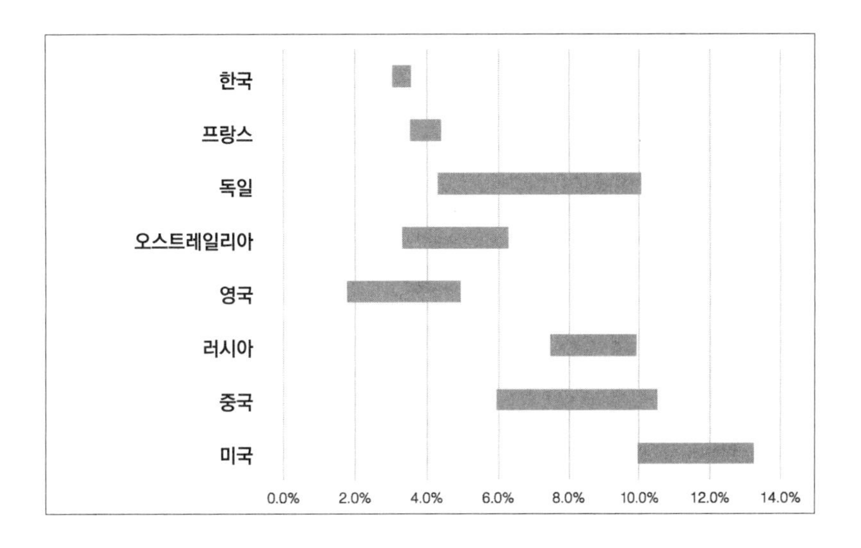

이 작업은 질문의 초점을 바꿔놓는가 혹은 주요 인사이트에 대한 느낌을 변화시키는가?

변환된 데이터를 사용한 차트는 독일과 중국의 실적이 보여주는 변동폭을 강화함으로써 흥미를 끈다. 또한 한국과 프랑스의 주목할 만한 일관성도 강조한다.

이 시점에서 스토리가 근처까지 왔다는 냄새를 맡게 된다. 이 데이터를 가장 잘 표현하고 시각화의 독자들이 이 주제에 대해 배우고 싶어하는 것이 무엇인지를 가장 잘 반영하는 "데이터 질문"을 만들어 내기 시작했다.

앞에서는 플로팅 바 차트를 사용해서 국가와 각국의 실적을 범주화해서 봤었는데, 이제 약간 다른 종류의 시각적 표현이 필요하다. 최근 다섯 번의 대회 동안 메달 획득 성과와 각국의 순위가 어떻게 변해왔는지를 알아보기 위해 새로운 중요 변수인 개최 연도로 관점을 바꿔 보자.

이번 시각화에서는 라인 차트를 사용하겠다. 이 그래프는 여덟 개의 국가를 색으로 구분한다. 그리고 왼쪽에서 오른쪽 방향으로 다섯 번의 올림픽 경기에 따른 메달 획득 개수를 표현했다.

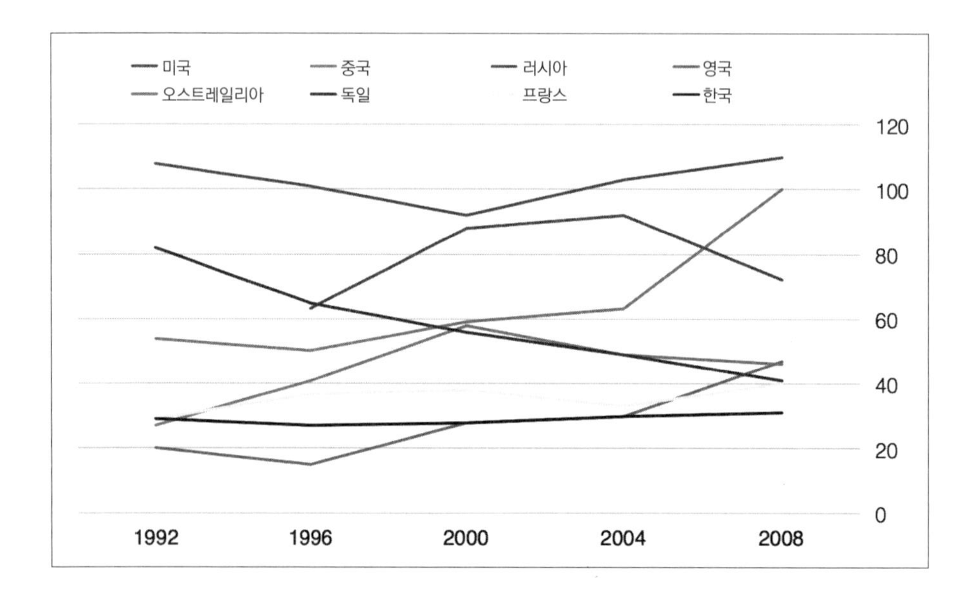

차트가 약간 지저분해 보일 수 있지만 걱정할 것 없다. 기억할 것은 이것이 스스로를 위한 탐색적 시각화라는 것이다. 우리 스스로가 관객이고, 이 차트를 통해 데이터에 관련된 흥미로운 물리적 특징을 찾을 수 있을지 알아보려는 시도일 뿐이다.

다른 사람에게 스토리를 전달하기 위해서라면, 이와 같이 독단적이고 난잡하고 주석이 없어서 이해하기 힘든 차트를 공개할 필요도 없고 공개해서도 안 된다. 하지만 이것은 디자이너 자신을 위한 시각화이고, 이것을 만든 사람은 이를 통해 무엇을 찾아야 할지 잘 알고 있다. 빠르고 지저분하지만 절대적으로 괜찮다.

모든 국가를 하나의 차트에 표현하기로 한 결정을 통해 흥미를 끄는 변화 양상, 겹쳐 있는 부분이나 복잡한 부분, 비어 있는 부분을 눈에 잘 띄게 만든다. 라인 차트를 사용해서 각 국가를 분리하고, 8개의 다중 행렬을 사용할 수도 있다. 하지만 이렇게 하면 개별 국가의 스토리를 보게 될 뿐이다. 우리의 주요한 관심은 국가들 사이의 관계에 있다.

이 차트는 파란색인 독일이 얼마나 넓은 범위에 걸쳐 있는지, 그리고 메달 획득이 감소하는 것을 보여준다. 이는 상대적인 순위도 낮아지고 있다는 것을 암시한다.

이와는 대조적으로 중국의 넓은 분포는 적어도 지난 네 번의 게임에서 계속 상승한 국가라는 것을 보여준다. 이 추세의 매력은 증가세가 계속 된다면 2012년 게임의 데이터를 확보할 때쯤이면 미국을 따라잡고 추월할 수도 있겠다 하는 추측을 가능하게 한다는 점이다(적어도 이 책을 쓰는 시점에는 가용하지 않은 데이터지만!).

러시아는 여러 해 동안 증가와 감소를 반복했고, 이제는 중국에 의해 추월되었다. 러시아의 데이터 중 2008년의 결과에는 흥미로운 공백이 보인다. 그들을 3위에서 편하게 머무르게 만들었다. 흥미롭게도 영국은 지난 5번의 게임 내내 중국의 성적이 개선되는 패턴과 상대적으로 유사한 형태를 보인다.

가끔은 아무런 변화가 없는 것이 변화가 있는 것만큼 흥미롭기도 하다. 경쟁국들의 세대가 달라짐에도 불구하고 일관성을 유지하는 한국과 같은 경우가 매우 현저하다.

시급한 흥미가 없는 경우도 있다. 차트는 중국이나 독일, 한국의 대조적인 경험에 관한 흥미롭고 관련성이 있는 스토리를 발견하고 확인하는 역할에 충실했다.

물론 스토리를 쉽게 찾을 수 없을 때도 있다. 데이터가 최적이라고 판명됐음에도 불구하고 다른 사람에게 시각적으로 전달할 수 있는 게 아무 것도 없을 수도 있다.

어쨌든 우리는 스토리를 발견했다. 이제 스토리를 들려주는 방법을 찾아보자. 스토리를 표현하는 데 쓰일 디자인 요소에 집중하게 될 다음 장으로 넘어가기 위한 준비 단계로 간단한 솔루션을 시도해보자.

앞서 언급했던 아만다 콕스의 말을 다시 떠올려보자. "작업의 형태를 바꾸면 새로운 질문에 답할 수 있게 되는가?" 스토리를 중국과 독일 중심으로 집중해보자. 데이터 질문은 "중국과 독일의 메달 획득 실적을 지난 다섯 번의 올림픽 경기에 걸쳐 비교할까?"와 같은 것이 될 것이다.

주어진 형태와 질문에 가장 적절한 방법론은 여전히 라인 차트다. 시각화 분석에 사용했던 것처럼, 시간이 흐름에 따라 두 국가의 실적이 보여주는 관계를 표현할 것이다.

디자인 실행 단계는 달라질 것이다. 이번에는 스토리를 다른 사람에게 전달할 것이고, 설명적 작품을 만들기 위해 시각화 요소를 정제할 필요가 있다.

- 메인 스토리의 중요한 특징을 부각해야 한다. 그리고 배경과 보조 콘텐츠를 격하시켜야 한다.
- 보고 있는 것이 무엇인지 독자들이 명확하게 이해할 수 있도록 주석을 충분히 제공해야 한다. 레이블, 값, 자막을 위한 주석이 필요하다.

다음은 스토리를 전달하기 위해 만들어진 솔루션이다.

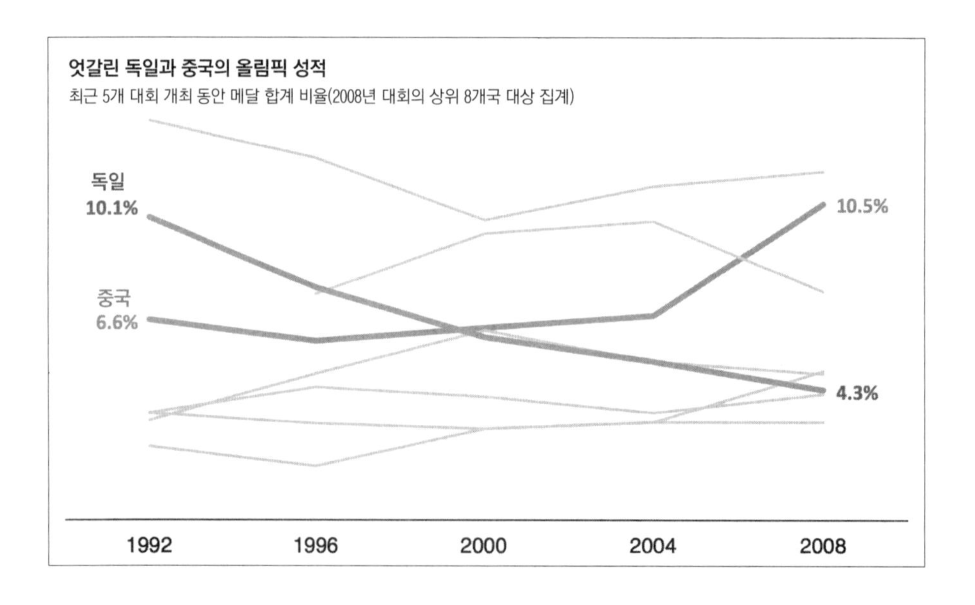

제일 먼저 지적할 점은 각 연도별 전체 메달 중 국가가 획득한 메달의 비율을 백분율로 계산해서 사용하고 있다는 것이다. 이 경우에는 각 대회에서 거둔 성적을 비교 가능한 방식으로 표준화하고 맥락을 반영해주는 것이 좋다.

여기에서 목표로 하는 것은 스토리의 중심이 되는 두 국가를 강조하고, 관련이 있는 여섯 개의 국가는 배경으로 처리하는 명확한 시각적 계층화 구조이다. 독일과 중국을 제외한 여섯 국가를 삭제해버릴 수도 있지만, 대신 회색조의 흐릿한 그림자로 표시해서 여전히 식별 가능한 상태로 두고 전체 순위를 파악하는 용도로 쓸 것이다. 이것이 여섯 개의 국가를 남겨둠으로써 얻을 수 있는 것, 즉 맥락context이다.

제목은 스토리를 깔끔하게 정리하고, 부제는 차트와 데이터를 묘사한다. 레이블은 독자들이 두 국가 간의 상대적인 변화 상태를 이해하도록 돕는다. 색깔의 사용은 중국의 개선(오렌지 = 멋진 = 좋은 = 긍정적인)과 독일의 부진(파란색 = 차가운 = 나쁜 = 부정적인)을 나타내는 시도를 한다.

스토리를 찾기(탐색적 시각화) 위해 사용한 차트 방법론과 동일한 방법론을 스토리를 전달하기(설명적 시각화)에도 사용했지만, 디자인 접근법은 대조적이다. 독자들은 스토리를 해석하는 데 필요한 것 이상도 이하도 공급할 필요가 없다.

동일한 차트 유형을 활용해서 대조적인 시각적 접근을 사용한 사례를 살펴봤다. 디자인 작업을 하는 동안 서로 다른 의도를 인지하는 것은 매우 중요하다.

정리

이 장에서는 편집 방향, 콘텐츠가 필요한 이유contents reasoning가 얼마나 중요한지 배웠다. 이는 보유한 데이터와 가장 관련이 높고 중요한 스토리를 찾아내는 능력이고, 독자에게 최적화된 해석 환경을 제공해야 한다는 책임감이다.

데이터를 수집하고 전처리 한 후 데이터에 익숙해지는 메커니즘을 살펴봤다. 특히, 시각적 분석 작업을 수행하는 데 있어 그래픽 리터러시의 중요성을 강조했다.

또한 확보한 데이터의 다양한 물리적 특성을 확인했다. 이 특성들을 통해 데이터와 관련된 스토리를 발견할 수 있고, 이후 디자인 작업에서 답을 찾아가게 될 "데이터 질문"에 대한 정보를 얻을 수 있다.

우리는 데이터를 수집하고 전처리하고 익숙해지는 메커니즘을 살펴봤다. 특히, 시각적 분석 작업을 수행하는 데 있어 우리가 보유한 그래픽 지식의 중요성을 강조했다. 우리는 확보한 데이터의 다양한 물리적 특성을 확인했다. 이 특성들은 데이터와 관련된 핵심 스토리를 발견하고 이후 디자인 작업에서 답을 찾아가게 될 질문의 유형들에 대한 정보를 얻을 수 있다.

마지막으로 시각적 분석을 적용하는 실제 사례를 살펴봤다. 이를 통해 데이터를 이해하고, 데이터와 관련된 스토리를 스스로 찾고, 이를 다른 사람에게 전달했다. 또한 탐색적 시각화와 설명적 시각화 디자인이 극적으로 대비되는 사례를 살펴봤다.

이제 준비 작업이 모두 끝났고 다음 장에서는 디자인 단계로 넘어가기 위한 방법론을 다루기 시작할 것이다. 데이터 시각화 디자인의 골격이 되는 다섯 개의 핵심 단계를 거치면서 겪게 될 의사결정 과정에서 고려해야 할 다양한 옵션들을 배울 것이다.

4
시각화 디자인 옵션 결정

앞 장에서는 데이터 시각화 방법론 중 그 중요성이 널리 알려지지 않았지만 실제로는 매우 중요한 단계인 프로젝트의 범위 지정과 전처리 과정에 대해 알아봤다. 디자인의 목적을 설정하고, 프로젝트를 둘러싼 핵심 요소를 식별하고 평가했다. 또한 데이터를 획득하고 준비하는 과정을 설명하고, 편집 방향을 설정하는 데 있어 중요한 요소인 프로젝트의 핵심 주제와 분석적인 단면을 파악하기 위해 탐색적 데이터 분석을 시도했다.

이와 같이 전체 프로젝트의 맥락을 찾는 작업은 디자인의 다른 단계만큼 재미있지 않기 때문에 소홀하게 취급하기 쉽다. 그러나 이 작업을 통해 막다른 골목이나 엉뚱한 잘못을 피할 수 있고 시간과 노력을 아낄 수 있다.

4장에서는 효과적인 시각화 솔루션을 만드는 과정과 관련된 디자인적 선택을 상세하게 다루려고 한다. 관점을 약간 바꿔서, 데이터를 묘사하고 표현하는 데 쓰이는 일반적인 분석 차원이 아니라 시각 디자인을 구성하는 선택들을 하나하나 살펴볼 것이다.

앞으로 이야기할 디자인 고려사항은 시각화 과정에서 직면하게 될 기회와 도전을 성공적으로 해결하는 데 도움이 될 것이다. 이는 초보 디자이너뿐 아니라 경험이 풍부한 디자이너에게도 마찬가지이다.

데이터 시각화 디자인에서 선택의 중요성

제르 소프Jer Thorp는 자신의 블로그에서 다음과 같이 말했다(http://blog.blprnt.com/blog/blprnt/138-years-of-popular-science)

> "나의 작업 과정은 막다른 골목길이고, 지저분한 실수와 나쁜 결정들의 연속이다. 최종 결과물은 빛이라고는 들지 않는 '반복이라는 이름의 산 꼭대기'에 있다."

2장과 3장에서 시각화 디자인의 단계 중 전처리 과정을 살펴봤고, 그 과정을 통해 시각적 의사소통 즉, 시각 디자인을 통해 달성하고자 하는 것이 무엇이고, 그것을 왜 이루고자 하는지 정확하게 파악했다.

이 장에서 어떤 내용을 다루고자 하는지는 꽤 자명하다. 그러나 한 번 정리를 하고 넘어가도록 하자. 앞으로 살펴보겠지만, 창의성이 보여주는 범위는 매우 압도적일 수 있다. 시각화 프로젝트를 수행하면서 직면하게 될 다수의 의사결정에 마땅한 근거를 찾을 수 있을지 여부에 따라 효과적인 시각화 디자인을 만들 수 있을지 아닐지가 결정난다.

'데이터 시각화'라는 단어로 구글 이미지 검색을 해보자. 그리고 맨 앞의 몇 개 화면을 스크롤하자. 데이터를 표현하기 위한 무수히 다양한 방법을 확인할 수 있다. 그중 어떤 것은 훌륭하고, 어떤 것은 매우 안 좋다. 어떤 것은 데이터 시각화로 검색했을 때 나타나지 않아야 하는 것도 있다.

또한 주요 데이터 시각화 디자인 컨테스트를 운영하는 사이트(예를 들어, www.visualizing.org, www.infobeautyawards.com)에 올려진 출품작들을 살펴보라. 아무 컨테스트나 하나 골라서 출품된 솔루션들을 살펴보자. 동일한 데이터 세트에서 시작했고 모두 간결한 메시지를 제공하지만, 다양한 형태로 만들어졌다.

이것으로부터 무엇을 배울 수 있는가? 사람들이 만들어내는 시각 디자인이 이렇게 다양하다는 것으로부터 무엇을 알 수 있을까?

먼저 이야기할 것은 최고의 솔루션이 단번에 만들어지지 않는다는 것이다. 디자인 작업은 창조적이고 개인적이다. 효과적인 솔루션을 만들기 위한 단일하고 심플한 규칙이 있을 것이라는 기대는 이상주의적일 뿐 아니라 비합리적이다. 모든 프로젝트는 각각의 범위와 목적을 규정하는 다수의 서로 다른 요소들을 갖고 있기 때문이다.

다행히 어떤 기술이 특정 상황에서 더 잘 작동하고 어떤 것들은 덜한지 이해할 수 있도록 돕는 가이드가 이론적으로나 실제적으로 모두 존재한다. 이 가이드는 본능이나 개인적 취향에 의해 영향을 받지 않는다. 또한 앞으로 하게 될 선택에 영향을 주는 많은 분량의 디자인 옵션을 정리할 수 있도록 한다.

이는 단순히 관리 목적의 트레이드 오프에 관한 것이 아니다. 작업 중인 문제의 맥락과 해결 중인 요구 사항을 이해하기 위한 디자이너의 판단을 신뢰한다는 의미이고, 1장에서 개략적으로 설명한 적이 있는 시각화 디자인의 전반적인 목표를 염두에 두는 것에 대한 이야기다.

두 번째의 핵심 관찰은 시각적 도전을 당면하는 바로 그 순간 즉, 디자인 솔루션을 향한 여행을 시작하는 순간을 주목하는 것이다. 시각화 디자인은 수많은 선택의 연속으로 만들어지는 독특하고 창조적인 경로를 만드는 것이다. 완전히 동일한 경험을 하지 않고는 누구도 동일한 결과에 도달할 수 없다.

쉽게 갈 수 있는 길은 아니다. 그 사실을 깨닫는 것도 또한 중요하다. 제르 소프Jer Thorp의 인용문처럼, 때로는 고수도 실수를 하고 아무 의미 없는 아이디어를 쫓느라 시간을 낭비하다가 도중에 경로를 변경하기도 한다. 그러나 이 책에서 제안하는 접근 방법을 따름으로써, 특히 이 장에서 제공하는 프레임워크를 활용해서, 낭비를 줄이고 비효율을 없앨 수 있기를 희망한다. 빨리 실패하고 그만큼 신속하게 회복할 수 있게 돕는다.

데이터 시각화가 실제로는 선택을 줄이기 위해 노력하는 과정이라는 점을 깨달으면 매우 편해진다. 이는 영향력이 있는 요소를 파악하고, 구현해야 할 기능과 디자인의 분위기, 사용할 데이터를 숙지하고 분석 주제를 찾는 작업을 통해 달성된다. 선택과 거부를 통해 선명함을 확보하게 되고, 선명해지면 문제는 줄어든다.

옵션 줄이기 과정에서 사용한 근거는 무엇을 추구할지 결정하는 것 만큼 중요하다. 이를 통해 작업을 통제할 수 있고, 계획을 더 잘 세울 수 있고, 앞으로 가게 될 창의적인 길을 준비할 수 있다.

영화감독이 영화의 드라마틱하고 예술적이고 기술적인 측면을 관리한다는 것을 고려하면, 여러 가지 면에서 디자인 프로세스와 영화 감독의 역할은 비슷하다고 볼 수 있다. 영화 감독은 영화의 비전을 창조해야 하고, 캐스팅을 지휘하고 스태프들을 관리하고, 각본을 확인하고, 촬영 장소와 음악, 그리고 촬영 후 편집 효과를 적절하게 선택해야 한다. 이 모든 요소들을 한데 뭉쳐서 하나의 결과물, 즉 영화로 만들기 전까지는 각각 관심을 갖고 개별 요소로 다루어야 한다. 시각화 디자인도 영화와 비슷하다고 생각할 수 있다.

창조적인 단계로 이동함에 따라, 프레임워크를 사용하면 수많은 다양한 디자인 옵션을 이해하는 데 훨씬 수월하다.

생각할 수 있는 효과적인 방법 중 하나는 "해부학anatomy"을 참고하는 것이다. 정의에 의하면 해부학은 '유기체의 신체 구조'를 의미한다. 그래서 데이터 시각화 디자인의 구조적인 계층을 적용하기 위한 용어로 사용하려고 한다.

1장에서 이야기했던 데이터 시각화의 정의, 그리고 데이터의 형상화와 표현을 구분하는 방법을 기억할 것이다. 이들은 디자인 작업의 중요한 두 축이다.

- **데이터 형상화**: 시각화 디자인 중 가장 중요한 부분이다. 시각 변수visual variable를 사용해서 차트나 그래프를 만드는 과정을 통해, 데이터에 형태를 부여하는 것이다.
- **데이터 표현**: 이것은 전달의 형식, 겉으로 드러나는 것, 전체 디자인의 통합을 말한다. 색의 사용, 상호작용interactivity, 주석annotation, 모든 구성요소의 배치와 관련된다.

몇 가지 유용한 팁

디자인 작업을 시작하기 전 몇 가지 유용한 팁을 확인하자. 이 과정을 무리 없이 수행하고, 최고의 결과물을 얻도록 돕는다.

- **스케치**: 컴퓨터로 작업을 시작하기 전에 대충의 아이디어를 종이에 그리자. 맥주 받침의 뒷면이든, 화이트 보드든 아름다운 포트폴리오 패드이든 상관없다. 마음 속에서 떠도는 아이디어들을 정리 하기 위해서 생각과 컨셉을 그리도록 노력하라. 다음의 사진을 참고로 보자.

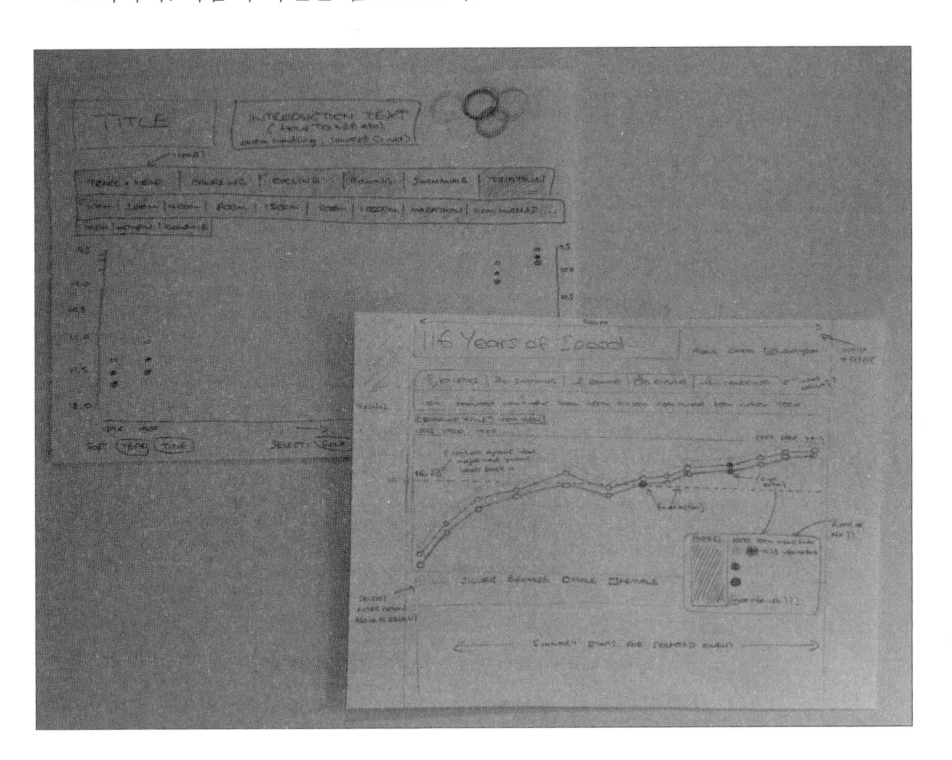

다른 사람들과 협업 중이고 창의적인 프로세스를 공유하는 경우라면 스케치는 매우 유용하다. 집단 사고를 명확하게 할 뿐 아니라 공식화하는 역할을 하고, 시간을 많이 절약할 수도 있다. 또한 프로젝트를 처음 시작할 때 떠오르는 창의적인 생각들을 잊어버릴 위험에서 벗어날 수 있고, 필요하다면 신속하게 내용을 수정하고 방향을 변경할 수 있도록 한다.

- **노트 적기**: 데이터 시각화 분야에서 경험을 쌓으면서, 창의적인 판단력을 향상하기 위한 가장 좋은 방법은 의사 결정 과정을 기록하는 것이다. 프로젝트 중 결정한 사항들, 어떤 작업을 하기로 한 이유와 다른 작업은 하지 않기로 결정한 이유, 그동안 실행해 온 아이디어를 모두 기록으로 남겨라. 데이터를 클리닝하거나 혹은 전환하거나 이미지 셋에 적용한 크롭핑 처리 등 작업 과정의 모든 절차를 구체적으로 기록해야 한다. 이런 작업을 반복하거나, 동일하게 같은 단계를 다음에 반복해야 할 수도 있기 때문이다. 마지막으로, 영향을 받거나 영감을 받는 대상을 포함하여 모든 데이터 출처와 참조를 기록해야 한다. 디자인 프로세스의 내러티브를 공개할 기회가 있었다면 이 모든 자료는 유용할 것이다. 다른 사람에게 뿐 아니라 디자이너 자신에게도 매우 교육적일 것이다.
- **시간 관리**: 모든 디자인 프로젝트에서 시간과 사용 가능한 자원의 계획과 할당은 매우 중요하다. 시간을 지혜롭게 활용하라, 그렇지 않으면 한 단계에 붙잡여서 너무 긴 시간을 쓰게 되기 쉽다. 특히 매력적이고 창의적인 작업일수록 그렇게 되기 쉽다. 데이터 클리닝이나 데이터 전처리와 같은 재미 없는 일에 상대적으로 많은 시간이 쓰여진다는 사실에 놀라지 말자. 또한 디자인 작업 기간이 얼마나 걸리는지 파악해야 한다. 특히 고객을 위해 정교한 가격 정책과 평가 방법을 개발하려고 하는 프리랜서 디자이너라면 더욱 그렇다.
- **바퀴 재발명**: 분야가 지속적으로 성숙해지고, 새롭고 혁신적인 기술이 개발됨에 따라, 잠재적인 솔루션이 될 수 있는 참조 문헌 또한 계속 증가한다. 곧 살펴보겠지만, 항상 새로운 것을 고안해야 한다는 부담을 느낄 필요는 없다. 다수의 창의적인 옵션이 이미 존재한다. 이들은 영향을 주거나 영감을 주고, 기능을 개발하거나 변경하기 위한 아이디어 템플릿을 제공한다. 다른 디자이너의 작업으로부터 영향을 받았거나 참고한 경우, 그 사실을 명확하게 밝혀야 한다.

시각화 내부 구조: 데이터 형상화

데이터를 형상화하기 위한 가장 효과적이고 적절한 솔루션을 찾아내는 과정은 의심의 여지 없이 시각화 디자인에서 가장 중요한 부분이다. 이 작업은 시각화 디자인 분야의 예술적이고 과학적인 토대를 가로지르는 의사결정을 포함한다.

1장에서 기능과 형식 간의 조화에 대해 간략하게 다룬 적이 있는데, 드디어 실제 작업에서 이를 대면하게 되었다. 시각화에 담긴 의도, 정보를 효과적으로 전달하기 위해 필요한 기능적 행위에 심미적으로 어울리는 우아한 디자인을 만들어 낼 때가 된 것이다.

이제부터 할 일은 시각화를 통해 전달하고 싶은 내용을 보여주는 방식을 결정하는 것이다. 그것은 마치 흑마술처럼 배우기 어려운 기술이다. 특히 고려해야 할 요소와 결정해야 할 트레이드 오프가 주어지는 경우에는 더욱 그렇다. 앞으로 할 일들은 다음과 같다.

- 전달하고자 하는 스토리를 표현하기 위한 정확한 시각화 방법론을 고르는 것
- 데이터의 물리적인 특성을 수용하는 것
- 필요한 만큼의 정확도를 가능하게 하는 것
- 주제를 묘사하기 위한 적절한 메타포metaphor를 만드는 것

적절한 시각화 방법 선택

첫 번째 할 일은 시각화 방법론을 결정하는 것이다. 몇 가지 형식을 염두에 두고 있을 수 있지만, 아직 특정한 차트나 그래프 형식을 결정할 필요는 없다. 오히려 이것은 스토리텔링에 의해 정의되는 경우가 많다.

예를 들어, 막대 그래프는 값을 비교하는 기능이고 이와 대조적으로 선 그래프는 시간에 따른 값의 차이를 파악하는 용도이다. 지리 정보 데이터는 지도에 표시될 때 가장 적합하다.

시각화 방법론의 선택은 3장에서 충분히 설명했다. 또한 시각화 디자인의 중심이 되는 데이터 스토리, 분석적 차원, 시각화를 통해 답하게 될 질문을 위해 필요한 편집 방향을 개발하는 과정도 살펴봤다.

전체 데이터 중 어떤 분석 포인트를 제시할지 결정하거나, 스토리를 전달하기 위해 각 스토리별로 적절한 표현 방법을 고민해야 할 수도 있다.

데이터 시각화 방법론은 다양하고 이를 분류하는 방법도 수없이 많지만, 다음과 같은 분류 체계를 제안하겠다.

- 카테고리 값을 비교
- 계층 구조와 전체 중 부분 관계를 확인
- 시간에 따른 변화를 보여주기
- 지리 정보 데이터를 지도에 표시
- 관계를 차트와 그래프로 표시

물론 열거한 차트들이 내재적으로 갖고 있는 기능적 혹은 스토리텔링 특성이 중복될 수도 있다. 예를 들어 스택-영역 차트stacked area chart는 시간에 따른 변화를 보여주지만, 동시에 여러 범주 간 비교를 용이하게 한다. 두 가지 방법론에 모두 속하는 차트 유형의 예시라고 볼 수 있겠다. 그러나 이 차트 유형의 주요한 목적은 시간에 따른 스토리의 변화를 이야기하는 것이므로, 일단은 "시간에 따른 변화를 나타내는 방법"에 속한다고 간주할 것이다. 비교 기능은 부가적이고 보조적인 목적으로 본다.

앞 장에서 본 바와 같이, 데이터 질문은 묘사하고자 하는 분석적 메시지를 명확하게 하는 데 도움이 된다. 사례의 경우에는, 분석 결과를 보면서 다음과 같은 질문에 답을 한 것이다. "과거 다섯 번의 올림픽 게임 동안 중국와 독일의 메달 획득 실적은?"

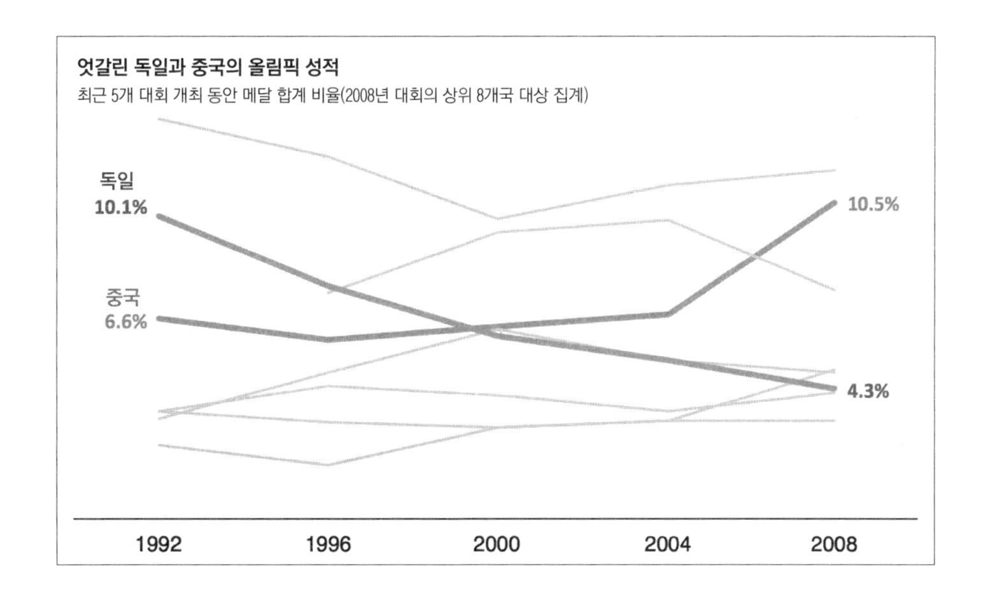

이 차트가 표현하는 데이터 메시지는 시간이 따른 변화를 보여주는 방식을 취했다. 선 그래프의 선택은 5번의 올림픽 게임이 개최되는 동안 일어난 연속적인 변화를 자세하게 보여주고 싶었던 디자이너의 의도를 표현하는 데 매우 적절했다.

국가간 비교나 시간의 흐름에 따라 합산된 결과를 보고 싶었다면 스트림 그래프stream graph나 영역 차트area chart를 선택할 것이다. 이 두 가지 모두는 시간에 따른 변화를 나타낼 때 전형적으로 사용하는 차트 유형이다.

그렇지 않고, 데이터 중 최초 개최와 가장 최근 개최 시 메달 획득을 단순히 비교한다면, 카테고리별 값을 비교하는 방식을 선택할 것이다. 이 경우에는 기울기 그래프나 막대 그래프가 적절하다. 다음 이미지를 보자.

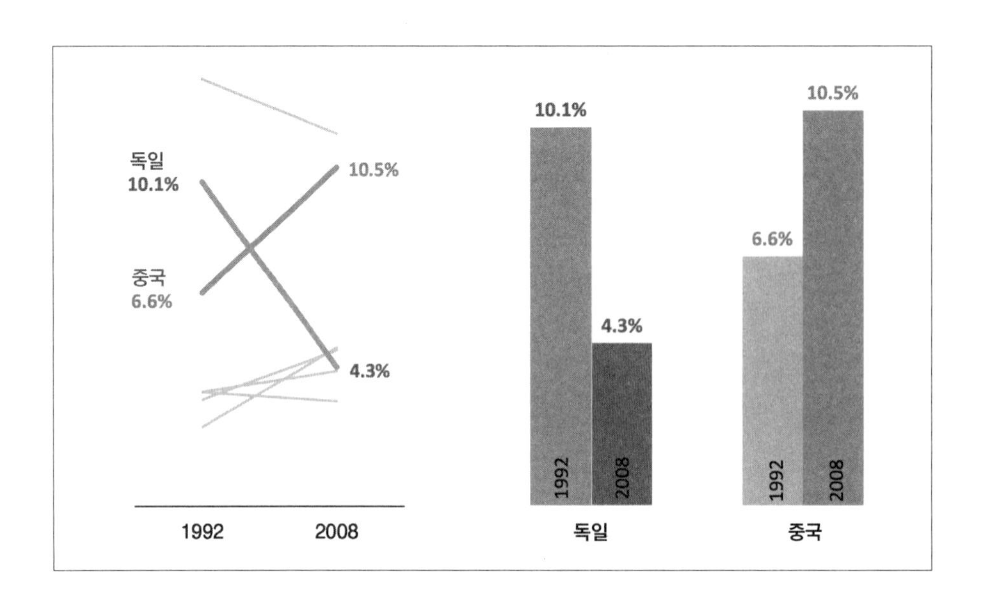

이 이슈를 5장에서 좀 더 자세히 다룰 것이다.

데이터의 물리적 성질 고려

시각화 디자인에서 형상화하고자 하는 데이터 변수를 가장 효과적으로 표현할 수 있는 차트 유형에 대해 알아봤다. 이를 통해 조사의 범위를 좁혀 나가고자 한다.

앞 장에서 설명한 것처럼 데이터의 물리적 특성을 파악함으로써 데이터의 크기나 형태에 대해 더 잘 알게 되고, 편집 방향을 명확하게 함으로써 그래프로 나타내고자 하는 데이터 변수에 대해 더 잘 이해하게 된다.

사용할 변수의 개수와 속성에 따라 적절한 차트 유형의 범위를 압축시켜 나가는 과정에 영향을 받는다. 대개는 선택한 방법론 내에서 사용 가능할 것이다. 이전에도 논의했던 것처럼, 선택 가능한 대안을 줄여나가는 것은 프로젝트를 진척시키는 데 도움이 된다.

올림픽 프로젝트를 다시 한 번 언급하자면, 최종 스토리에서 사용하려고 하는 데이터는 올림픽 개최 년도(정량-등간 척도), 메달 합계(정량-비율 척도), 국가(범주형 명목)이다. 각 변수 값의 범위와 분포에 대해 정확하게 이해하고, 두 개의 국가에 집중해서 다섯 번의 올림픽 게임 동안의 변화를 추적하고자 했다. 최적의 솔루션은 이미 선택한 바와 같이 선 그래프다.

5장에서는 차트의 종류와 분류 체계에 대해 좀 더 자세하게 살펴볼 것이다. 가장 보편적인 방법론과 최근의 동향을 소개하고, 각각의 사례에는 실제 업무에서 사용 가능하도록 데이터 변수에 대한 개요와 차트에 대한 설명을 동반할 것이다. 이를 통해 일반적인 데이터 표현 기술에 대한 감각을 기를 수 있고, 이후 아이디어나 솔루션이 필요할 때 참조할 수도 있을 것이다.

해석 상의 정확도 결정

이제 지뢰밭으로 발을 내딛을 것이다. 이 책에서 이 부분이 앞으로 가장 많이 개정되고 다시 쓰여질 것임을 확신할 수 있다.

일반적인 시각화 방법론을 살펴봤고 가장 적합한 차트 유형을 찾기 위한 작업을 시작했으므로, 이제 또 다른 주요한 이슈를 고려해야 한다.

독자들이 시각화로부터 값을 해석할 수 있으려면 어느 정도의 정확도가 필요할까? 이 판단은 시각화 분야에서 형태와 기능 혹은 예술과 과학이 만나는 가장 첨예한 부분으로 우리를 이끈다.

이에 대해 다음과 같이 질문할 수도 있다. 해석의 정밀도를 극대화하지 않는 이유가 있을까? 그렇다면, 디자이너의 임무는 시각화를 통해 가능한 최대로 정밀함을 전달하는 것이라고 확신하는가?

물론 당연히 그렇게 할 것이다. 그러나 '가능한' 혹은 '극대화'와 같은 용어를 포함하는 것은 또 다른 유령이 나타날 것임을 암시한다. 앞서 강조했던 것처럼, 어떤 맥락에서는 더 보기 좋은 표현 방법을 찾으려고 시도할 수도 있고, 때로는 해석의 정밀도라는 측면에서 어떤 희생이 수반될 수 있다.

이 섹션을 설명하기 위해 시각 변수visual variable에 대해 배울 필요가 있다. 시각 변수는 데이터를 시각적으로 표현하기 위해 부여한 특정한 형태를 말한다. 막대의 폭이나 높이일 수도 있고, 축 상의 점의 위치, 지도 상에서 국가의 색깔, 혹은 네트워크에서 두 개의 노드 간의 연결 같은 것이다.

일반적으로 사용하는 각각의 차트 유형들은 한 가지 시각 변수나 혹은 좀 더 일반적으로 여러 개의 시각 변수를 동시에 조합한 것에 기반한다. 여러 개의 변수를 사용하는 것은 특별히, 디자이너가 하나의 단일한 표시의 속성 뒤에 의미 상으로 추가적인 레이어를 효과적으로 표현하게 한다. 다음의 사례에서 살펴보자.

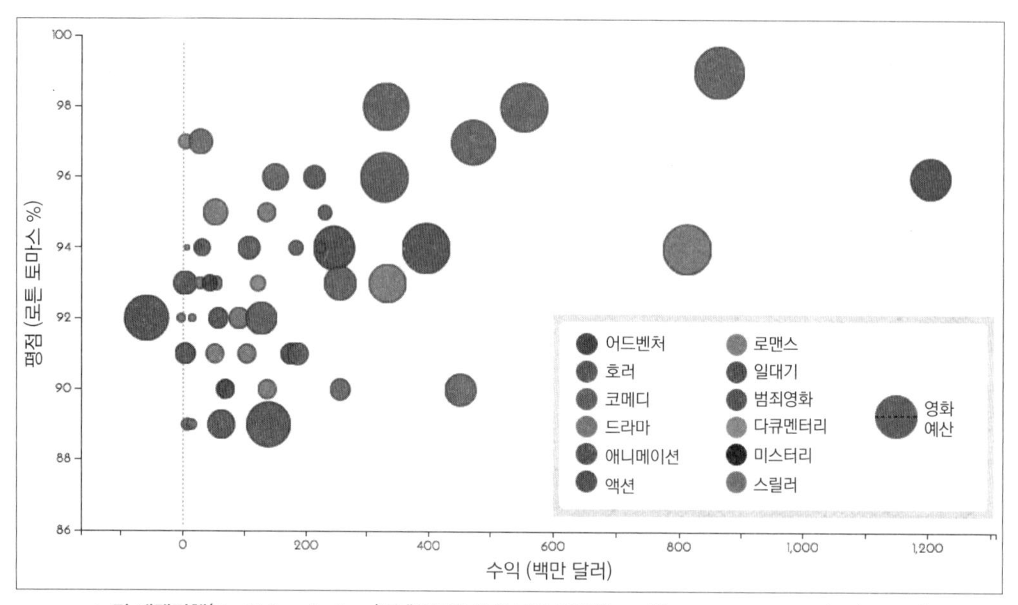

▲ 짐 배랜딩햄(Jim Vallandingham)의 "장르별 영화 제작 비용"(http://vallandingham.me/vis/movie/)

이 버블 차트 시각화에서 각 표식은 몇 개의 시각 변수를 조합한 것이고, 이를 통해 데이터 변수를 표현한다.

- x축에서의 위치는 영화의 수익을 나타냄
- y축 위치는 각 영화의 리뷰 등급 평균을 백분율로 나타냄
- 원의 넓이는 영화의 예산을 나타냄
- 원의 색은 영화 장르를 나타냄
- 이 웹 기반의 디자인과 상호작용하는 사용자는 원 위에서 맴도는 숫자로 표시된 텍스트 레이블을 보게 될 것이다. 텍스트는 보편적으로 시각 변수로 취급되지 않지만 인정받을 가치가 있다.

만약 상상의 경계를 없애고, 가능한 많은 시각적 특성을 머리 속에 떠올려보면, 범주형 데이터나 서수형, 양적 데이터를 표현할 수 있는 잠재적인 접근 방법이 많다는 것을 알게 될 것이다. 최근 시각화 디자이너인 산티아고 오르티즈Santiago Ortiz가 제안한 재미있는 실험이 있었다. 그는 단 2개의 숫자를 40가지가 넘는 방법으로 표현했다(http://blog.visual.ly/45-ways-to-communicatetwo-quantities/).

창의력을 좀 더 발휘한다면, 산티아고가 제안했던 것처럼 시각적이나 물리적인 성격을 넘는 것을 활용할 수도 있고, 데이터의 표현하고 해석하기 위해 소리나 냄새, 감촉, 맛과 같은 감각들을 사용하는 방법을 고려할 수 있다. 우리 몸의 감각 메커니즘이 데이터의 카테고리나 값을 어떻게 구별 할 수 있을지 상상해보는 것이다.

자 이제 좀 더 실용적인 생각으로 돌아가자. 지금부터는 간단한 짧은 역사 교실을 열어보겠다.

옛날에 자끄 베르탱Jacques Bertin이라는 영리한 친구가 있었다. 사실, 그는 데이터 시각화 분야의 선구자였다. 1장에서 다뤘던 게슈탈트 학파의 연구에 기반하여 쓰여진 그의 책 도표 기호학(semilogic graphique, 1967)은 이 분야의 근간이 되는 문헌이다. 그는 이 책에서 형태나 패턴, 색깔을 통해 데이터의 표현을 해석하고 인지하는 것에 대한 이론적 근거를 제시한다. 이는 가장 초기 시도이면서도 가장 포괄적인 접근이었다.

베르탱은 데이터 표현을 위한 선택의 배경에는 그래프 해석의 상위 레벨에서 하위 레벨의 행동에 이르는 세 가지 주요한 목적이 있음을 알아냈다. 이는 여전히 생각을 조직화하고 가장 효과적인 시각 변수를 선택하는 근거가 되는 매우 강력한 방법이다.

- 베르탱이 밝힌 해석적 행동 중 최상위 레벨은 데이터 표식과 데이터 시리즈를 시각적으로 구별 할 수 있는지에 관한 것이다. 표현된 데이터를 읽고 해석할 수 있는가? 시각적으로 범주형 데이터와 정량 데이터를 구분하는 방법이 뚜렷한지, 그리고 불필요한 소음과 방해에 의해 감춰진 다른 방법은 없는지 확인해야 한다.

- 두 번째 해석적 행동은 상대적인 순서나 값의 순위를 그 크기에 따라 납득이 가도록 판단하는 능력과 관계가 있다. 이는 사람이 시각적으로 제시된 값의 구조를 발견하기 위해 사용하는 기본적인 패턴이다. 어디가 가장 많은가, 어디가 가장 적은가, 무엇이 가장 큰가, 무엇이 가장 작은가?
- 가장 낮은 레벨의 행동은 값의 판단에 관한 것이다. 관련 연구는 비교와 패턴을 인지하는 데 있어 각 시각 효과가 얼마나 효과적인지 순위를 매겨서 보여준다. 베르탱은 이와 같은 계층구조를 최초로 제안했다. 그의 연구는 클리브랜드와 맥길(미국 통계 학회지, Vol. 79, No. 387. 9월, 1984, pp. 531-554), 맥킨레이MacKinlay에 의해 지속적으로 검증되고 발전했다.

다음의 프리젠테이션에서 맥킨레이MacKinlay가 작업한 가장 최신 버전을 볼 수 있다. 각 열은 세 가지의 주요 데이터 유형을 나타낸다. 정량 변수의 비율과 등간 척도 유형 간에 구분이 없음을 주의하자. 열별로 각 변수의 해석 정밀도에 따라 가장 정확한 것에서 가장 정확하지 않은 순서를 확인할 수 있다.

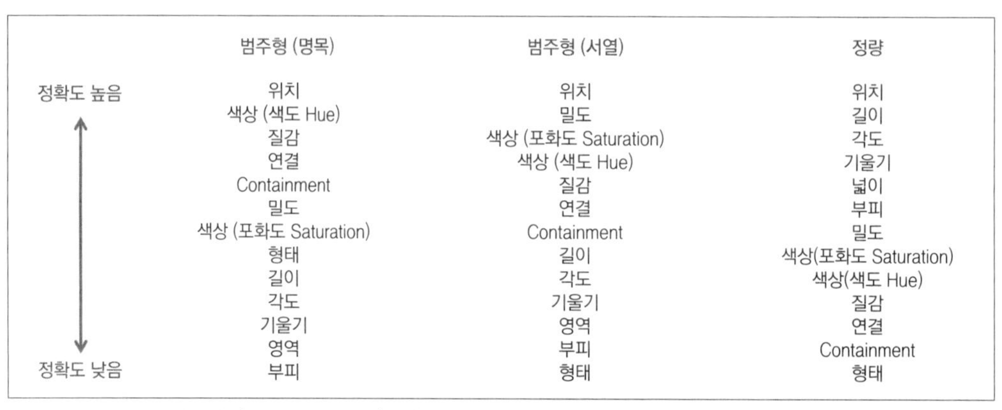

	범주형 (명목)	범주형 (서열)	정량
정확도 높음	위치	위치	위치
	색상 (색도 Hue)	밀도	길이
	질감	색상 (포화도 Saturation)	각도
	연결	색상 (색도 Hue)	기울기
	Containment	질감	넓이
	밀도	연결	부피
	색상 (포화도 Saturation)	Containment	밀도
	형태	길이	색상(포화도 Saturation)
	길이	각도	색상(색도 Hue)
	각도	기울기	질감
	기울기	영역	연결
	영역	부피	Containment
정확도 낮음	부피	형태	형태

▲ **조크 맥킨레이(Jock MacKinlay)의 "인지적 작업의 순위"**(Automating the Design of Graphical Presentations of Relational Information, ACM Transactions on Graphics, Vol.5, No.2, April 1986)

베르탱, 클리브랜드, 맥길, 맥킨레이의 연구는 사람의 시각 시스템은 절대적인 측정이 불가능하다는 데 집중했다. 따라서 이와 같은 프레임워크는 어떤 변수가 상대적인 값을 가장 높은 정확도로 전달하는지 쉽게 이해할 수 있는 가이드 역할을 한다. 다시 말하자면, 세로열의 위쪽에 있을수록 그 변수로 표현된 값을 독자가 정확하게 해석할 수 있다는 뜻이다.

테이블을 보면, 왜 데이터의 시각 변수로 위치를 쓰지 않는지 질문할 수 있다. 위치가 모든 데이터 종류에 대해 데이터 커뮤니케이션의 효율성과 정확도를 최대화할까?

불행히도 그렇게 단순하지 않다. 만약 그렇다면, 나는 이 책을 쓸 필요를 느끼지 못 했을 것이다. 앞서 살펴본 것처럼, 시각화 작업에 단 하나의 시각 변수를 사용하는 일이 거의 없다. 여러 개의 데이터 변수를 설명하기 위해서는 여러 개의 시각 변수가 필요하다.

그러나 무엇보다도 먼저, 그리고 도입부에서 했던 질문도 다시 한 번 떠올려서 해석을 위해 어느 정도 정확도가 필요할까? 만들어낸 모든 시각화로부터 항상 정확한 값을 읽도록 독려해야 할까?

시각화 디자인 방법론의 첫 번째 단계를 다시 떠올려보면, 가능한 조기에 시각화 디자인의 기능적인 품질과 톤을 결정하는 것이 중요하다고 토론했다. 지금 시점에서는 시각화의 톤이 특히 중요하다. 이는 좀 더 추상적이거나 감정적인 내용으로부터 분석적이고 실용적인 스타일을 분리해내는 작업이기 때문이다.

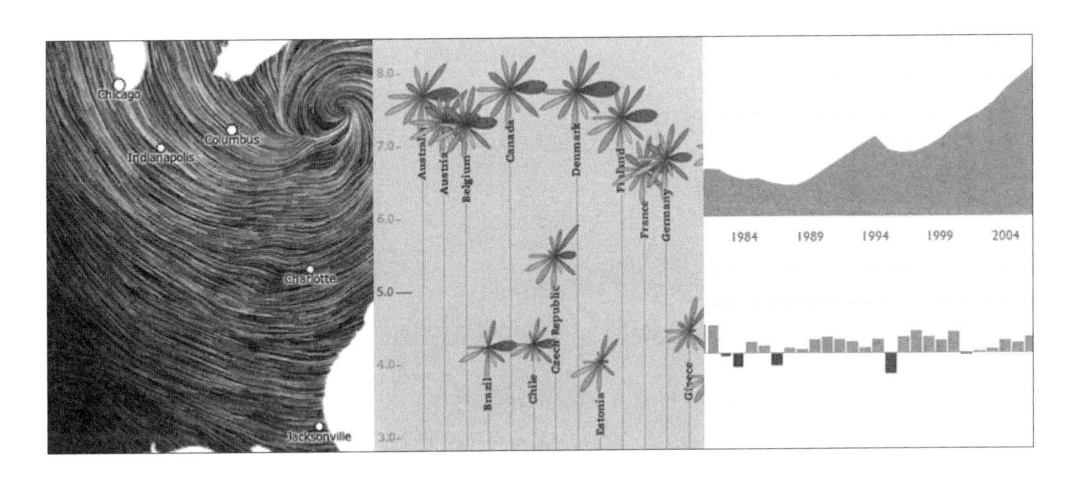

앞의 이미지들은 적절한 시각화 스타일의 선택을 보여준다. 또한 프로젝트 맥락 상의 요구사항에 기반한 디자인적 창의성과 해석 상의 정확성 사이에서 균형을 잘 잡은 예시이기도 하다. 자세한 사항을 하나씩 살펴보자.

- 가장 왼쪽의 "윈드 맵wind map"은 독자가 정확한 값을 읽도록 의도하지 않았다. 바람의 세기를 나타내기 위해 패턴 밀도pattern density를 사용하고 이를 통해 바람이 많이 부는 지역과 방향, 그리고 바람이 적은 지역을 전달하는 데 초점을 맞춘다. 이 디자인은 독자들이 패턴을 파악하고 활용할 수 있게 하는 흥미롭고 세련된 비주얼을 만들어냈다.
- 중간의 "OECD 더 나은 삶 지수Better Life Index"는 삶-지수 값에 따라 꽃잎 크기가 달라지는 꽃 모양의 글리프 차트glyph chart를 보여준다. 이 그래프에서 정확한 값을 읽는 것은 쉬운 일이 아니다. 그러나 상대적으로 큰 값과 작은 값이 어떤 것인지, 중간 값은 어떤 것인지는 쉽게 파악할 수 있다. 이는 막대 그래프나 심지어 숫자로 이루어진 테이블과 같은 실용적이고 분석적인 디자인에 대해 상당히 매력적인 대안이 될 수 있다. 이 사례는 기본 인터페이스에 자세한 주석과 정확한 값을 읽을 수 있게 하는 인터랙션 기능을 추가함으로써, 디자인의 창의성과 해석의 정확성 사이에서 절묘한 균형에 도달했다고 판단할 수 있다.
- 오른쪽의 영역 그래프area graph와 막대 그래프의 예는 이전과는 다른 관점을 보여준다. 이 예시에서는 정확도와 효율성이 다른 무엇보다 가장 중요한 경우의 분석적 경험에 대해 이야기하려고 한다. 이 경우에는 혁신적인 디자인이나 웅대하게 창의적인 아이디어는 그다지 중요하지 않다. 오히려 독자가 값을 읽어내는 데 도움이 되는 시각 변수를 우선적으로 사용한 것을 눈여겨 봐야 할 것이다.

사례를 통해 각자 다른 종류의 균형이 실현되는 것을 확인했다. 주어진 맥락을 위한 적절한 솔루션을 찾는 과정에서 일련의 트레이드 오프가 있었다. 해석의 정확도와 디자인의 미적 감각 사이의 균형을 찾은 것이다.

적절한 디자인 메타포 생성

프로젝트의 목적을 잘 정의하고 일관성을 유지하는 것은 최종 달성해야 할 목적지라기보다는 일종의 거쳐가야 할 길이다. 프로젝트를 시작하게 된 이유뿐 아니라, 디자인의 기능이나 톤을 결정하게 된 근거와 그 뒤에 깔린 의도까지를 포함한다.

프로젝트에 대해 갖고 있었던 초기 생각은 프로젝트를 수행함에 따라 변경된다. 디자이너가 데이터와 전달하고자 하는 스토리에 대해 익숙해지면서 일어나게 되는 일이다. 예를 들어, 초기에는 아주 강력하고 감정적으로 묘사된 풍부한 내러티브가 있다고 생각할 수 있다. 그러나 데이터와 이를 표현할 수 있는 방법들에 대해 파악하는 과정에서 분석적인 내용이 좀 더 적합하다는 것을 깨닫게 될 것이다.

마찬가지로 데이터 세트에서 다양성과 잠재성을 발견하면, 설명을 위한 디자인이 될 거라고 생각했던 주제가 탐색적 시각화 작품으로 발전될 수 있다.

선택은 변경 불가능한 것이 아니다. 그렇지만 가급적 빨리 결정되고, 디자이너 스스로도 명쾌하게 확신을 가질수록 더 좋은 디자인이 만들어질 것이다.

디자인 솔루션을 본격적으로 만들기 시작할 때가 다가옴에 따라, 다른 관점으로 사물을 볼 필요가 있다는 것을 알아채는 것이 매우 중요하다. 특히 디자이너가 시각적 메타포를 통해 디자인에 새로운 의미를 추가할지 고려하기 시작했다면, 지금이 바로 그 때다.

시각적 메타포는 디자인 작업에 시각적 특성을 통합하는 일이다. 이는 데이터와 디자인, 토픽 사이에 생기는 추가적인 연결을 전달하는 역할을 한다. 시각적 메타포가 시각 변수의 선택에 큰 영향을 주기는 하지만, 단순히 그것만을 말하는 것은 아니다.

최고의 시각적 메타포를 적용하기 위해서는 강한 디자인적 직감과 어느 정도 숙련된 경험이 필요하다.

다음 사례는 디자이너 모리츠 스테파너Moritz Stefaner가 분석하고 시각화했다. 독일 스타트업이며 시리얼 회사인 마이뮤슬리mymuesli의 소비자가 제안하는 재료를 결합하는 법을 보여준다. 최종 디자인은 오른쪽의 방사형 네트워크radial network에 기반한 통계적 시각화로, 시리얼, 과일, 견과류, 당류, 기타 등 카테고리별로 재료를 그룹핑해서 보여준다.

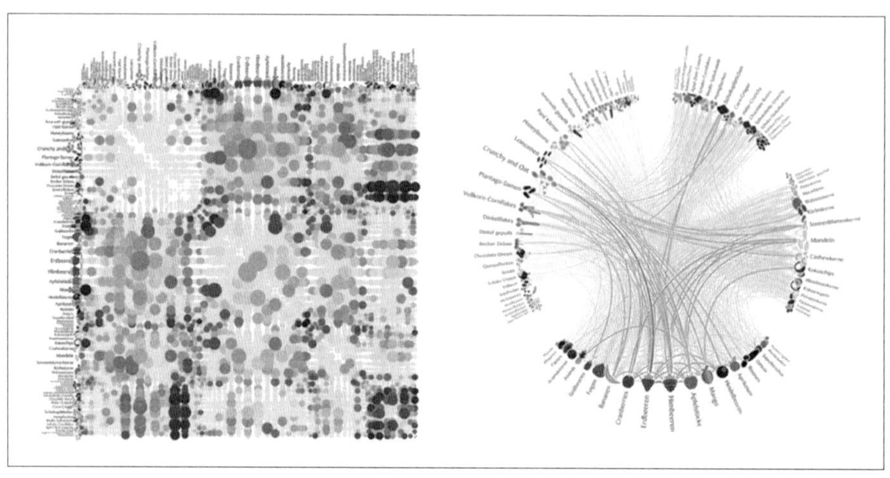

▲ 모리츠 스테파너(Moritz Stefaner)가 마이뮤슬리(mymuesli, http://mymuesli.com)를 위해 만든 "뮤슬리 재료 분석"(http://moritz.stefaner.eu/projects/musliingredient-network/)

디자인 과정을 설명하면서, 모리츠는 데이터에 대해 서로 다른 두 가지 접근을 시도한 점을 강조했다. 하나는 강력한 스토리를 보여주는 데 성공한 왼편의 매트릭스 차트matrix chart였고, 나머지는 오른쪽의 방사형 다이어그램이었다.

그러나 최종 선택된 솔루션은, 강력한 스토리를 보여주는 데 실패한 방사형 다이어그램이었다. 왜 이것이었을까? 매트릭스 차트의 가독성 이슈를 제외하더라도 한 가지 더 심각한 이유가 있었다. 그는 말했다. "시각적 관점에서 봤을 때, 썩 좋아 보이지 않았다." 방사형 다이어그램이 더 먹음직스럽게 보였고, 과일 그릇이라는 메타포에도 더 잘 들어맞았다. 매트릭스 차트 솔루션은 마치 곰팡이처럼 보였던 것이다.

디자이너는 직감에 따라 어느 정도 희생(매트릭스 차트가 갖고 있는 장점을 포기)을 감수하고, 방사형 다이어그램 디자인으로부터 부각된 시각적 메타포를 강화하겠다는 결정을 내렸다.

"윈드 맵"으로 다시 돌아가면, 바람이 상상 속에서 보이고 느껴지는 것 같다. 주제를 자연스럽게 떠올릴 수 있는 시각화 디자인임을 확인할 수 있다. 2장에서 봤던 이미지인 이라크의 사망자 수Iraq's Bloody Toll의 경우, 차트의 배열와 색의 사용을 통해 미묘하지만 강한 시각적 메타포를 활용해 강렬한 스토리를 만들어냈다.

이상의 사례는 디자이너 스스로의 생각과 시각에 근거한 의사결정이 얼마나 중요한지에 대해 에드워드 터프트가 앞서 남긴 메시지의 의미를 다시 떠올리게 만든다.

최종 솔루션 선택

지금까지 다양한 선택 옵션과 영향을 살펴봤고, 이제 범위를 좁혀서 시각화 작업을 위한 적절한 데이터 표현 방법과 그 구체적인 요구사항을 파악할 때가 되었다.

구체적인 요구사항이 기존의 차트 유형과 잘 맞아 떨어질 수도 있다. 그렇다면 기성품을 고르듯 선택하고 바로 실행하면 된다. 이는 하향식 접근 방식top-down approach으로 간주할 수 있다. 5장에서는 최근 솔루션들의 모음을 살펴볼 것이고, 이번 논의를 통해서는 구조적으로나 비유적으로 맥락에 잘 맞는 솔루션을 찾는 법을 알아볼 것이다.

또한 상향식으로 맞춤형 솔루션을 만들고 싶을 때도 있다. 한 번에 하나의 시각 변수를 사용한 디자인을 주의 깊게 만든 후, 보여주고자 하는 다양한 시각 변수와 스타일을 포함시킬 것이다. 모든 차트 유형은 근원이 필요하고, 누군가에 의해 고안되어야 한다. 물론 디자이너가 독자적인 솔루션을 만들 수도 있다. 만들기 힘들지만 신뢰할 수 있는 옵션이 결국은 최고의 선택으로 남는다는 것을 깨닫게 될 것이다.

이 절의 첫 부분에서 소개한 것처럼 적절한 데이터 표현 솔루션을 찾는 것은 어려운 일이다. 특히 지금처럼 여러 요소를 고려해야 할 때는 더욱 그렇다. 이런 상황에서 기술을 연마하는 가장 좋은 길은 연습과 경험을 쌓고 남들로부터 배우는 것이다. 이 분야를 거치면서 보게 되는 훌륭한 사례들을 수집하거나, 남들이 유사한 주제나 유사한 데이터 세트를 가지고 어떻게 문제를 해결하는지 밝히는 것 또한 좋은 방법이다.

가장 근본적인 도전은 외부의 압력에 의해서든 혹은 스스로의 관점에 따라서든 미적으로 혁신적인 작품이나 새로운 것을 이루려는 유혹을 조절할 수 있는가 하는 것이다. 흔한 막대 그래프나 선 그래프, 혹은 파이 차트 대신에 뭔가 새로운 것을 원하는 고객의 기대를 져버릴 수 있을까?

사람은 입맛에 따라 움직이는 존재다. 이는 사람의 본성이지만, 때때로 이를 위해 혁신이 필요한 경우도 있다. 독자가 절대적으로 불만을 경험하고 있다면, 군중 속에서 눈에 띄려고 하거나 단순히 관람객을 끌기 위해 노력하는 등 잘못된 전제 하에 추구할 수 있는 다른 길은 없다. 불만족은 주제와 관련된 인사이트를 찾기 어렵거나 실패하게 만드는 미적인 요소에 기인한다. 초기 긍정적인 영향에 의해 만들어진 좋은 의도는 금방 오염될 것이다.

핵심은 눈길을 끌거나 겉 보기에 좋아 보이는 일을 시작하는 게 아니다. 이런 속성은 좋은 디자인의 부산물처럼 보여야 한다. 최적의 데이터 표현을 사용해서 적절한 기능적 구성요소를 전달하는 데 집중하라.

시간이 지남에 따라 디자이너로서 경험이 쌓이면, 이런 종류의 판단도 더 자연스럽게 할 수 있을 것이다.

시각화 내부 구조: 데이터 표현

데이터 표현 시 시각화 디자인에 포함할 수많은 디자인 속성에 대해 검토하고, 다음 내용에 대해 결정해야 한다.

- 색상의 사용
- 인터랙티브 기능
- 설명을 위한 주석
- 아키텍처와 배치

이 단계에서 하게 될 의사결정은 독자나 사용자를 위한 추가적인 의미의 전달, 직관, 통찰력의 깊이에 집중해야 한다.

표현과 관계된 디자인 옵션을 결정하는 과정에서 고려할 핵심 개념은 보이는 것을 보이지 않게 해야 한다는 것이다. 눈에 보이지 않는 스토리와 인사이트를 보이게 만드는 것이 목표였던 데이터 형상화 작업과는 반대로 데이터 표현을 위한 특징들은 거의 눈에 띄지 않는 것처럼 느껴져야 하고, 이를 통해 시각적 지배력을 유지한다. 따라서 다음의 두 가지를 마음에 두어야 한다.

- **시각적 추론은 데이터 추론을 의미한다**: 만약 데이터 같이 보인다면, 그것은 데이터여야 한다. 만약 데이터가 아니라면, 실제로는 존재하지 않은 감각을 부정확하게 전달해 왔을 것이다. 이 경우 디자인은 개선이 필요하다. 특정한 감정을 색깔로 나타내는 예시를 생각해보자. 컬러가 막대 그래프에 사용되거나 레이블의 배경색으로 사용되는 경우, 이는 더 이상 어떤 종류의 감정이나 의미를 뜻하지 않지만, 독자가 각각의 색깔에 의미를 부여한다면 이를 통해 독자를 혼란스럽게 만들 수 있다.
- **데이터의 유사함을 활용**: 데이터를 살아 숨쉬게 하자. 관련 논의를 자끄 베르탱의 해석적 행동interpretative act에서 다룬 적이 있지만, 시각화의 표현 단계는 데이터를 생생하게 전달하는 데 중요한 역할을 한다. 독자가 데이터의 카테고리와 실제 값을 잘 구분할 수 있는지 여부는 시각화 디자인의 배경이나 주변 장치들에 의해 영향을 받는다. 시각 디자인 전반에 걸쳐 데이터는 주요한 시각적 구성요소임을 명확히 해야 한다.

색상의 사용

다음은 모린 스톤Maureen Stone이 한 말이다(http://www.perceptualedge.com/articles/b-eye/choosing_colors.pdf).

> "잘 사용한 색상은 프리젠테이션을 강력하고 명쾌하게 만든다. 잘못 사용한 색상은 방해하고, 모호하게 만들고, 혼란을 초래한다."

데이터 형상화를 위한 중요한 시각 변수의 하나로 이미 색상 사용의 다양한 측면을 다루었다. 그러나 시각화 프로젝트에서 색깔의 사용은 그 이상의 중요성을 갖는다. 색상 이론 분야의 깊이와 넓이를 고려하더라도, 다른 디자인적 선택 사항들과 구분해서 고려할 만큼 중요하다. 앞의 인용문은 그 가치를 다시 한 번 강조한다.

잘못 적용하면 색의 사용은 불필요한 장식을 만들게 된다. 이는 독자의 주의를 분산시키고 불필요한 경쟁을 야기해서, 정보 전달의 명확함과 접근성을 훼손한다.

반대로 색상을 효과적으로 사용하면 매력적으로 결합된 디자인을 전달할 수 있다. 뇌와 눈의 전-지각적 속성을 가장 효율적으로 자극할 수 있다.

중요한 메시지와 특징을 전달하기 위해, 시각적인 중요도를 계층화해서 표현하는 방법을 알아보자. 풍경화를 한 번 살펴보자. 색상을 사용해서 만들어 낸 깊이를 보라. 그리고 배경과 전경 사이의 구분을 확인하자. 이는 눈에 띄는 특징들을 더 강조하고, 맥락화된 속성들은 배경으로 강등시킨다.

색을 사용하는 데 관련된 의사결정에 도움이 될만한 최고의 조언은 앞에서 보여준 두 개의 핵심 규칙을 참조하는 것이다. 다만, 드러나지 않게 사용해야 한다. 그리고 하지 않아야 할 때 적용함으로써 잘못 사용되는 것을 피해야 한다.

모든 디자인 단계에서와 마찬가지로, 합리적인 목표는 참신함이나 눈요깃거리 혹은 눈길을 끄는 것보다 우아함을 추구하는 것이다. 이를 성취하게 위해 색의 적용에 관련된 기능, 선택, 잠재적 이슈들을 알고 있어야 한다.

데이터를 표현하기 위해

컬러와 관련하여 가장 일반적으로 하기 쉬운 실수는 정량 데이터를 표현할 때 자주 발견된다. 특히 색조hue를 사용할 때이다.

이 색상의 스펙트럼을 한 번 보자. 만약 이 사각형이 정량 데이터를 표현한다면 어떤 것이 가장 크거나 작을까? 빨간색과 파란 색 중 어떤 게 더 클까?

앞으로 살펴보겠지만, 색조와 어떤 종류의 구조 감각 혹은 크기의 순서 사이의 관계를 규정하는 특정한 규칙이나 연관성은 없다. 어떤 색상도 다른 것보다 본질적으로 더 크거나 작다고 생각하지 않는다. 따라서 정량 데이터를 표현하기 위해 컬러를 사용하는 것은 실수다.

다음의 두 이미지를 보자. 값을 표현하기 위해 다양한 색상을 활용한 왼쪽의 이미지는 지도를 통해 표현된 값을 효과적으로 이해할 수 있게 하는 전-지각적 연관성이 전혀 없다. 베르탱의 해석적 행동을 다시 떠올려보면, 사람은 지도 상에서 값의 크고 작음을 쉽게 식별하기 힘들다는 것을 알 수 있다. 대조적으로 오른편의 지도는 단일 색조를 사용하고, 논리적이고 바로 이해가 되는 방식을 적용했다. 즉, 큰 값은 진한 색을 사용하고 작은 값은 옅은 색을 사용하는 순차적 색상 규칙을 사용했다.

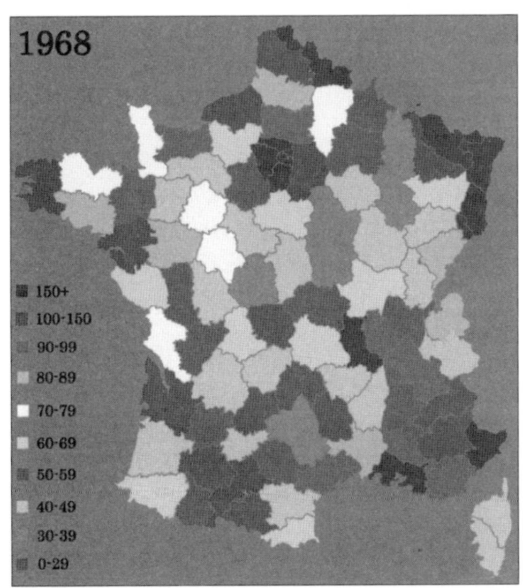

▲ "프랑스 인구 밀도 지도" (출처: 위키피디아, http://en.wikipedia.org/wiki/File:FrancePopulationDensity1968.png)

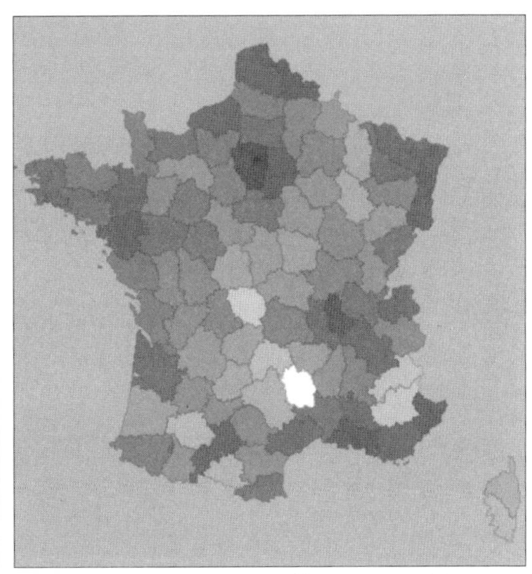

▲ "수정된 프랑스 인구 밀도 지도"(Martin Theus 블로그 포스팅 "좋은 것과 나쁜 것(2012)"에서 가져온 이미지)(http://www.theusrus.de/blog/the-good-the-bad-22012/)

이 예제에서 확인할 수 있는 것은, 수치 데이터의 경우 색상의 밝기를 활용해서 효과적으로 값의 범위를 표현할 수 있다는 것이다. 가장 진한 색상에서부터 흰색의 양을 순차적으로 증가시켜가는 방식으로, 순차적 색상 배합sequential color scheme이라고 한다.

다음 이미지에서 이것을 명쾌하게 확인할 수 있다. 사람은 본질적으로 그리고 자동적으로 순차적인 스케일에 순서 감각을 연결시켜서 생각한다. 물론 각 색상이 표현하는 절대 값을 정확하게 알아내기는 어렵지만, 확신 할 수 있는 것은 양쪽의 샘플 지도를 볼 때 데이터의 순서를 판단하는 주요한 패턴은 확실하게 파악할 수 있다는 것이다.

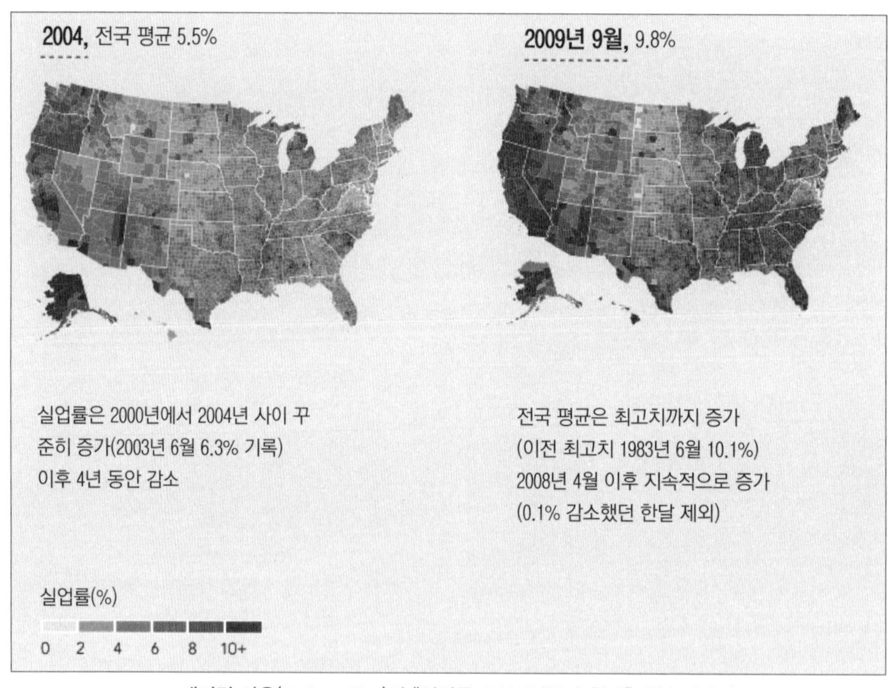

▲ 네이던 야우(Nathan Yau)의 "실업률, 2004년부터 현재" 일부 이미지
(http://projects.flowingdata.com/america/unemployment/raw.html)

정량 변수를 표현하기 위해 색상을 활용하는 가장 일반적인 방법은 큰 값과 작은 값 사이의 일반적인 패턴을 보여주는 것이다.

두 개의 정량 변수를 표현해야 하는 상황이나 단일 변수가 갖는 두 개의 극대 값을 강조해야 한다면 사용할 수 있는 다른 유형의 색상 규칙이 있다. 이는 발산형 배합diverging scheme이다.

발산형 색상 배합을 구성하기 위한 다양한 방법이 있지만, 스펙트럼의 양 끝은 강하게 대비되는 색조hue를 적용해서 어둡고 구분이 되는 색을 사용하는 것이 전형적이다. 다른 방식으로는 직관적으로 바로 이해되거나 쉽게 배울 수 있는 색을 사용하거나, 색에 비유적 의미를 부여하는 것이다.

다음 이미지는 사전 설계된 색상 표현 방식을 적용하는 과정을 보여주는 예시이다. 이 사례는 각 정당에 대한 지지도를 표현하기 위한 토폴로지 맵이다. 미국 전역에 걸친 정치적 정당 지지의 강도를 표현한 것을 볼 수 있다. 공화당은 붉은색으로 민주당은 푸른색으로 표현했다. 이 작품에서 인구 밀도를 표현하기 위해 투명도라는 특별한 표현을 사용했다. 전 지역에서 인구가 균일하게 분포하지 않음을 표현하기 위한 것이다.

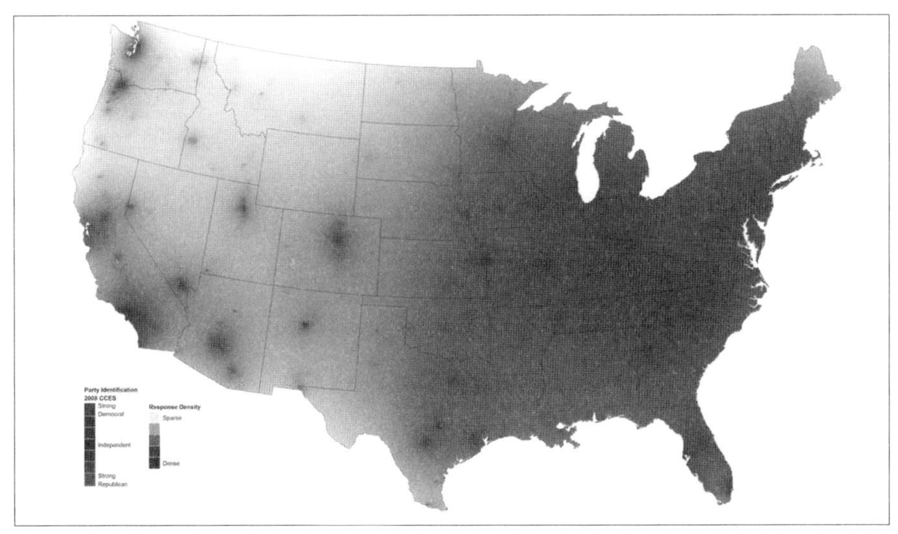

▲ 데이비드 스파크스(David B Sparks)의 "여론 데이터의 등치선도(Isarithmic Maps)"
(http://dsparks.wordpress.com/2011/10/24/isarithmic-maps-of-public-opinion-data/)

색의 특성이 정량적인 값을 구분하는 데 중요할 수 있다. 그러나 지도 위에서는 아니다. 색상을 사용하는 가장 대중적인 방법은 적황녹의 신호등 색깔을 포함하는 것이다. 이것은 기업에서 실적의 좋고 나쁨 혹은 임계 상태임을 표현하는 데 일반적으로 사용된다.

그러나 10퍼센트에 이르는 인구가 (특히 남자의 경우) 적녹 색맹이라는 점을 고려하면, 신호등처럼 적황녹 색상을 활용하는 방식은 상당한 비율의 잠재적인 청중을 소외시키는 결과를 낳는다. 효과적인 대안은 녹색을 파란색으로 대체하는 것이다. 긍정적인 값은 파란색을 사용하고 부정적인 값은 여전히 빨간색을 허용한다. 다음의 수평 차트horizon chart를 참고하자.

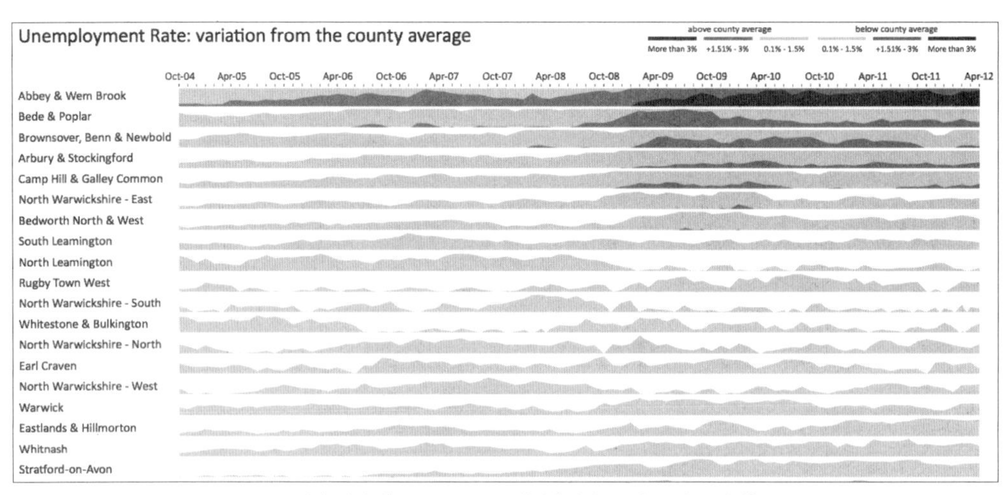

▲ 스펜서 페이니(Spencer Payne)의 "실업률: 전국 평균 대비"
(http://warksobservatory.files.wordpress.com/2012/07/unemployment-horizon-chart.pdf)

시각화를 위해 선택한 색상이 색상 구분 장애에 미치는 영향을 체크하고 싶다면 Vis Check(http://vischeck.com)와 같은 애플리케이션을 사용하라. 무료의 온라인 도구이고, 색맹이 해당 이미지를 볼 때 어떻게 보이는지 시뮬레이션해준다.

이미 데이터 형상화 부분에서 설명했듯이, 시각 변수의 핵심 기능 중 하나는 데이터를 구분하는 것이다. 범주형 변수 간의 구분을 위해 색조hue를 사용하는 것이 특히 도움이 된다.

다음 예제는 미국의 동성애자 인권 이슈에 관하여 각 주가 얼마나 다른 입장을 보이는지 지표의 상태를 시각적으로 표현한 프로젝트다.

독특한 색깔로 구분된 일곱 개 카테고리의 데이터가 있다. 색 자체에는 아무 의미를 부여하지 않았고, 순전히 이슈를 분리하는 데 도움을 주는 도구로 사용했다. 색의 명도를 활용해, 동성애자의 권리가 가장 자유로운 곳(어두운 색)과 가장 제한된 곳(밝은 색)을 표시함으로써 추가 정보를 제공한다. 그리고 빗살 무늬 패턴뿐 아니라 색상이 없는 영역도 나름의 의미를 갖는다.

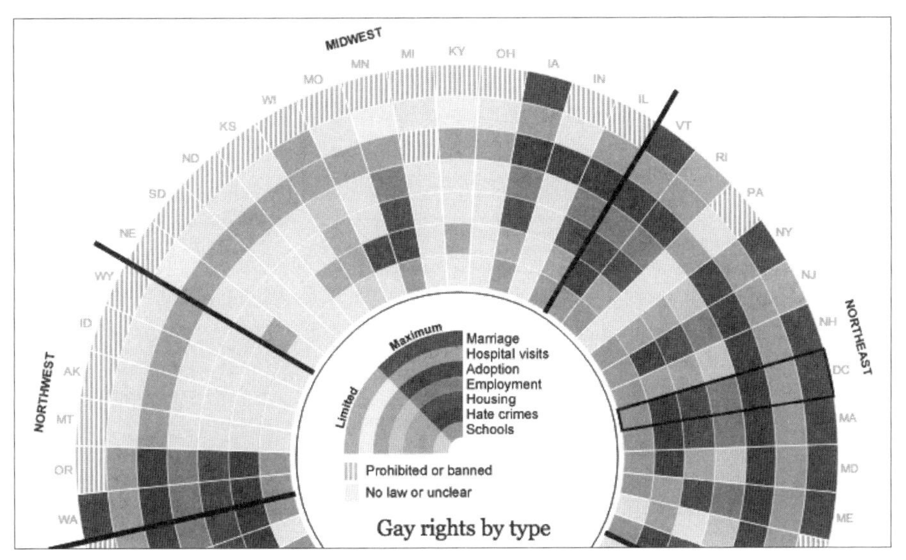

▲ 가디언(Guardian)의 "미국의 주별 동성애자의 권리 현황"
(http://www.guardian.co.uk/world/interactive/2012/may/08/gay-rights-united-states)

미국의 정치적 성향 지도를 표현한 이미지에서 본 것처럼, 범주형 데이터에 색상을 사용하면 은유나 연관성을 극대화해서 나타낼 수 있다.

유념해야 할 사실은, 사람의 눈은 최대 열 두 개의 다른 색상을 구분할 수 있다는 것이다. 이는 콜린 웨어Colin Ware가 쓴 디자인에 의한 시각적 생각Visual Thinking by Design이라는 훌륭한 책에서 언급한 색상의 매력적인 측면 중 하나다.

만약 열 두 개 이상의 범주를 갖고 있다면, 디자이너는 앞의 문제를 피하기 위해 범주를 조합할 방법을 찾아야 한다. 도시의 지하철 지도에서 이 효과를 확인할 수 있다. 확장된 노선이나 새로운 경로가 추가되면, 새로운 표시를 강조하거나 구분하기 위해 사용할 수 있는 새로운 색상이 거의 없다.

색상 표현의 배경에는 감정적이나 문화적으로 다양한 의미가 깔려 있다. 색상은 자연스럽게 보편적인 시각 언어로 활용할 수 있다는 장점을 갖게 되었지만, 이는 보편성을 확보한 경우에만 가능한 이야기다. 세계 여러 지역에서 색깔에 대한 다른 인식을 갖고 있을 가능성이 높고, 대부분의 색깔은 지역에 따라 서로 다른 의미로 해석되므로, 색상을 사용할 때는 세심하게 고려해야 한다. 이와 관련하여 문화에 따른 색상의 의미Color Meanings by Culture(http://www.globalization-group.com/edge/resources/color-meanings-by-culture)와 같은 문서를 참조할 수 있을 것이다.

데이터 계층을 전면으로 부각시키기 위해

데이터의 표현뿐 아니라, 시각적 깊이와 디자인의 계층 구조를 만들기 위해 색상을 활용하는 방법을 살펴보자. 1장에서 축구 선수별로 패널티를 받은 장소와 그 종류를 나타내는 사례를 본 적이 있는데, 색과 이미지의 사용에 있어 명확함이 부족한 경우였다.

표현된 데이터와 배경 사이에서 발생할 수 있는 어수선함을 피하기 위해 시각적 구조visual hierarchy를 효율적으로 인지하게 만드는 것은 도전적인 일이 된다. 표현된 데이터와 배경 사이에서 발생할 수 있는 어수선함 때문에 시각적 구조를 효율적으로 만들어내는 일을 꽤 도전적인 과제가 된다. 하지만, 이 작업이 없으면 인사이트를 찾기 위해 사용자의 눈과 뇌가 혹사당하게 된다.

해야 할 일은 가장 중요한 신호를 전면으로 부각시키고, 맥락 상 덜 중요하거나 장식적인 요소는 배경으로 보내는 것이다.

앞 장의 올림픽 사례에서 이 효과가 성공적으로 시연되는 것을 봤다. 이 경우 메인 주제는 시간에 따른 중국과 독일의 두드러진 변화를 보여주는 것이었고, 색상을 사용해서 두 국가의 데이터를 전면으로 강하게 드러냄으로써 효과적으로 전달했다. 다른 국가의 나머지 데이터들은 배경으로 처리되었지만 여전히 식별 가능하고 필요 시 참조 가능하다.

다음은 전형적인 대시보드에서 가져온 이미지이고, 여기서도 유사한 효과를 확인할 수 있다. 대시보드는 태생적으로 핵심 메시지를 신호의 형태로 탐지하는 것을 목적으로 한다. 또한 그 과정에서 효율성과 정확도가 중요하다.

	Monthly £	Average	52 Week Sales	Best
Team A		£55.5		73
Team B		£50.0		70
Team C		£51.3		66
Team D		£53.2		73
Team E ■		£38.8		75
Team F		£56.0		72
Team G		£48.0		70

이 예제에서 값, 차트, 레이블, 제목 등 모든 속성에 대해 단색 색상 스킴을 적용한 것을 볼 수 있다. 이와 같은 부드러운 팔레트를 사용함으로써, 다음과 같은 중요한 신호가 주목을 받고 전면으로 부각될 수 있다. 빨간 표시는 추가 조사가 필요함을 나타내고, 파란 헤드라인 막대는 최고의 실적을 나타낸다. 그리고 스파크라인의 작은 마크는 주별 최대값(파란색)과 최소값(주황색)을 표현한다.

색상을 활용해서 계층 구조를 만드는 것에 대해서라면, 다른 분야에서 효과적으로 색상을 적용하는 방식을 목격함으로써 영감을 얻기도 한다. 직관적이고 구조화된 화면이 필수적인 광고, 웹사이트, 상품, 비디오게임 등에서 최고의 디자인의 사례를 볼 수 있을 것이다.

배경색으로 컬러를 사용하는 경우에는 밝은 색(대개는 흰 색)보다 어두운 색(대개는 검정색)이 더 좋거나 나쁘다는 명확한 규칙은 없다. 프로젝트의 의도된 스타일과 컬러 팔레트에 근거해서 결정을 내리면 된다. 근본적으로는 전경과 배경을 대비시켜서 읽기 쉽게 만드는 것이다.

일반적인 조언은 넓은 영역에는 강하고 채도가 높은 색상의 사용을 피하라는 것이다. 눈이 계속 지배적인 색상을 보고 처리해야 하도록 강요하지 말라. 대신 강한 색은 강조나 주의를 끌어야 할 때 사용할 수 있는 옵션으로 남겨두는 것이 좋다.

전경과 배경 사이의 관계에 대해 알아두면 좋을 다른 특성은 차트의 축, 격자 선, 체크 표시, 테두리나 제목과 같은 보조 장치의 사용에 주의해야 한다는 것이다. 데이터를 참조하고 설명하는 데 사용하는 모든 것을 말한다.

어떤 요소의 시각적 존재를 지우거나 약화시키는 것을 두려워할 필요는 없다. 많은 경우 기본값이 아예 "검정"으로 설정되어 있기도 하다. 사람들은 자꾸 무엇이든 강조하고 더 눈에 띄는 상태로 만드는 경향이 있는데, 차트의 특성들을 약화시키고 심지어 지우는 것까지 가능하면 그렇게 하라. 가급적 데이터가 두드러지게 놔두고, 그 속성을 "보는 행위" 자체를 원하기 때문이다.

제목과 같은 요소도 마찬가지다. 다음은 올림픽 스피드의 역사에 관해 수행되었던 시각화 프로젝트의 대조되는 두 제목이다. 첫 번째 제목은 매우 풍부하고 컬러풀한 이미지이다. 모든 개최년도의 포스터를 모자이크로 포함한다.

이 버전이 메인 디자인에 통합되었을 때, 제목이 시각적으로 너무 눈에 띄고 너무 많은 관심을 메인 화면로부터 뺏어 온다는 것은 즉시 명확해진다. 대조적으로 두 번째 버전은 더 은근하고 최종 화면에 응집력 있게 작용한다.

THE PURSUIT OF FASTER
Visualising the evolution of Olympic speed

▲ 앤디 커크(Andy Kirk)와 앤드류 위더리(Andrew Witherley)의 "좀 더 빠르게"(http://www.visualisingdata.com/index.php/2012/07/newvisualization-design-project-the-pursuit-of-faster/)

색상의 대조나 두 개의 색상 간의 관계 등 색상 이론에 대한 더 깊고 구체적인 측면들이 있다. 예를 들어 전형적으로 검정 위의 파란색은 흰색 위의 노란색처럼 대부분의 경우 구분하기 어렵다. 또한 환영에 의한 기대하지 않은 부산물에 대해서도 고려해야 할 이슈들이 있다. 색상 이론은 광범위한 분야이고 이 책에서는 아주 기초적인 부분만 확인했다.

디자인 요구 사항에 따르기 위해

색상에 관한 마지막 고려사항은 조직의 시각적 정체성을 만드는 것과 정의된 컬러 팔레트를 준수하는 것을 포함한다. 디자이너는 색상 선택 과정에서 제약을 피하고 싶어하지만, 항상 가능한 것은 아니다. 세계 주요 기업들과 그들의 브랜드 정체성을 상상해보면, 그 즉시 확고한 색상 조합이 떠오를 것이다.

시각화에서 미리 결정된 색상 규칙을 사용하는 것은 일반적이다. 브랜드의 일관성과 식별력을 유지하는 데 도움이 되기 때문이다. 그러나 디자이너에게는 방해가 될 수 있다.

다음은 가디언의 사례이다. 이들은 원을 기본 도형으로 하는 계층 구조 다이어그램bubble hierarchy diagram을 만들었고, 영국 정부의 비용을 부처별로 쪼개서 보여준다. 이 이미지는 다양한 색상을 적용했지만, 색상에 의미를 부여하지 않았다. 정량적인 의미로 사용하거나, 카테고리의 구분 혹은 군집의 식별을 위해 색상을 사용하지 않았다. 대신 여기서 색상은 장식적인 기능을 수행하고 시각화를 매력적으로 만들었다. 가디언다운 전형적인 컬러풀한 스펙트럼이 이들의 시각적 정체성을 강조하는 역할을 담당했나.

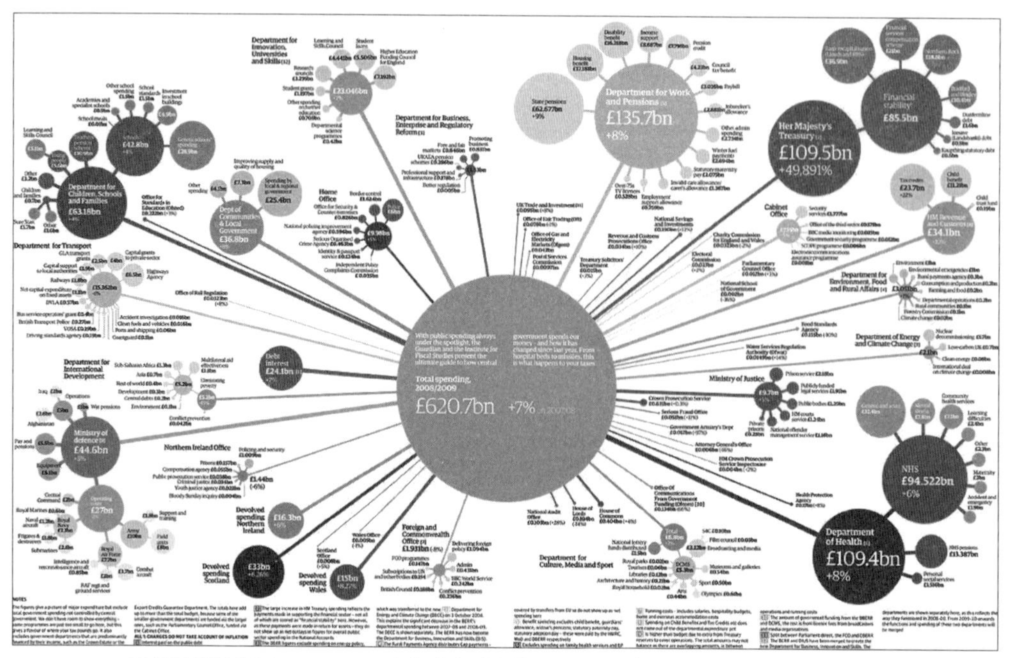

▲ 미카엘 로빈슨(Michael Robinson)과 제니 리들리(Jenny Ridley)가 만든 가디언(the Guardian)의 "영국 정부의 공공 부문 지출, 2008/09"(http://www.guardian.co.uk/news/datablog/2010/may/17/uk-public-spending-departments-money-cuts)

「가디언」이나 「뉴욕타임즈」 같은 많은 기업들은 존경할만한 작업들로부터 강한 시각적 정체성을 구축하고, 잘 정의된 컬러 팔레트를 준수해왔다. 시각화에 사용된 색상 조합만 관찰해도 즉시 이들의 작품을 식별할 수 있다.

상호작용 생성

훌륭한 정적인 시각화는 강력한 사진과 같다. 이는 주의 깊게 생각하고 정리해서 만들어지고, 움직임이 없음에도 불구하고 스토리의 순서나 움직임을 묘사해내는 측면을 말한다. 정적인 시각화에 흠뻑 빠져드는 경험은 데이터 시각화 분야에서 가장 황홀한 일이라고 단언할 수 있다.

그렇긴 하지만, 지난 10년간 이루어진 기술의 발전은 탁월한 개발자들이 강력한 인터랙티브 시각화 디자인을 만들어낼 수 있는 기회를 만들어주었다. 웹 페이지에 빠르게 접근할 수 있는 지역이 급속도로 넓어지고 있고, 소프트웨어는 점점 더 발전하고 있으며, 프로그래밍 환경도 강력해지고 있다. 여기에 즉시 접근 가능한 실시간 데이터는 셀 수 없이 많아지고, 정보에 접근할 수 있는 응답성 좋은 여러 플랫폼들이 더해져, 풍부한 상호작용에 기반한 엄청난 작업이 가능해졌다.

우리는 걸출한 인터랙티브 시각화 프로젝트의 세대를 목도하고 있다. 이들은 창의성, 혁신성, 사용자 경험의 수준에 있어서 패러다임의 전환을 주도한다. 이전에는 한 장의 종이 혹은 화면의 크기, 느린 인터넷이라는 제한에 갇혀 있었으나, 이제 인터랙티브 시각화의 가능성에 진정한 의미의 장벽이란 거의 없다.

앞서 이야기한 것처럼, 인터랙션의 가장 좋은 예시는 보이는 것을 보이지 않게 만드는 것이다. 즉, 인터랙션 기능들이 디자인에 직관적으로 녹아 들어서, 데이터와 분리된 별도의 도구로 보이지 않는다는 것이다.

필연적으로, 인터랙티브 디자인의 개발은 기술적인 능력을 필요로 한다. 이것을 피할 수 있는 방법은 없다. 기술적 능력이 없다면 인터랙티브 시각화를 시작할 수도 없다. 플랫폼의 호환성이나 데이터 로딩 속도, 서버의 용량 등의 다른 제약들도 또한 고려해야 한다. 디자이너의 야망은 원대할 수 있지만, 실제로 달성할 수 있는 수준에 대해서 현실적으로 생각해야 하고, 이는 이미 고려되어 있어야 한다.

프로젝트의 목적에 대한 초기의 생각을 되새겨보자. 또한 디자인의 동기와 의도를 주의깊게 생각해볼 필요도 있다. 구체적으로 청중에게 어떤 기능적 경험을 만들어줄 것인가? 탐색적인 것인가? 설명적인 것인가? 혹은 두 가지가 결합된 디자인인가?

인터랙션을 만들수 있다고 해서 그것이 항상 데이터 시각화에 대한 사용자 경험을 향상시키는 것은 아니라는 점을 기억해야 한다. 단순히 인터랙션을 만든다는 신기함에 압도되어 정적인 디자인을 배제함으로써 시각적 소통의 본질을 훼손하면 안된다.

반대로, 작업중인 데이터 구조의 복잡성과 다양성이 정적 디자인으로 표현을 수 없는 경우라면 인터랙티브 디자인이 꼭 필요한 상황이다.

시각화 디자인에 인터랙티브를 사용하기로 결정했다면, 적용할 수 있는 다양한 기능을 살펴봐야 한다.

다음은 인터랙티브 생키 다이어그램interactive Sankey Diagram이다. 주제에 대한 탐색적 기능을 극대화할 수 있는 유용한 인터랙티브 속성을 효과적으로 통합한 사례다. 이 프로젝트는 서로 다른 곳에서 생산되는 다양한 종류의 연료들이 거치는 공급, 운송, 최종 사용까지의 과정을 분석해서 표현한다.

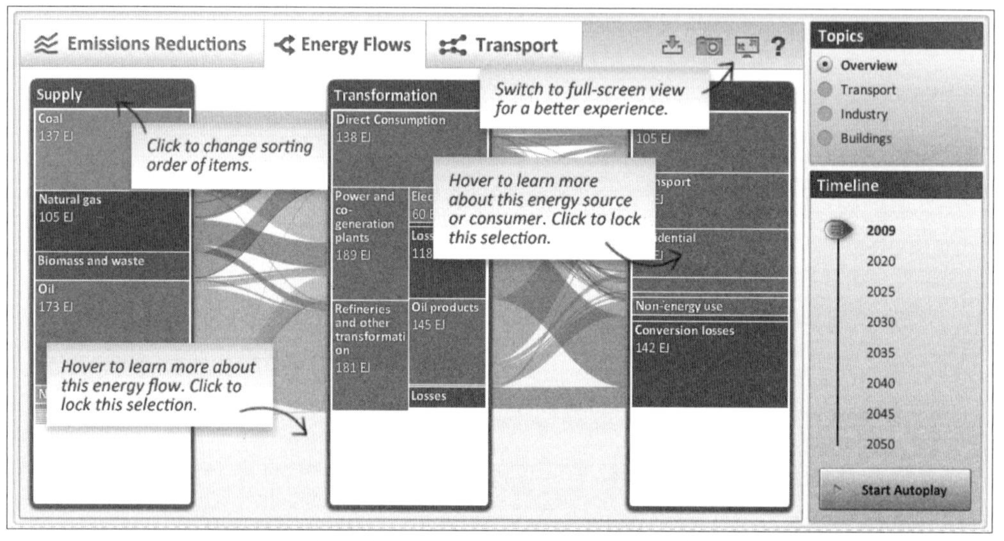

▲ 라우레이프 GmbH와 크리스티안 베흐렌스(Christian Behrens)의 "에너지 테크놀러지 2012 온라인 데이터", 2012년(http://www.iea.org/etp/explore (c)OECD/IEA)

주석 팁을 활용해서, 사용자들이 새로운 관점으로 데이터를 볼 수 있게 유도할 수 있다. 인터랙티브 기능을 사용한 시각화라면 꼭 고려해야 장치다. 데이터 탐색 과정에서 드러나는 데이터 스토리를 제대로 이해하기 위해, 독자에게 복수의 관점을 제공해야 한다.

이어지는 내용은 인터랙티브 작업을 구축할 때 고려해야 하는 기능과 특성을 간략하게 설명한 것이다.

변수와 매개변수 다루기

데이터 프레임워크가 복잡하다는 것은 단일한 화면 상에 다양한 분석 차원을 보여주거나, 탐색적 시각화 분석에서 적절한 변수의 조합을 찾기 위해 노력 중이라는 의미다. 변수를 선택하거나 제외하고, 필터링하거나, 변경하는 능력은 사용자가 데이터의 다양한 관점을 접할 수 있도록 하는 유용한 방법이다. 또한 옵션을 구조화하고 정렬하는 것은 새로운 인사이트를 끌어내는 데 도움이 된다.

사례의 생키 다이어그램은 개별 컴포넌트의 흐름을 파악하고 세부 구조를 볼 수 있도록 화면 상의 수직 세그먼트를 분리 가능하게 만들었다. 또한 시간의 흐름에 따른 변화를 관찰하기 위해, 슬라이더를 사용해서 시간 변수를 변경할 수 있다.

브러싱brushing이라고 불리는 기술은 표현된 데이터의 일부분에만 집중하는 강력한 방법이다. 특히 산점도 타입의 화면에 유용하다.

뷰 조정

변수를 제어하는 것과 대조적으로, 이것은 사용자의 카메라 렌즈나 주제를 향해 난 창문을 조정하는 것에 더 비슷하다. 계층 구조를 갖거나 해상도가 높은 데이터를 확보했다면, 각 계층을 오가며 수직적 탐사를 수행하는 능력이 중요하다. 이는 특히 지도 기반 시각화에서 더욱 가치가 있다. 예를 들어, 풍경을 둘러보는 것처럼 좌우로 둘러보거나, 줌인하여 배율을 확대해서 살펴볼 수도 있다. 앞서 살펴본 "윈드 맵"과 같은 프로젝트에서 이런 방식의 이점을 확인할 수 있을 것이다. 독자는 서로 다른 지역들이 어떤지 비교하거나, 강한 바람이 부는 지역을 좀 더 흥미롭게 자세히 관찰할 수 있다.

뷰를 조정하기 위한 다른 요소를 생각해보자면, 예를 들어 설명을 목적으로 일련의 데이터 스토리를 표현하고자 하는 경우, 데이터의 수평 탭이나 패널을 사용할 수 있다. 부채처럼 접을 수 있는 장치라면, 기본 화면에서는 추가적인 자세한 내용을 감춤 상태로 처리하고 필요할 때만 보여주는 방식도 가능하다. 에너지 흐름의 예시에서는 전체 화면 옵션도 확인할 수 있었다. 이런 기능은 사용자들이 인터랙티브를 위해 필요한 화면 공간을 최적화해서 사용하게 만든다.

주석 표시된 세부 사항

조만간 주석에 대해 더 자세히 다루겠지만, 인터랙티브의 관점에서 주석은 호버링hovering이나 클릭 등 인터랙티브 이벤트를 활용하여 정보를 제공하는 추가 계층을 만드는 것이다. 실제 데이터의 값이나 카테고리나 이벤트에 대한 추가적인 세부 사항을 밝히고자 할 때 매우 유용하다.

앞서서 해석의 정확도에 대해 논의했고, 인터랙티브 버블 차트interactive bubble chart의 사례를 살펴봤다. 버블 위에 머무르는 동안, 숫자로 표현된 팝업 텍스트가 표시되는 것을 봤다. 클릭하거나 호버링하는 등 구체적인 작업이 가능하다는 것은 엄청난 창조적인 가능성을 보여준다. 데이터의 정확성에 대해 고민하는 과정에서 다음과 같은 확신을 얻을 수 있었다. 정확도는 좀 낮더라도 더 창조적인 시각 변수를 선택하는 것이 좋다는 점이다.

애니메이션

시계열 기반 데이터를 갖고 있다면, 장면의 전환을 통해 흥미로운 데이터 스토리를 표현할 수 있다. 애니메이션을 활용해서 시각화를 묘사하는 것이다.

에너지 흐름 사례에서 본 것처럼 수동으로 제어 가능한 슬라이더를 활용함으로써, 재생, 일시중지, 리셋 등 기능이 강화되고, 핵심 마일스톤으로 건너뛸 수 있는 내비게이션 기능도 가능해진다.

다음 예에서 미국 우체국이 1700년에서 1900년까지 확장되는 모습을 묘사했다. 이것은 애니메이션을 활용한 데이터 표현의 잠재적인 파워를 보여준다. 개별 프레임도 흥미롭지만, 이 시각화의 진정한 힘은 인구와 이민이 전국적으로 늘어나는 사회역사적인 주제를 생생하게 보여준다는 점이다. 다음 스크린샷에서 1846년에서 서해안에 최초의 우체국이 생기는 역사적인 순간을 볼 수 있다. 이는 애니메이션 버전이 아니라면 볼 수 없는 이벤트이다.

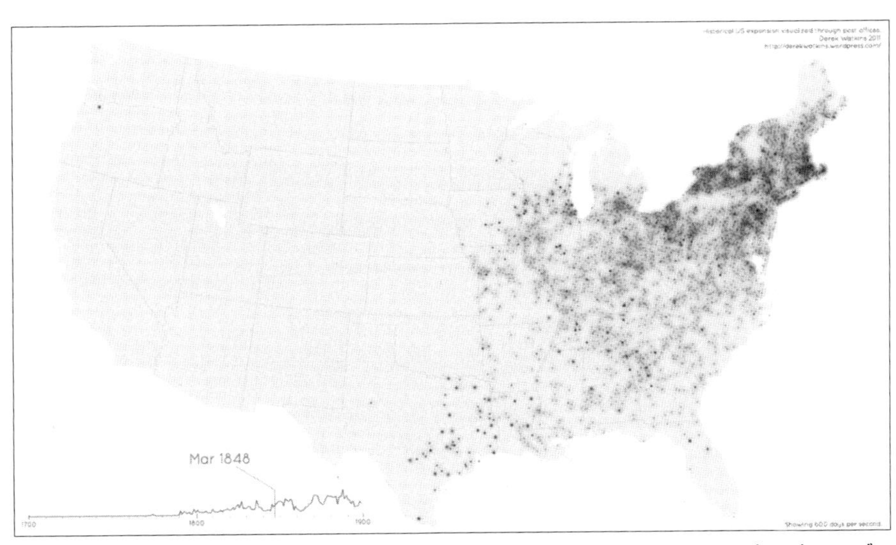

▲ 데렉 왓킨스(Derek Watkins)의 "미국의 우체국 확산 시각화"(http://blog.dwtkns.com/2011/posted/)

한 가지 유념할 점은 독자의 기억 능력이 애니메이션 스토리의 이전 장면을 기억하는 데 준비가 부족하다는 점이다. 만약 비교를 지원하는 것이 중요하다면, 애니메이션은 최고의 방법이 아닐 수 있다. 다중 패널과 같은 방법이 더 효과적일 수 있다. 특정 카테고리를 추적하거나, 시간에 따라 심각하게 달라지는 새로운 값을 증폭하는 것과 같은 기능의 적용은 이와 같은 단점을 보완하는 데 도움이 될 수 있다.

인터랙티브나 애니메이션 시각화의 잠재성은 재능 있는 개발자나 디자이너 입장에서는 매우 흥분되는 전망이지만, 인터랙티브의 적절함이나 필요성은 철저하게 설명하고 검증되어야 한다.

앞에서 이야기한 적이 있지만 다시 강조한다. 할 수 있다는 것이 꼭 해야 한다는 의미는 아니다. 인터랙티브 시각화는 창조적인 기회를 확장한다. 그러나 충분히 고려되지 않은 클릭이나 슬라이더, 필터, 메뉴는 불필요한 혼란을 초래할 수 있고, 데이터와 인사이트에 대한 이해를 어렵게 만들 수 있다.

주석

다음은 아만다 콕스Amanda Cox가 한 말이다(http://eyeofestival.com/speaker/amanda-cox/).

> "주석은 우리가 해야 할 가장 중요한 일이다. 그게 아니라면, 지금 해야 할 일은 당신이 그 사실을 이해하는 것이다."

다음 작업은 종종 무시되기 쉬운 것이다. 인용문에서도 봤듯이 시각화에 주석을 다는 것은 디자인 상 매우 중요한 일이다. 독자나 관객을 위한 일이고, 그들이 누구인지 인지하고 그들이 이미 알고 있는 것과 아직 모르는 것이 무엇인지를 안다는 뜻이다.

잘 만든다면, 주석은 설명력을 높이고 독자의 작품 해석과 관람 경험에 도움이 된다. 사용자를 지원하기 위한 장치를 추가하는 것은 도전적인 일이다. 시각화 디자인의 명쾌함과 가치를 동시에 극대화시킬 수 있는 방법은 무엇일까?

1장에서 다뤘듯이, 효과적인 시각화 디자인을 위한 핵심 목적은 직관적인 디자인을 통해 주제를 이해하도록 돕는 것이다. 주제에 대한 접근성은 시각화 솔루션 전반에 걸쳐 유용한 설명을 포함함으로써 강화된다. 독자나 사용자가 즉각적으로 그리고 쉽게 디자인을 읽는 법을 터득할 것이라고 가정하지 않아야 한다. 따라서 독자들을 돕기 위한 최고의 방법을 주의 깊게 고려해야 한다. 다음의 설명을 보자.

- **제목**: 시선을 끄는 제목은 독자를 유치하고 시각화 주제의 초점을 명확하게 하는 데 도움이 된다. 때로, 특히 설명형 시각화에서 독자들에게 핵심 주제나 헤드라인을 전달하기 위해 이 공간을 활용하는 것을 볼 수 있다. 이 경우, 시각화의 내용을 정확하게 반영하는지 확인해야 한다. 그렇지 않으면 독자들에게 잘못된 내용을 전달하게 된다.
- **소개**: 프로젝트의 배경과 맥락을 설명하는 중요한 요소이다. 프로젝트의 동기와 디자이너의 의도를 묘사함으로써 시각화 디자인의 목적을 전달한다.
- **사용자 가이드**: 직관적인 접근성이 강조되기는 하지만, 많은 프로젝트가 더 자세

한 설명을 제공한다. 인터랙티브한 작품이거나 본질적으로 복잡한 주제나 프레임워크를 갖는 경우 특히 더 그렇다.

다음은 월스트리트 저널이 만든 정치적 머니볼Political Moneyball이라는 프로젝트다. 이 작품의 디자이너는 주제의 깊이와 해석 상의 복잡함을 알아챘고, 독자들이 시각화 작품을 최대한 활용할 수 있도록 탁월한 수준의 배려를 제공하고 있다. 사용자의 이해를 돕기 위한 장치는 주석이나 레이블뿐만이 아니다. 더 높은 수준의 사용자 지원을 위해 비디오 튜토리얼을 제공하고 있다. 이런 어려운 주제로부터 훌륭한 성과를 만들어낸 이들의 노고를 짐작할 수 있다.

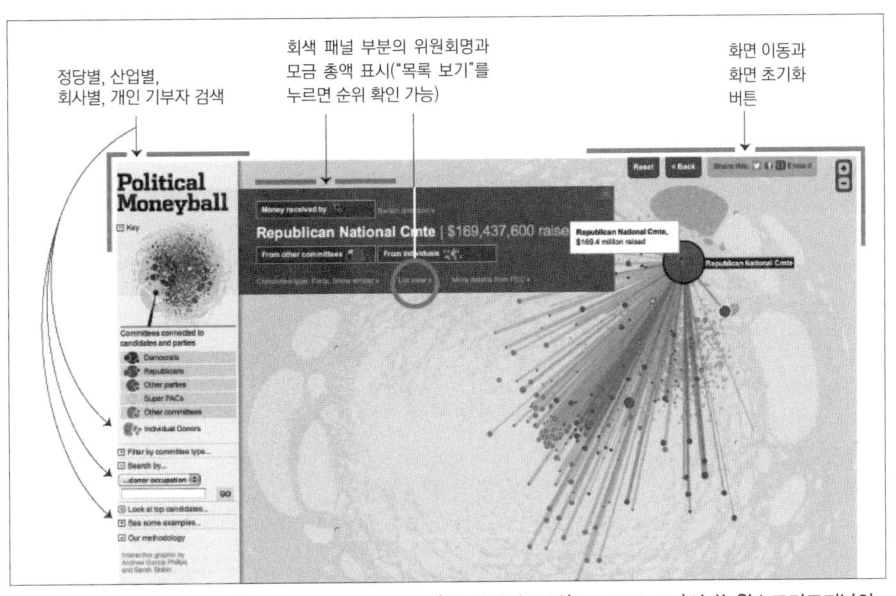

▲ 앤드류 가르시아 필립스(Andrew Garcia Phillips)와 사라 슬로빈(Sarah Slobin)이 쓴 월스트리트저널의 "정치 머니볼(Polytical Moneyball)"(http://graphics.wsj.com/political-moneyball/#)

- **레이블**: 인터랙티브에 대해 언급하면서, 데이터 값을 극도로 구체적으로 보여주는 레이블 활용법을 설명한 적이 있다. 이전의 프로젝트에서 확인한 바와 같이, 레이블은 믿을 수 없이 간단하지만 무엇인가를 설명하는 데 정말 유용한 장치이다. 숨겨져 있다가 선택되면 인터랙티브하게 나타나는 레이블이나, 허공에 떠 있는 형태도 고려할 수 있다.

- **자막과 내러티브**: 제목을 활용해서 헤드라인을 제공하기는 하지만, 중요한 인사이트나 발견이 있다면 표면에 드러나서 독자가 빨리 이해할 수 있기를 바랄 것이다. 좋은 것과 나쁜 것 혹은 기대되거나 기대되지 않은 것을 끌어낼 수도 있다. 또한 어떤 프로젝트에서는 "다음은 무엇인가?"라는 질문을 고려해야 할 수도 있다. 독자들이 이 정보를 갖고 무엇을 할 것인가? 어떤 행동을 취할 필요가 있을까?

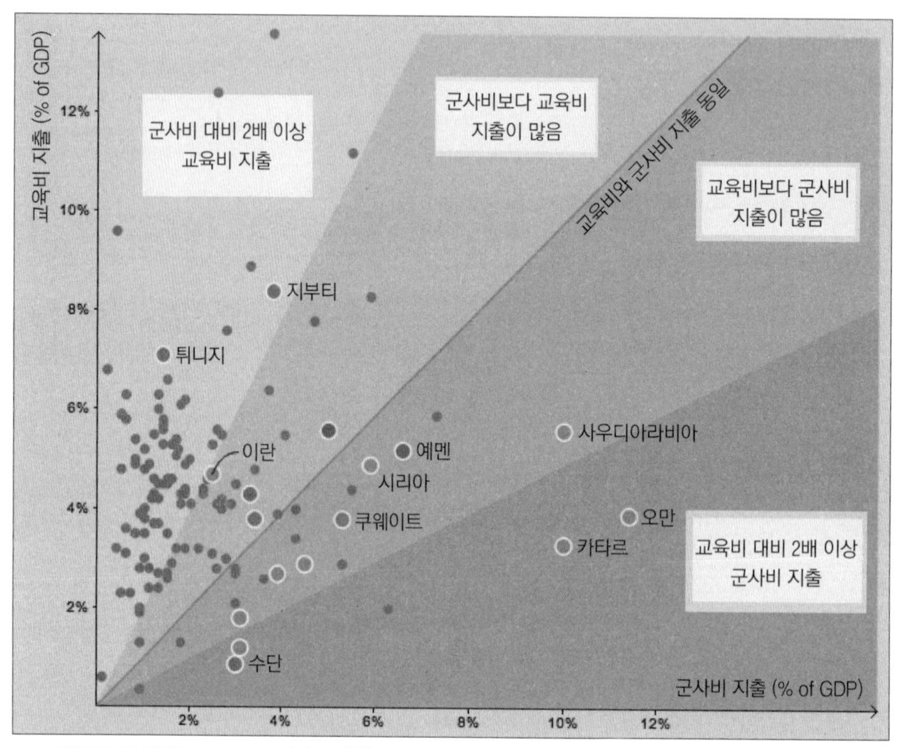

▲ 그레고르 아시치(Gregor Aisch)가 작업한 독일 국영 TV 방송인 독일의 소리(Deutsche Welle)의 "세계의 교육"(http://visualdata.dw.de/specials/bildung/en/index.html)

- **시각적 주석**: 주석은 단순히 글로 쓰여진 설명 이상의 것이다. 디자이너는 차트나 그래프를 사용해서 인사이트를 시각적으로 끌어내는 법을 고민해야 한다. 간단하게는 격자 선이나 축의 레이블, 체크 표시tick mark 등을 생각할 수 있다. 3장에서 효과적인 시각적 주석의 예시를 살펴봤다. 위의 예시에서 국가별 교

육비와 군사비 지출의 관계를 표현하기 위해 사용한 것처럼, 기준선이나 배경의 음영은 독자가 해석 과정에서 서로 다른 그룹이라는 것을 효과적으로 구분할 수 있게 돕는 역할을 한다.

- **범례와 키**: 카테고리나 정량적인 묘사를 할 때는 크기에 대한 설명이나 색상의 사용 규칙에 대한 설명을 항상 표시해야 한다.
- **단위**: 모호하거나 잘못된 정보를 제공하지 않았다는 것을 확인하기 위해 값의 단위를 구체적으로 포함해야 한다. 대부분의 주석에서 항상 요구되는 사항이다. 학창 시절부터 주입되었지만, 생각보다 잘 지켜지지 않는다.
- **데이터 소스**: 어디에서 데이터를 얻을 수 있었는지 혹은 다른 근거(예를 들어 이미지와 같은)로부터 얻었는지 구체적인 레퍼런스를 포함하는 것은 매우 중요하다. 좀 더 자세한 내러티브를 제공할 기회가 있다면, 품질이나 분석적 변환이라는 관점에서 데이터에 적용한 처리가 무엇인지 설명하기를 원할 수도 있다.
- **공헌자**: 제작에 직접 참여하거나, 디자인을 만드는 데 영향을 준 사람 또는 작품에 영감을 준 사람들의 공로를 인정하는 것을 잊지 말자.

주석과 관련하여 마지막으로 언급할 것은, 서체 디자인에 대해 고려해야 할 최초의 기회라는 것이다. 주석에 사용할 서체를 고르는 데 도움을 받을 수 있는 다양한 문서와 가이드가 있지만, 자신의 디자인에 사용할 최상의 선택을 본능적으로 판단할 수도 있다. 이것이 디자인의 다른 측면이다. 많은 디자이너가 선호를 갖고 있고 정체성을 유지하려 하지만, 프로젝트 또한 나름의 시각적 정체성을 지킬 필요가 있다. 이는 색상의 사용에 대해 설명하면서 언급한 내용이기도 하다.

배치

데이터를 표현하는 방법 중 하나로 색상을 활용해서 시각적 정체성을 확인했다. 디자인을 정적으로 만들 것인지 인터랙티브 요소를 넣을지 여부도 결정했고, 주석이 필요한 곳도 확인했다.

마지막 작업을 위해 디자이너는 모든 시각적 요소의 레이아웃과 위치, 구조화의 관점에서 디자인을 정리하는 방법을 고려해야 한다. 어떻게 하면 모든 것을 가장 효과적으로 함께 배치할 수 있을까?

주석과 관련하여 논의한 바와 같이, 디자인의 배치나 구조에 관련된 의도는 가능하면 직관적인 경험으로 전달해야 한다. 차트의 구성요소나 인터랙티브 기능, 주석을 위한 장치들의 배치에 의해 암시되는 의미와 논리는 직관의 정도와 주제를 이해하는데 강하게 영향을 준다.

주요한 목적은 눈이 디자인을 둘러보고 디스플레이의 시퀀스나 구조를 해독하기 위해 해야 하는 일의 양을 줄이는 것이다. 뇌는 한 번 더 말하지만, 생각의 양을 최소화하려고 노력한다. 보여주고자 하는 모든 것의 크기나 위치, 그룹화, 정렬 등과 관련해서 세심하게 선택하고 고려해야 한다. 모든 시각화 디자인의 계층에서, 디자이너는 자신이 제시한 시각적 특성이 필요한 근거를 내놓을 수 있어야 한다.

여기에 섬세하게 고려한 배치를 보여주는 간단하지만 효과적인 예시가 있다. 이 프로젝트는 참고할 만한 다수의 사례를 보유하고 있고, 이 책에서는 그 중 하나를 활용한다.

다음 그림의 상단 내비게이션 슬라이더의 위치를 관찰하자. 그 크기는 메인 맵 디스플레이에 적절하다. 내러티브는 오른쪽에 위치하고, 데이터를 위한 범례의 근접함, 팬과 줌의 위치 등 모든 결정은 의도적일 뿐 아니라, 데이터와 인터랙티브 장치, 주석이 갖고 있는 의미와 논리를 극대화하도록 디자인되었다.

배치에 관해 더 알고 싶다면, 스탠포드 Vis 그룹의 에드워드 시걸Edward Segal과 제프 히어Jeff Heer의 논문인 「내러티브 비주얼라이제이션: 데이터로 이야기하기(http://vis.stanford.edu/papers/narrative)」를 참고하자.

제목이 알 수 있듯이 이 문서는 디자인 전략에 대한 훌륭한 개요를 제공한다. 데이터를 통해 표현할 수 있는 스토리를 극대화할 수 있도록, 시각화의 레이아웃을 정리하고 구조화하는 데 도움이 될 것이다.

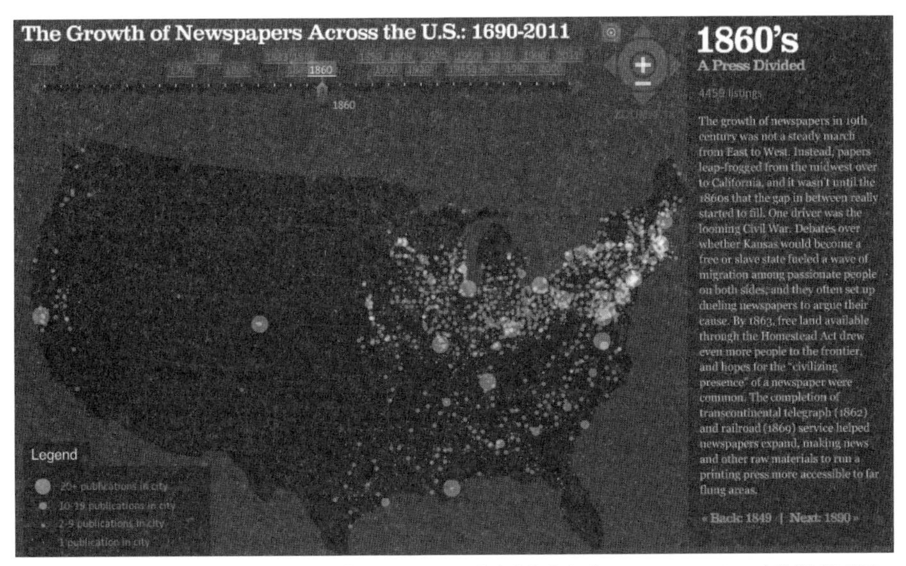

▲ "미국 종이 신문의 성장: 1690–2011", 루럴 웹스트 이니티에이티브(Rural West Initiative)와 빌 랜 센터(Bill Lane Center)가 아메리칸 웨스트(the American West)와 스탠포드 대학교를 위해 제작(http://www.stanford.edu/group/ruralwest/cgi-bin/drupal/visualizations/us_newspapers)

정리

4장에서는 데이터 시각화의 내부 구조를 이루는 주요 계층에서 수행해야 할 중요한 의사 결정들을 점검했다. 각 단계에서 디자이너가 해야 하는 선택을 충분히 자세히 살펴보고, 프로젝트의 맥락에 따라 선택을 정당화하는 방법을 확인했다.

또한 적절한 데이터 표현을 위한 솔루션의 선택이라는 어려운 과제를 수행하고, 응집력 있는 디자인 컨셉을 만들기 위해 데이터 표현의 서로 다른 측면을 분리해냈다.

어떤 사람들은 이것이 창의력의 중요한 요소를 다루기에는 너무 체계적이고 과학적인 방법이라고 생각할 수 있다. 그러나 이 접근 방법은 디자인 컨셉 단계라는 다소 어려운 작업을 지혜롭게 해내기 위한 효과적인 전략과 실천 방안을 제공한다는 이 책의 전체적인 주제와 일관성을 갖는다.

이 분야의 대가들도 실수하지 않고, 창조의 어두운 골짜기를 헤쳐 나오기 위해 고분군투한다는 것을 기억하자. 가치 있는 디자인은 반복과 재작업 없이 바로 만들어지는 법이 없다.

핵심 메시지는 모든 경우에 일을 제대로 하겠다고 스스로를 너무 압박할 필요는 없다는 것이다. 의사 결정과 옵션에 대한 이 프레임워크가 디자인 솔루션을 빠르고 효과적으로 찾는 데 도움이 되기를 바란다.

다음 장에서는 다양한 시각화 방법론의 분류 체계와 각 범주에 속한 다양한 차트 유형을 살펴볼 것이다. 이는 데이터 표현 단계와 중요한 디자인 속성을 더욱 잘 이해하는 데 도움이 될 것이다. 시각화 프로젝트에 적용할 수 있는 옵션들을 갤러리에서처럼 편하게 감상하고 고를 수 있도록 제공할 것이다.

5

데이터 시각화 방법론 분류체계

4장에서는 데이터 시각화를 구조적으로 분해해서 살펴봤다. 이후 작업에서 직면하게 될 디자인 관련 의사결정 사항은 어떤 것들이 있을지 그리고 그 내용은 무엇인지를 짚어봤고, 각각의 의사결정 시 합리적인 선택을 내리는 데 도움을 주는 가이드도 함께 살펴봤다.

5장에서는 데이터 표현 계층을 다시 한 번 논의할 것이다. 이것은 디자인 과제의 시각화에 있어 가장 중요한 단계이고, 또한 마스터하는 데 가장 어려운 작업이기도 하다. 이번 장에서는 커뮤니케이션 목적에 의해 정의되는 데이터 시각화 방법의 분류 체계taxonomy에 대해 살펴보고, 최근 일반적으로 사용되는 차트와 그래프의 유형을 조직화 한 컬렉션을 검토할 것이다.

차트 유형의 모음을 연구하는 과정을 통해, 디자이너는 전달하고자 하는 스토리와 데이터의 실체, 그리고 데이터를 형상화하기 위해 선택한 시각적 변수의 관계를 더 깊이 이해하게 될 것이다. 이 컬렉션은 디자인 프로젝트를 수행하는 동안 참고할 수 있는 목록일 뿐 아니라 아이디어와 영감을 주는 원천이 될 것이다.

제공된 솔루션의 갤러리를 통해 차트나 그래픽 디자인의 모든 변형을 다 다룰 생각은 없다. 데이터 시각화와 같은 창의적인 분야에서 이렇게 한정된 종류로 다 설명할 수 없기 때문이다.

다만, 이 갤러리를 통해, 특정한 문제 상황을 해결하기 위해 가장 적합한 해결방법을 효율적으로 결정할 준비가 제대로 되었다는 느낌을 받게 될 것이다.

데이터 시각화 방법론

분류 체계taxonomy에 대한 일반적인 정의는 생물학에서 비롯되었고, 비슷한 특성을 공유하는 멤버들을 모아 그룹을 만드는 것을 의미한다. 이 경우, 멤버는 차트 유형이고 이들이 공유하는 특성은 데이터를 표현하는 주요 기능들이다.

시각화 디자인에 담긴 의도를 명확하게 만들기 위해 이전 단계에서 정의내린 내용들이 적절한 시각화 방법을 선택하는 데 영향을 미친다.

데이터가 본연적으로 담고 있는 질문에 답하기에 가장 적절한 방법을 찾는 것부터 시작해야 한다.어떻게 보여줄 것이며, 무엇을 얘기하고 싶은가?

각각의 방법이 제공하는 주요 커뮤니케이션 목적은 다음과 같다.

종류	커뮤니케이션 목적
카테고리 비교	범주형 값의 상대적 크기와 절대적 크기를 쉽게 비교하게 위해 사용한다. 예) 막대 그래프(bar chart)
계층구조 및 부분과 전체의 관계에 대한 접근	값의 모집단 또는 계층 구조의 구성요소로 범주형 값의 관계를 분석하여 제공한다. 예) 파이 차트(pie chart)
시간에 따른 변화	지속적인 기간을 통해 시간 데이터를 이용하고, 변화 추세와 값의 패턴을 보여준다. 예) 라인 차트(line chart)
연결과 관계를 구성하기	다변량 데이터 사이에 존재하는 연관성, 분포와 패턴을 평가하기 위해서다. 이 종류의 솔루션은 가장 복잡한 시각적 솔루션을 반영하며, 일반적으로 탐색적 분석을 용이하게 한다. 예) 산점도(scatter plot)
지리–공간 데이터 매핑하기	다양한 다른 매핑 프레임워크를 통해 지리 공간적 특성으로 데이터 세트를 보여주고 구성한다. 예) 등치 지역도(choropleth map)

적합한 방법을 선택한 후, 4장에서 설명한 것처럼, 데이터 표현 선정 과정의 다른 핵심 요소를 통해 작업을 시작하면 된다.

다음과 같은 요인들을 가늠하면, 다양한 옵션을 가장 적합한 특정 차트 유형이나 그래픽 방식을 찾을 수 있도록 각각의 방법 분류로 좁히는 데 도움을 줄 것이다.

- 데이터의 물리적 특성을 잘 표현하는가?
- 시각화를 통해 전달하는 주제를 원하는 수준만큼 정확하게 나타낼 수 있는가?
- 주제의 메타포와 디자인적 일관성을 전달할 수 있는가?

적합한 차트 유형 선택

주요 묘사 방법에 따른 차트 유형을 구성하려는 시도는 새로운 것이 아니다(http://queue.acm.org/detail.cfm?id=1805128와 http://www.visualizing.org/stories/taxonomy-data-visualization를 참조). 이번 장에 제시된 분류는 지식과 경험, 직감에 의한 개인적인 의견을 반영한 것이다. 이는 데이터 변수, 시각 변수와 차트 프레임워크 사이의 관계에 대한 생각을 조직화하는 논리적인 방법이다.

제시된 사례를 통해, 최근 사용되는 가장 일반적이고 현대적인 방법을 최대한 다루려고 노력했다. 임의의 설명이긴 하지만, 95%의 경우에 제시된 차트 유형들이 디자이너의 요구를 만족시킨다는 것을 알게 될 것이다. 나머지 5%에 대해서는 아마도 매우 특정한 모양과 상황에 대한 맞춤형 솔루션이 필요할 것이다.

제시된 차트 유형의 대부분은 데이터를 표현하는 데 있어 다수의 특징을 보유하고, 하나 이상의 분류 방법에 속할 수 있다는 점에 주의해야 한다. 예를 들어, 영역 차트는 시간에 따른 변화를 보여주고, 카테고리 간의 비교도 가능하다. 차트가 다수의 특징을 갖고 있을 경우 1차적인 특징을 기준으로 차트 유형을 분류했기 때문에, 이 경우 영역 차트가 갖는 1차적 특징인 시계열적 속성을 기준으로 하여 "시간에 따른 변화" 카테고리로 분류될 것이다.

이번 장을 통해서 다음의 정보들을 보게 될 것이다.

- 각 차트의 이름(일반적인 명칭과 보조적인 명칭 - 차트는 때로 하나 이상의 이름을 갖기도 한다)
- 각 유형의 차트에 일반적으로 사용할 데이터 변수의 유형과 수량(더욱 구체적인 변수 유형을 제시할 수도 있겠지만, 대부분의 경우에 범주형 혹은 정량 변수로 충분할 것이다)
- 각 차트에서 데이터를 표현할 때 사용하는 시각 변수
- 각 차트의 기능적 목표와 적용 방법에 대한 간략한 설명
- 각 차트의 모양을 설명하기 위한 예시(대부분이 이 책의 다른 곳에서도 제시되었다. 각 유형과 사례에 대해 더 잘 이해하는 계기가 되기 바란다)

다차원의 다양한 스토리로 구축하기 위해서는 종종 다수의 시각적 방법과 차트 유형을 조합해야 한다는 사실을 잊지 말자.

카테고리 비교

다음의 예시들은 카테고리 값을 쉽게 비교할 수 있도록 하는 차트의 종류를 보여준다.

도트 플롯

데이터 변수: 두 개의 범주형categorical 변수, 하나의 정량quantitative 변수

시각 변수: 위치, 색상-색조, 기호

설명: 도트 플롯Dot Plot은 정량적 값들을 점이나 기호를 통해 하나의 마크로 표현하며 범주형 변수들을 비교한다. 이 분류의 활용을 통해 변수의 범위와 분포를 구체적으로 볼 수 있다. 또한 다수의 범주형 변수들을 색깔과 기호의 차이로 구분하여 한 차트 안에 통합할 수도 있다. 데이터 계열이 두 개를 넘으면, 다소 혼잡하고 이해가 힘들어질 수 있다.

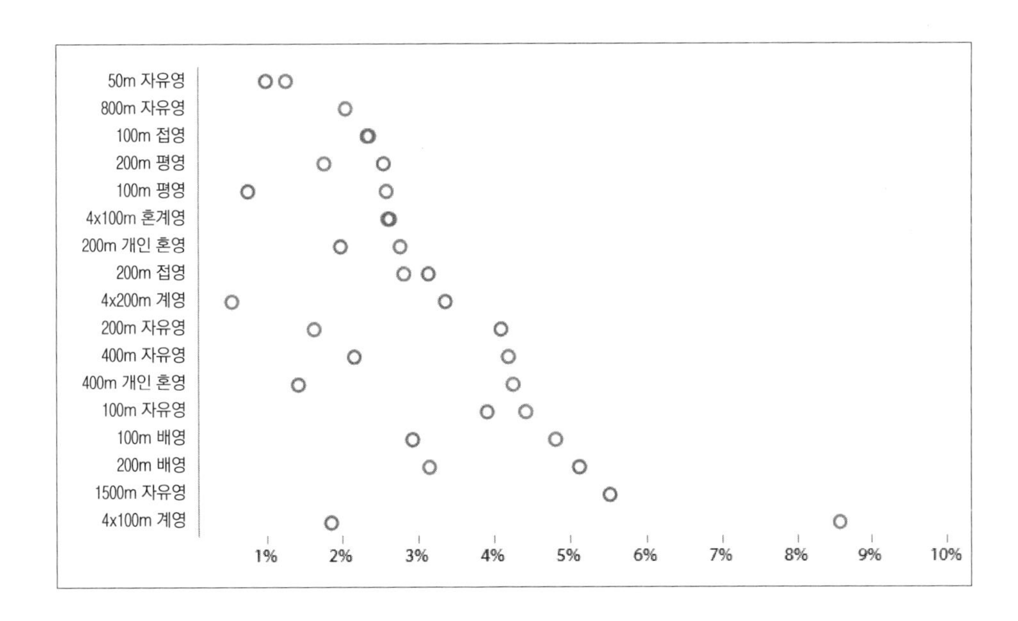

바 차트

다른 이름: 세로 막대 차트column chart

데이터 변수: 하나의 범주형 변수, 하나의 정량-비율ratio 변수

시각 변수: 길이/높이, 색상-색조

설명: 바 차트Bar chart는 막대의 길이나 높이를 통해 데이터를 전달하고, 카테고리 간 비교를 정확히 할 수 있도록 한다. 카테고리 간 비교는 상대적 값이나 절대적 값 모두 가능하다. 정량적 값을 표현하는 데 있어 시각 변수를 사용할 때, 비율의 전체 범위를 보여주는 것이 매우 중요하다. 따라서 막대는 항상 축의 원점에서 시작해야 한다. 독자의 이해를 돕기 위해 다음과 같은 화면처럼 색상을 사용하여 특정 카테고리의 값을 강조할 수 있다.

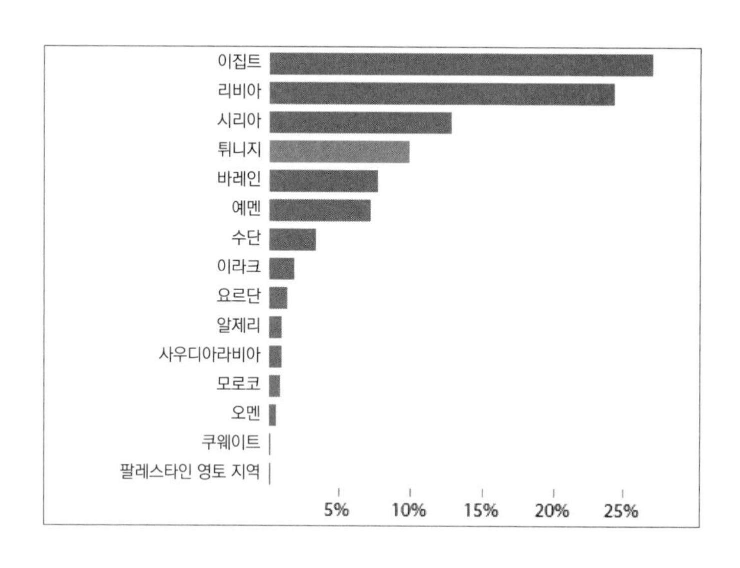

플로팅 바 차트

데이터 변수: 하나의 범주형-명목nominal 변수, 두 개의 정량 변수

시각 변수: 위치, 길이

설명: 플로팅 바 차트Floating bar chart or Gantt chart(간혹 외형적 유사성으로 인해 간트 차트Gantt chart로 불리기도 한다)는 값의 범위를 표현한다. 막대가 가장 낮은 수치에서부터 가장 높은 수치까지 걸쳐있는 것으로 표현된다(따라서 시작 위치는 영점zero point이 아니다). 이 차트를 통해 카테고리 내에서 값의 다양함을 확인하고, 카테고리 간의 중복이나 이상치도 파악 할 수 있다. 간트 차트는 다음 화면을 통해 확인할 수 있다.

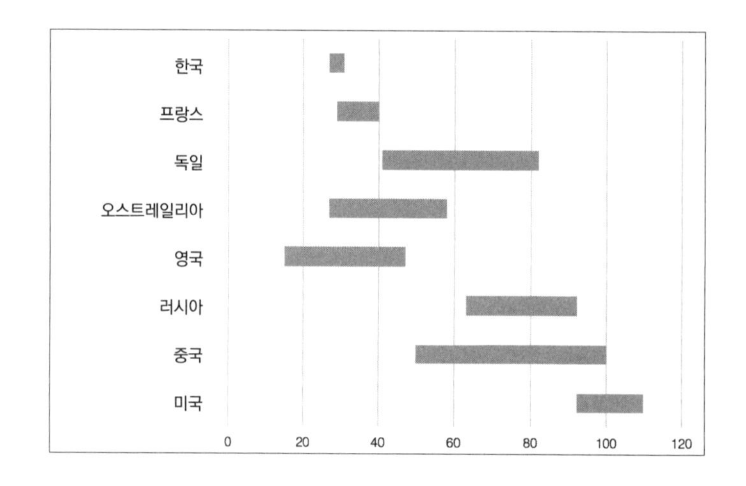

픽셀화 바 차트

데이터 변수: 여러 개의 범주형 변수, 하나의 정량 변수

시각 변수: 높이, 색상-색조, 기호

설명: 픽셀화 바 차트Pixelated bar chart라는 제시된 이름은 차트의 외형을 직관적으로 설명한 것에 가깝다. 이 차트는 해상도를 두 개의 층으로 겹쳐서 보여준다. 막대 그래프는 전체적 관점(합계를 표현)을 표시하고, 막대를 구성하는 디테일을 통해 부분적 관점(각 막대의 픽셀을 통해 표현)을 나타낸다. 일반적으로 이 차트는 인터랙티브하고, 픽셀이나 기호를 호버링하거나 클릭할 수 있게 하여 좀 더 자세한 해상도를 통해 스토리를 이해하게 된다.

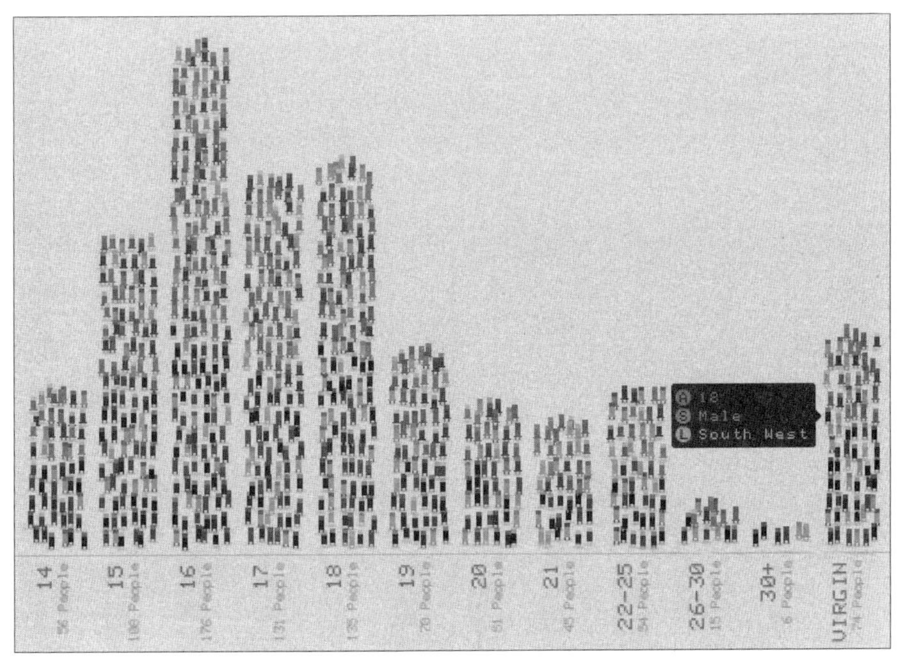

▲ Channel 4/Mint Digital의 "섹스피리언스 1000(Sexperience 1000)"
(http://sexperienceuk.channel4.com/the-sexperience-1000)

히스토그램

데이터 변수: 하나의 정량-등간interval 변수, 하나의 정량-비율 변수

시각 변수: 높이, 넓이

설명: 히스토그램Histogram은 바 차트와 종종 헷갈리곤 하는데, 주요한 차이점이 있다. 히스토그램은 x축에 정량 값으로 표현된 특정한 간격을 표시하고, 각 구간에 대응하는 값의 출현 빈도를 y축에 표현하여, 구간에 대응하는 빈도의 분포를 보여준다. 반면, 바 차트는 범주형 값의 비교를 이해하기 쉽게 표현한다. 히스토그램의 주요한 특징 중 하나는 다음 이미지에서 볼 수 있듯이 여러 막대 사이에 빈 간격이 없다는 것이다(막대가 서로 붙어 있다).

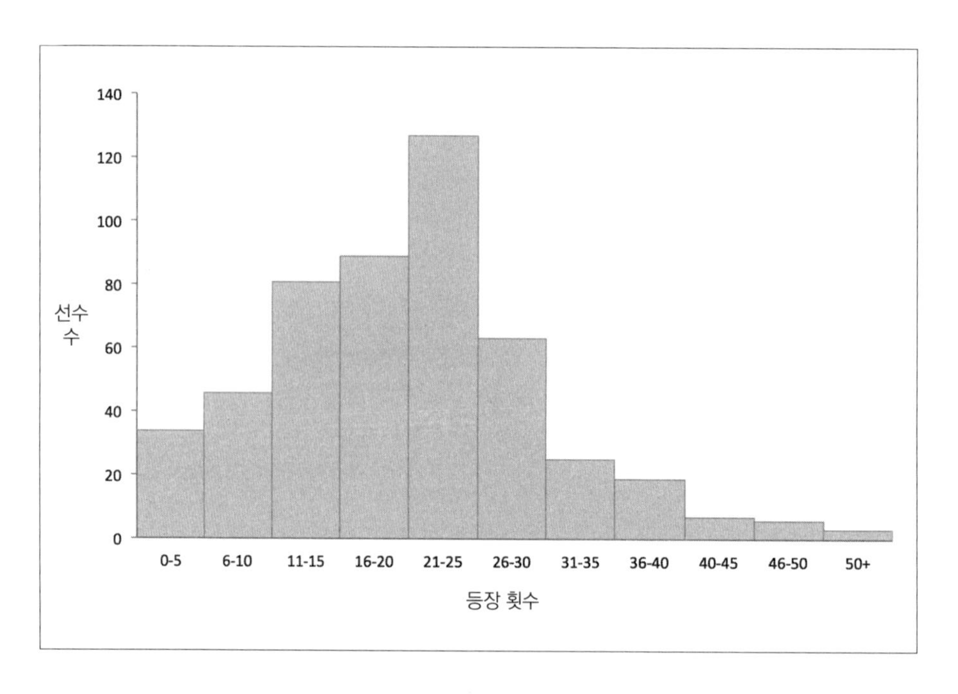

기울기 그래프

다른 이름: 범프 차트Bump chart 혹은 테이블 차트table chart

데이터 변수: 하나의 범주형 변수, 두 개의 정량 변수

시각 변수: 위치, 연결, 색상-색조

설명: 기울기 그래프Slopegraph는 동일한 범주에 연관되어 있는 두 개 이상의 정량적 값을 비교하는 데 효율적인 방법이다. 특히 전후를 비교해서 보여주거나, 동시에 두 개의 다른 점을 비교할 때 매우 간편하게 사용할 수 있다. 다음 예시에서는 두 시즌 동안 영국 프리미엄 리그에서 각 팀이 획득한 총 골수를 비교해볼 수 있다. 이 차트는 수직 방향의 위치를 통해 순위와 절대값을 표현하고, 시즌 간 값의 전환을 강조하기 위해 링크를 사용했다. 색상을 사용해서 증가 혹은 감소의 변화를 강조할 수도 있다.

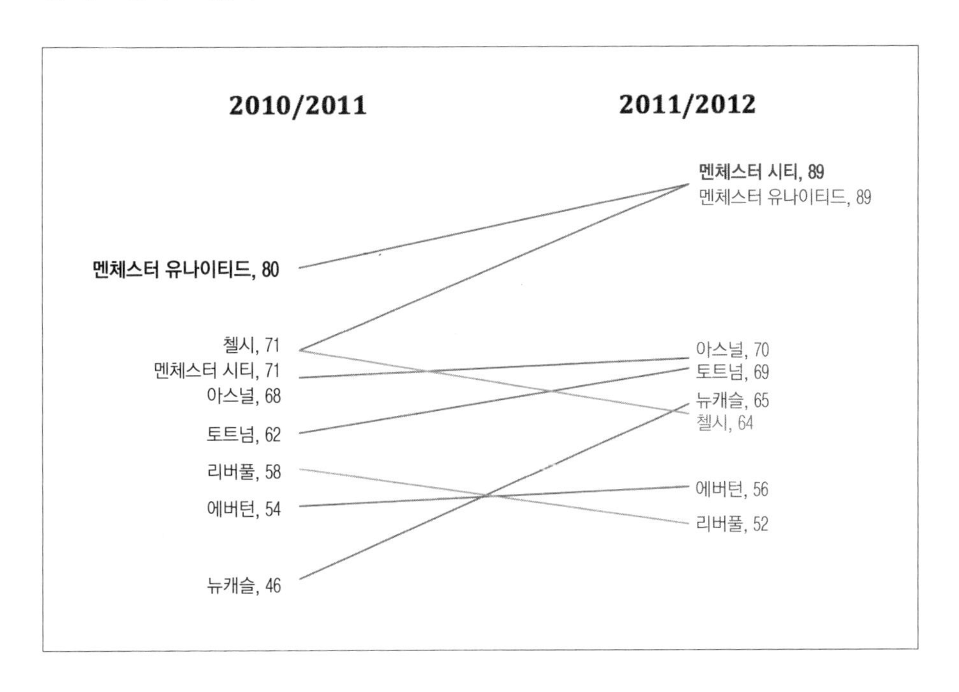

방사형 차트

데이터 변수: 다수의 범주형 변수, 하나의 범주형-서열ordinal 변수

시각 변수: 위치, 색상-색조, 색상-채도/밝기, 텍스처

설명: 방사형 차트Radial chart는 원형 레이아웃과 동심원으로 데이터를 표현한다. 다음 그림에 나오는 예시는 미국 내 각 주의 동성애자 권리를 몇 개의 범주로 나눠서 보여준다. 대략의 지리학적 관계를 고려해서 배치한 점이 눈에 띈다. 방사형 차트는 바깥의 고리의 부분(호 길이 때문에)이 안쪽보다 커지면서 단편적으로 왜곡되는 단점이 있다. 종종 방사형 차트는 시간의 흐름에 따른 데이터를 보여주는 데 활용되는데, 시간 순서로 연속적으로 발생한 경우에 한하여 작동한다(예를 들어, 24시간 시계 등).

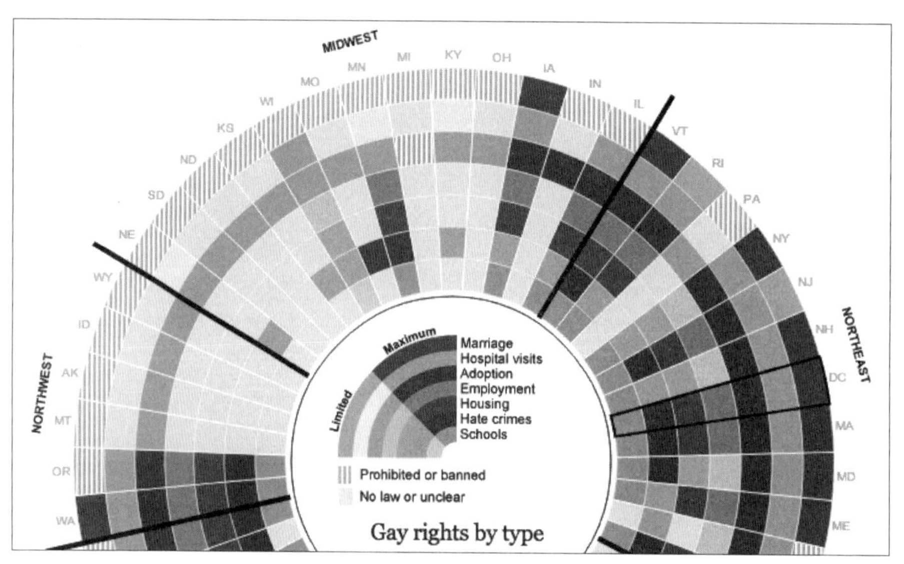

▲ 가디언(Guardian)의 "미국의 주별 동성애자의 권리 현황"
(http://www.guardian.co.uk/world/interactive/2012/may/08/gay-rights-united-states)

글리프 차트

데이터 변수: 다수의 범주형 변수, 다수의 정량 변수

시각 변수: 형태, 크기, 위치, 색상-색조

설명: 글리프 차트Glyph chart는 표현을 위해 특정한 모양을 활용한다. 다음 예에서는 꽃 형태를 사용했다. 예를 들어 꽃잎과 같은 모양의 물리적 특성은 다양한 범주형 변수를 나타낸다. 관련된 정량적 값을 통해 모양의 크기가 결정되고 색상을 통해 구분된다. 글리프 차트를 통해서는 값의 절대적인 크기를 판단하는 일이 쉽지 않다. 다만, 크고 작은 데이터 간의 비교는 용이하다. 인터랙션 기능을 추가함으로써 좀 더 깊이 있는 탐색이 가능해진다.

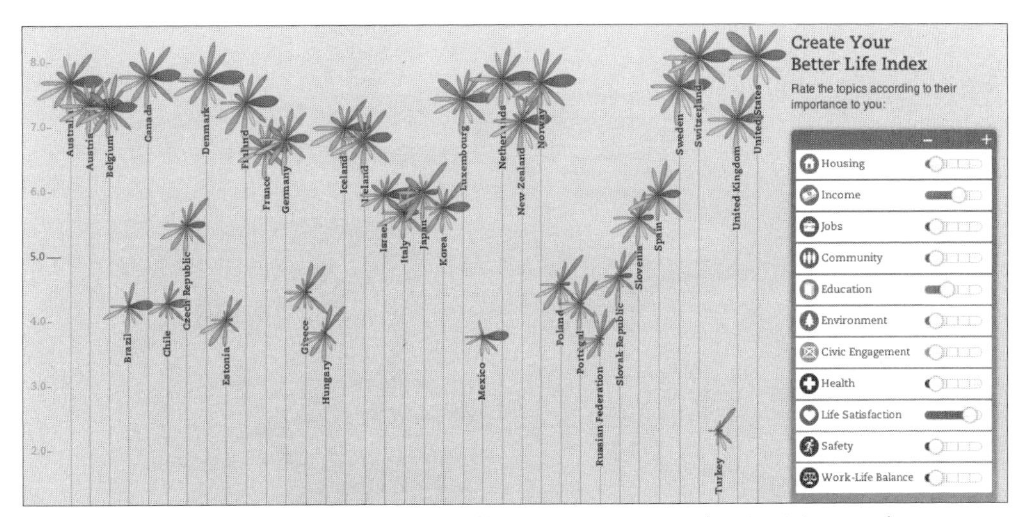

▲ 이미지 출처: 모리츠 스테파너(Moritz Stefaner)(htpp://moritz.stefaner.eu)와 라우레이프 GmbH(Raureif GmbH)(http://raureif.net)의 "OECD Better Life Index"(http://oecdbetterlifeindcx.org)

생키 다이어그램

데이터 변수: 다수의 범주형 변수, 다수의 정량 변수

시각 변수: 높이, 위치, 링크, 폭, 색상-색조

설명: 생키 다이어그램Sankey diagram은 생각의 흐름을 전달하기 위해 사용된다. 이 다이어그램은 범주형 값에 연관된 일련의 정량 값으로 구성된다. 각 값들은 몇 개의 "단계"를 거치고, 각 단계를 연결하는 밴드를 통해 계속되는 연관성을 표현한다. 링크의 폭은 한 단계에서 다른 단계로 이어지는 흐름의 비율을 보여준다. 생키 다이어그램은 주요 사건을 거치면서 구성 요소들이 변환 및 분해되는 과정을 보여주는 데에 매우 유용하다. 다음은 다양한 연료들이 변환된 후 궁극적으로 사용되는 과정을 분해해서 보여주는 사례다.

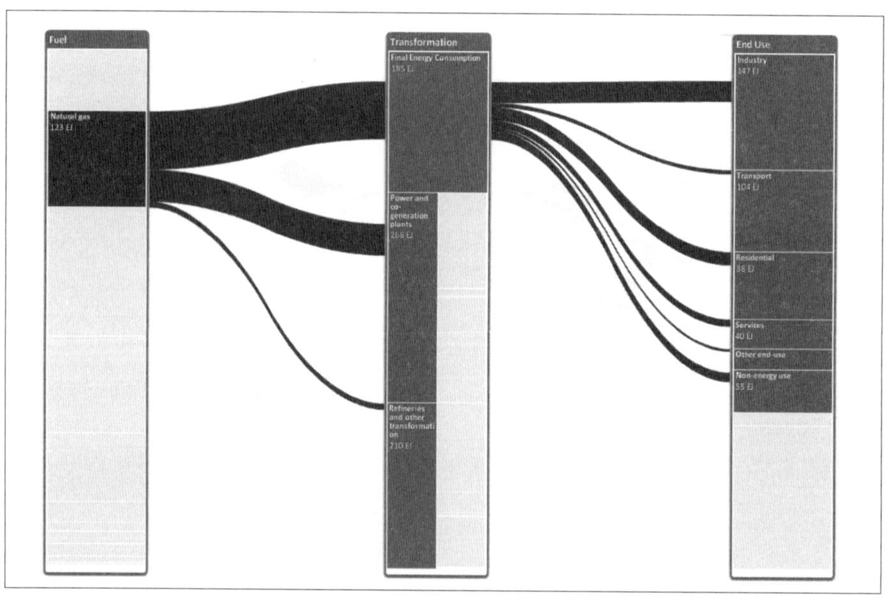

▲ 라우레이프 GmbH와 크리스티안 베흐렌스(Christian Behrens)의
"에너지 테크놀러지 2012 온라인 데이터", 2012년(http://www.iea.org/etp/explore (c)OECD/IEA)

영역 크기 차트

데이터 변수: 하나의 범주형 변수, 하나의 정량-비율 변수

시각 변수: 영역, 색상-색조

설명: 이러한 유형의 차트는 분명한 이름을 갖고 있지 않기 때문에, 영역 크기 차트Area size chart라고 하는 것이 최선이다. 이 차트는 매우 간단한 시각적 장치로, 두 개(혹은 여러 개)의 값을 비교하기 위해 일반적으로 사각형이나 원형의 시각적 영역 변수를 사용해서 값을 표현한다. 일반적으로 각 도형은 값의 격차를 충분히 전달하기 위해 그 크기가 가지각색이다. 핵심 주제는 부분과 전체의 비교(비중 판단)를 통해 파악되겠지만, 보통은 서로 독립적이고 구분된 범주(비교 판단)를 포함하는 경우도 많다.

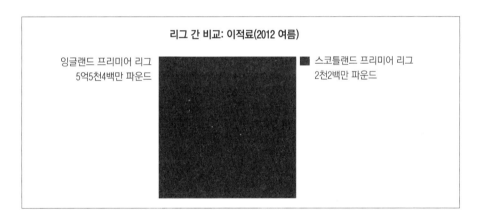

스몰 멀티플스

데이터 변수: 다수의 범주형 변수, 다수의 정량 변수

시각 변수: 위치, 시각 변수라면 어떤 것이든 가능

설명: 스몰 멀티플Small multiples[1]은 별도의 차트 유형이라고 볼 수는 없지만, 작은 차트 요소들을 여러 개의 패널 디스플레이를 통해 더욱 효과적이고 효율적인 비교를

1 스몰 멀티플스(small multiples)는 Edward Tufte가 소개한 시각화 방식이다. 트렐리스 차트(Trellis Chart), 레티스 차트(lattice chart), 그리드 차트(Grid chart), 패널 차트(panel chart) 등 다양한 이름으로 불린다. - 옮긴이

용이하게 만드는 배치 방식이다. 이러한 디스플레이는 작고 유사한 여러 개의 차트 구조를 빠르게 스캔해서, 패턴을 즉시적으로 쉽게 찾을 수 있게 한다. 넓은 범위의 값을 가지고 있는 카테고리들을 비교하는 데 매우 유용하다. 또한 시간에 따라 변화하는 사건들의 스냅샷을 보여주는 데에도 유용하게 활용된다. 이러한 접근의 사례 중 하나는 프레임에 따라 시간대별 말의 움직임을 다양한 단계를 통해 보여주는 Eadweard Muybridge의 '말의 움직임'이었다. 다음은 스몰 멀티플의 다른 이름인 텔리스 차트Trellis chart의 사례다.

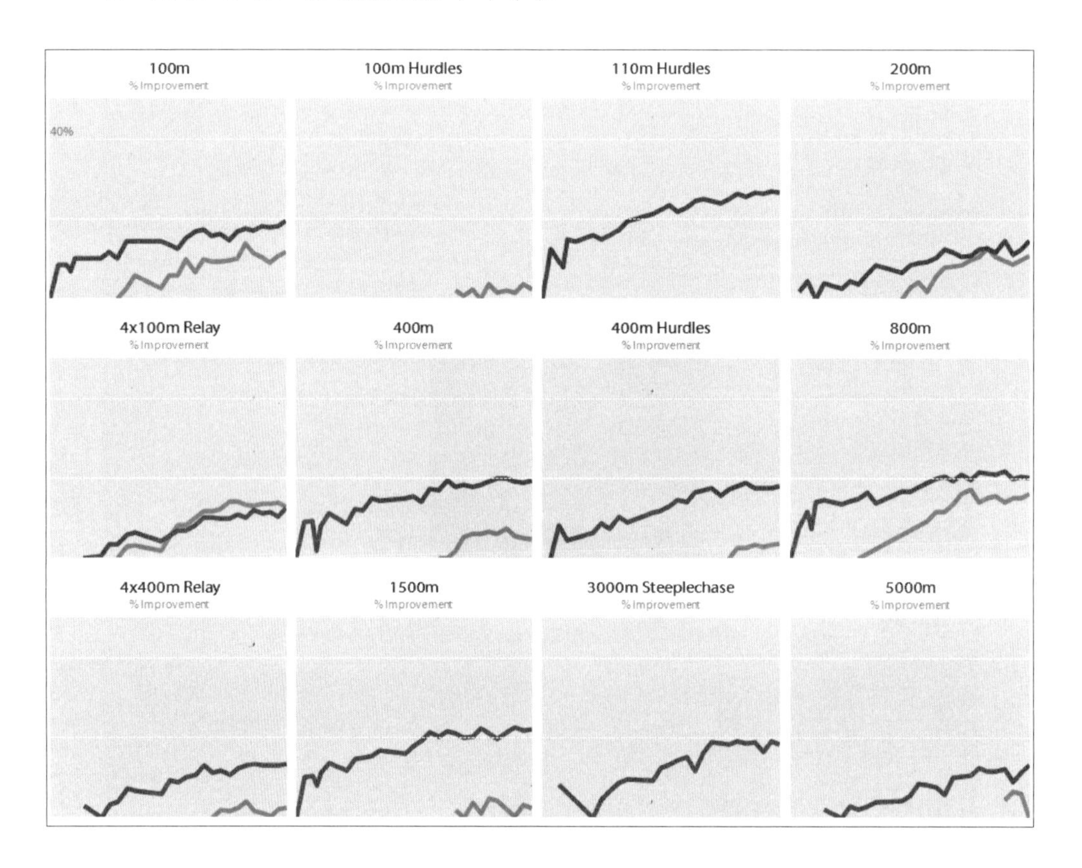

단어 구름

데이터 변수: 하나의 범주형 변수, 하나의 정량-비율 변수

시각적 변수: 크기

설명: 단어 구름Word cloud은 특정 세트에 사용되는 단어의 빈도를 묘사한다. 글자의 크기는 각 단어의 출현 빈도를 나타낸다. 색상은 종종 장식적으로 사용된다(시각적 중요성을 왜곡시킨다는 것을 깨닫게 될 것이다). 이제는 어디서나 만날 수 있어서, 시각적 공산품이라고 부를 수도 있을 것 같지만, 데이터 세트를 처음 접했을 때 사용되는 단어들을 확인하기 위한 목적이라면 유용하게 쓸 수 있다. 단어 구름을 사용해야 하는 상황이라면, 잡음을 줄이기 위해 먼저 신중하게 준비된 기본 단어들을 확인하는 작업이 선행되어야 한다. 단어 구름의 예시는 다음과 같다.

계층구조 및 부분과 전체의 관계 확인

다음 나오는 예시들은 계층구조 및 부분과 전체의 관계에 대한 접근을 도와줄 차트 유형들이다.

파이 차트

데이터 변수: 하나의 범주형 변수, 하나의 정량-비율 변수

시각적 변수: 각도, 면적, 색상-색조

설명: 파이 차트Pie chart는 가장 논쟁이 많은 차트 유형이고 부정적 느낌도 많을 것이다. 다른 시각 변수에 비해 정확하게 각도를 해석하고 세그먼트의 영역을 판단하는 데 어렵다는 걸 알고 있지만, 부정적 성향은 끊임없는 오용의 반영일 가능성이 높다. 너무 많은 카테고리와 색상, 3D 데코레이션, 형편없는 배열의 실행이 그 원인일 수 있다. 일반적으로는 부분과 전체의 관계를 표현하기 위해서는 간단한 바 차트로 충분하다. 하지만 파이 차트를 사용하기로 결심했다면, 기준을 만들기 위해 항상 세로축에서 첫 번째 조각을 시작하고, 표시되는 카테고리의 숫자를 최소화하고(최대 3개가 이상적임), 세그먼트를 최대한 논리적으로 배열해야 한다. 변형으로는 본질적으로 동일한 유형이지만, 중간이 비어 있는 도넛 차트가 있다.

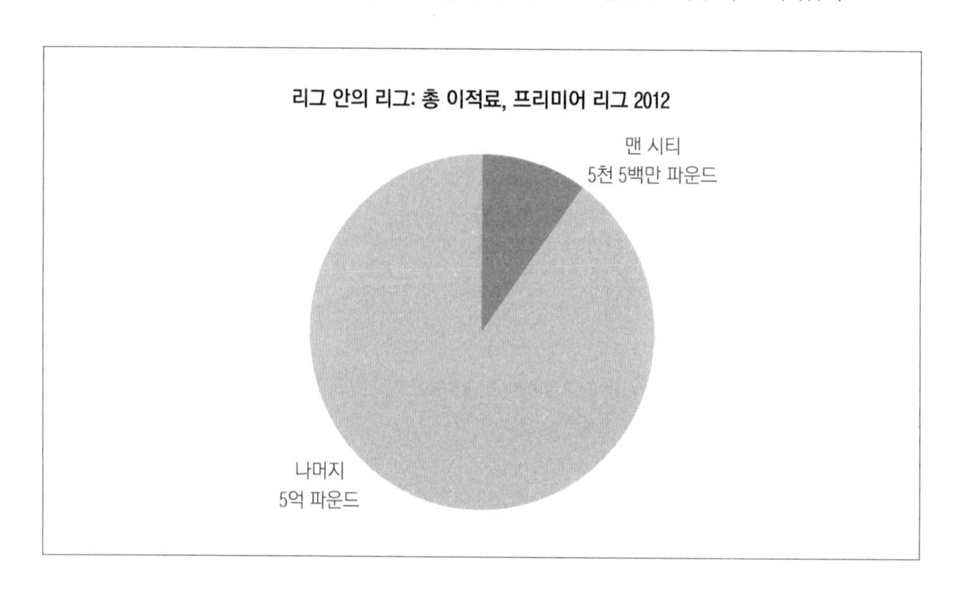

누적 바 차트

다른 이름: 누적 세로 막대형 차트Stacked column chart

데이터 변수: 두 개의 범주형 변수, 하나의 정량-비율 변수

시각 변수: 길이, 색상, 위치, 색상 채도/밝기

설명: 누적 바 차트Stacked bar chart는 단연 직관적이고, 별도의 설명이 필요 없다. 다음 예시와 같이 절대값을 쌓거나 전체 중 분해된 일부를 보여주기 위해 표준화되어 있다. 색상과 위치는 값 카테고리를 구별해준다. 범주형 값이 순서를 따른다면, 논리적으로 값을 배열하는 데 도움이 된다. 예를 들어, 리커트 척도는 반대를 나타내는 빨간색에서 찬성을 나타내는 파랑에 이르는 감정 데이터를 사용한다. 누적 바 차트의 유일한 단점은 공통 기준이 없기 때문에 정확히 막대의 길이를 읽기 어렵다는 점이다.

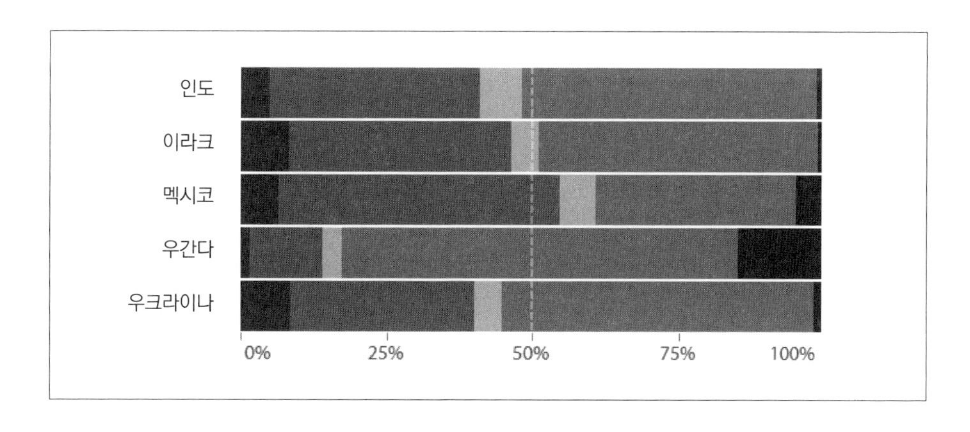

사각 파이

다른 이름: 와플 차트waffle chart

데이터 변수: 하나의 범주형 변수, 하나의 정량-비율 변수

시각 변수: 위치, 색상-색조, 기호

설명: 사각 파이Square pie 차트를 부르는 명칭이 몇 가지 있지만, 공통이 되는 기법은 전체 중 일부를 나타내는 단위(정사각형 혹은 심볼일 수 있음)를 사용한다는 것이다. 비율 비교(정사각형 파이)하거나, 절대 수량(단위 차트, 와플 차트)을 나타낼 수도 있다. 색상과 기호를 사용해서 범주형 값과 정량적 값을 구성한다. 예시는 다음과 같다.

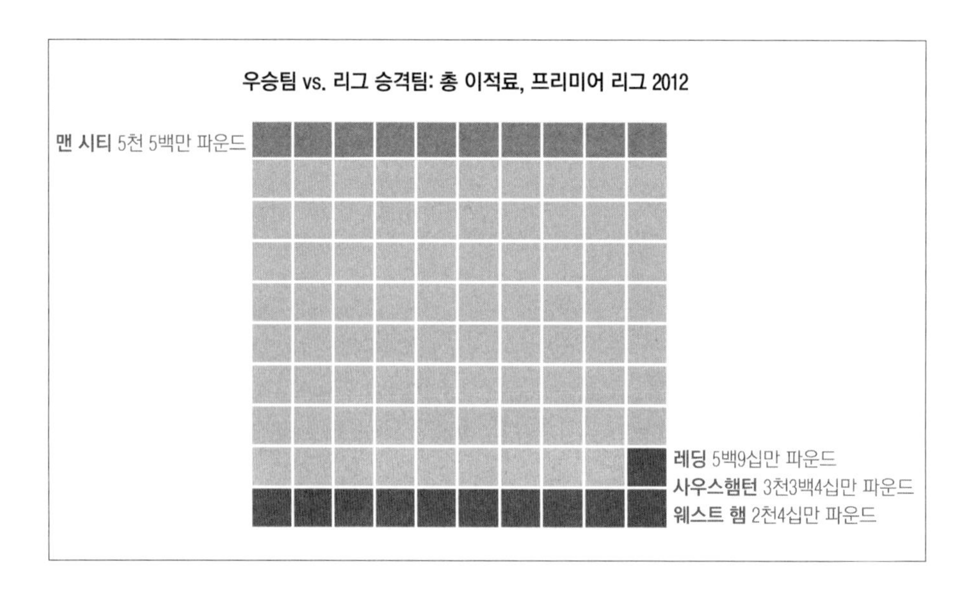

트리 맵

데이터 변수: 다수의 범주형-명목 변수, 하나의 정량-비율 변수

시각 변수: 지역, 위치, 색상-색조, 색상-채도/밝기

설명: 트리 맵Tree map은 직사각형 공간으로 전체를 나눈다. 사각형의 크기는 데이터의 상대적인 값에 의해 결정된다. 색상을 활용해서 사각형이 속한 카테고리를 표시하고, 동일한 속성의 사각형을 인접하게 배열함으로써 클러스터를 구성한다. 예시는 다음과 같다.

▲ 마크로스 웨스캠프(Marcos Weskamp)의 "뉴스 맵"(http://newsmap.jp/)

서클 패킹 다이어그램

데이터 변수: 두 개의 범주형 변수, 하나의 정량-비율 변수

시각 변수: 영역, 색상-색조, 위치

설명: 서클 패킹 다이어그램Circle packing diagram은 제목에서 알 수 있듯이, 이 차트는 원을 한데 모아서 전체를 의미하는 원형 레이아웃안을 채운다. 개별의 원형은 서로 다른 카테고리를 나타내고, 정량적 값에 따라 크기가 결정된다. 색상이나 위치 같은 다른 시각적 변수는 종종 추가적인 의미를 표현하기 위해 사용된다. 원들의 모임이기 때문에 바둑판처럼 만들 수 없다는 점에 주의해야 한다(늘 빈틈이 존재한다). 이 배열을 만드는 데 활용되는 알고리즘은 부분과 전체 영역의 넓이를 정확하게 유지하기 위해 중첩을 허락하기도 한다.

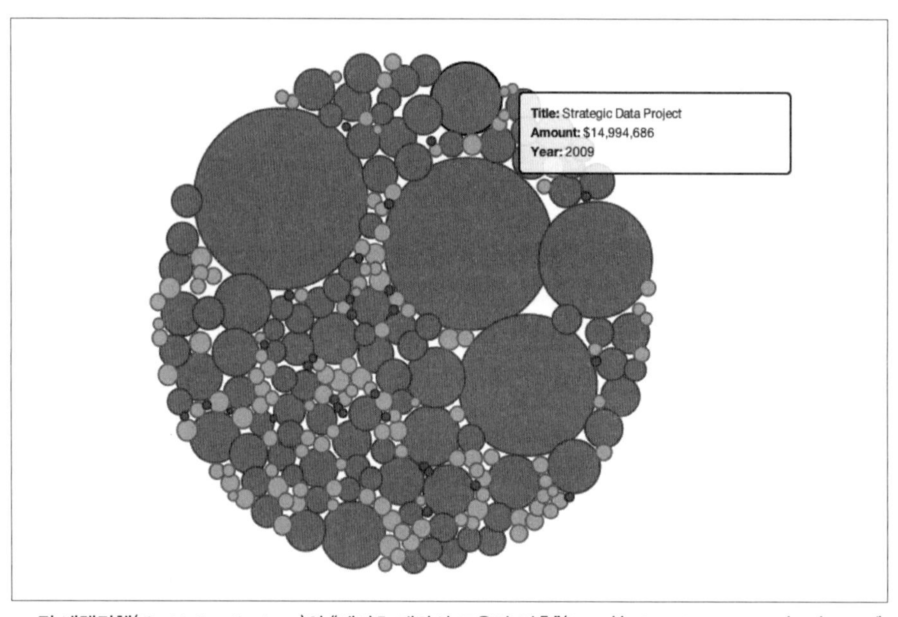

▲ 짐 배랜딩햄(Jim Vallandingham)의 "게이츠 재단의 교육비 지출"(http://vallandingham.me/vis/gates/)

계층화 버블

데이터 변수: 다수의 범주형 변수, 하나의 정량-비율 변수

시각 변수: 영역, 위치, 색상-색조

설명: 계층화 버블Bubble hierarchy 기술은 계층화된 디스플레이를 통해서 조직과 구조를 묘사하는데 사용된다. 다음 예에서 정량적 값에 따라 원의 크기를 결정하고 다른 부서들을 시각적으로 구별하기 위해 색상을 활용한 것을 볼 수 있다.

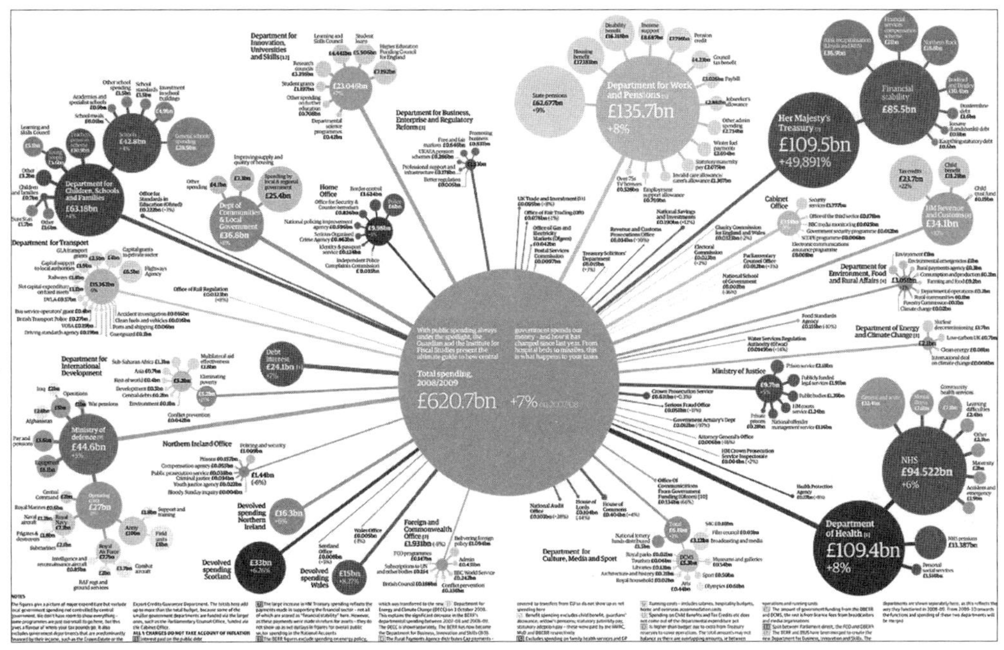

▲ 미카엘 로빈슨과 제니 리들리가 가디언(the Guardian)의 "영국 정부의 공공 부문 지출, 2008/09"(http://www.guardian.co.uk/news/datablog/2010/may/17/uk-public-spending-departments-money-cuts)

계층화 트리

데이터 변수: 두 개의 범주형 변수, 하나의 정량-비율 변수

시각 변수: 각도/영역, 위치, 색상-색조

설명: 계층화 트리Tree hierarchy는 계층화 버블과 유사하게 이 기술은 계층화된 나무 모양을 활용하여 데이터의 조직과 구성을 제시한다. 책의 구조를 표현하는 다음의 예에서, 그 효과는 매우 추상적이지만, 모든 시각적 특성은 정량적인 특성이나 계층적 배열 등의 데이터를 표현하는 데 사용되었다.

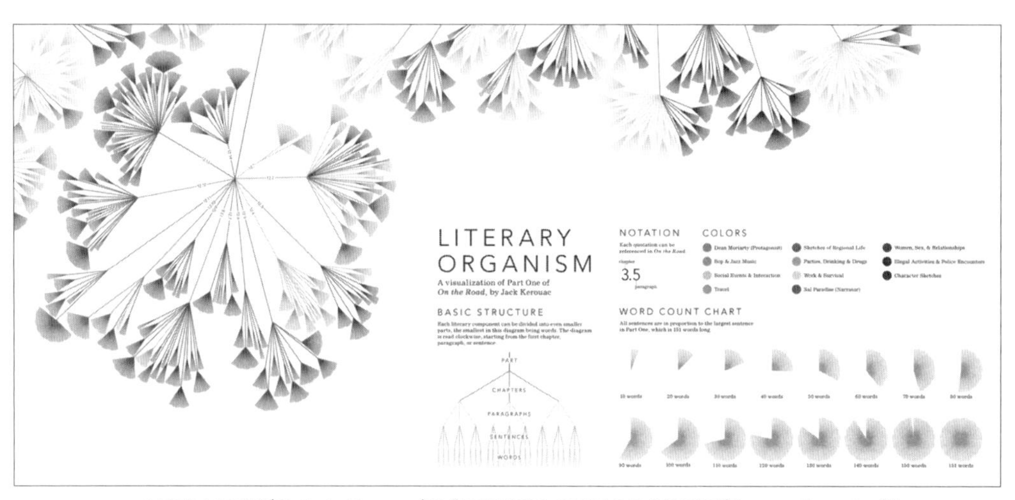

▲ 스테파니 포사벡(Stefanie Posavec)의 "문학작품을 유기적으로 나타내기(Literary Organism)"
(http://itsbeenreal.co.uk/index.php?/wwwords/literary-organism/)

시간에 따른 변화 보기

다음 예시는 시간에 따른 변화를 보여주는 세밀한 다른 방법들을 보여준다.

라인 차트

데이터 변수: 하나의 정량-등간 변수, 하나의 정량-비율 변수, 하나의 범주형 변수

시각 변수: 위치, 기울기, 색상-색조

설명: 라인 차트Line chart는 모두가 잘 알고 있어야 하는 유형이다. 이 차트는 x축의 연속적인 정량적 변수와 y축의 크기를 비교하기 위해 사용된다. 점과 점은 직선으로 연결되고, 점 사이를 이동하는 궤적은 결과적으로 기울기를 나타낸다. 라인차트는 범주형 값의 상대적인 전환을 보여주는 데 유용하다. 바 차트와 달리, y축은 0에서 시작할 필요가 없다. 그 이유는 데이터의 상대적 패턴을 보고자 하기 때문이다. 예는 다음의 이미지와 같이 볼 수 있다.

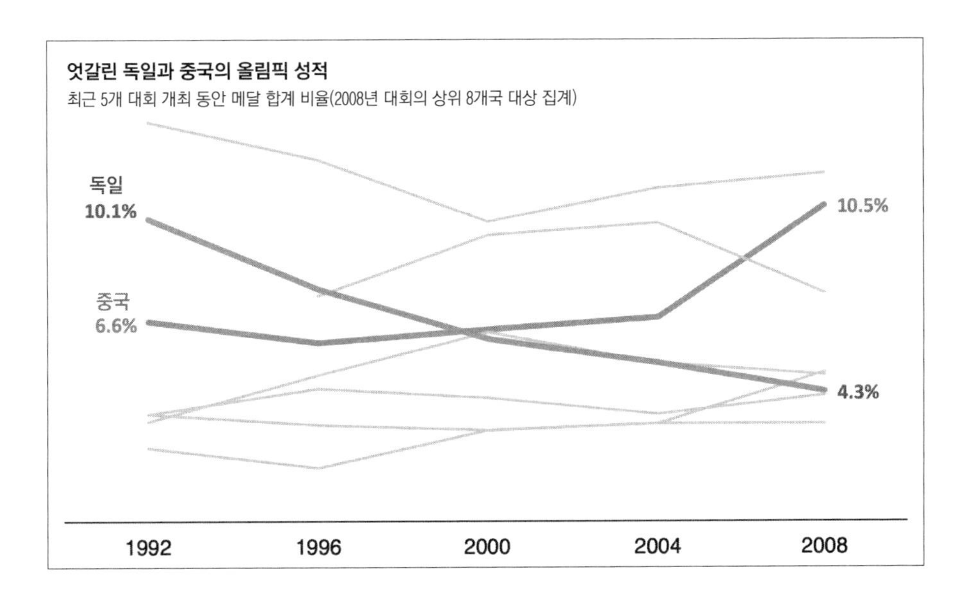

스파크라인

데이터 변수: 하나의 정량-등간 변수, 하나의 정량-비율 변수

시각 변수: 위치, 기울기

설명: 스파크라인Sparklines은 라인 차트의 변형이라고 볼 수 없으며, 오히려 기발한 응용이라고 볼 수 있다. 에드워드 터프트에 의해 탄생하였으며, 강렬한 글자 크기의 그래픽이라고 묘사되었다. 이 차트는 작은 크기 때문에 생기는 낮은 해상도의 차이를 판별하기 위해 사람의 시각적 인식 능력을 활용한다. 작은 공간에 조밀한 시각적 디스플레이를 만들기에 매우 용이하고, 그래서 특히 대시보드에 사용하기 매우 적합하다. 예시는 다음과 같다.

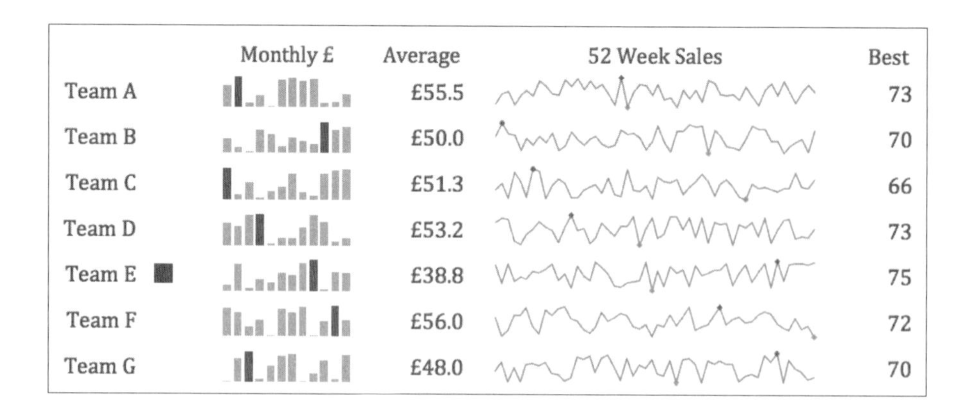

영역 차트

데이터 변수: 하나의 정량-등간 변수, 하나의 범주형 변수, 하나의 정량-비율 변수

시각 변수: 높이, 기울기, 영역, 색상-색조

설명: 다음 예에서 볼 수 있듯이, 영역 차트Area chart는 다양한 시각적 속성을 포함한다. 수직적 위치와 수평선의 연결되는 기울기(라인차트처럼)는 시간에 따른 값의 진행을 보여주고, 차트의 색상 영역은 이러한 변화를 강조한다. 표준적인 라인 차트와는 달리, 영역 차트는 해석의 정확도를 위해 반드시 y축 영점에서부터 시작해야 한다.

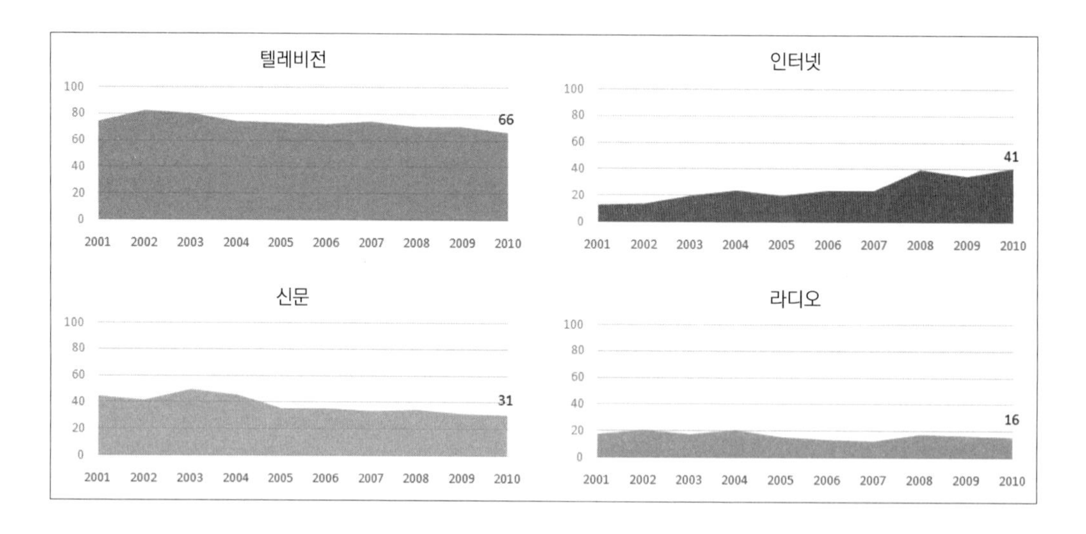

호라이즌 차트

데이터 변수: 하나의 정량-등간 변수, 하나의 범주형 변수, 두 개의 정량-비율 변수

시각 변수: 높이, 기울기, 지역, 색상-색조, 색상-채도/밝기

설명: 호라이즌 차트Horizon chart는 영역 차트의 변형이며, 양과 음의 값을 모두 포함하고 표현할 수 있게 변형했다. x축 아래쪽으로 음의 값을 표현하지 않고, 음의 값을 양의 축에 반영하고 음의 극성을 나타내기 위해 다른 색으로 표현됐다. 그 결과로 단일의 디스플레이 내에서 다수의 스토리를 표현할 수 있다. 또한 시간에 따른 변화를 지역적 및 전역적 패턴으로 쉽게 비교할 수 있게 한다.

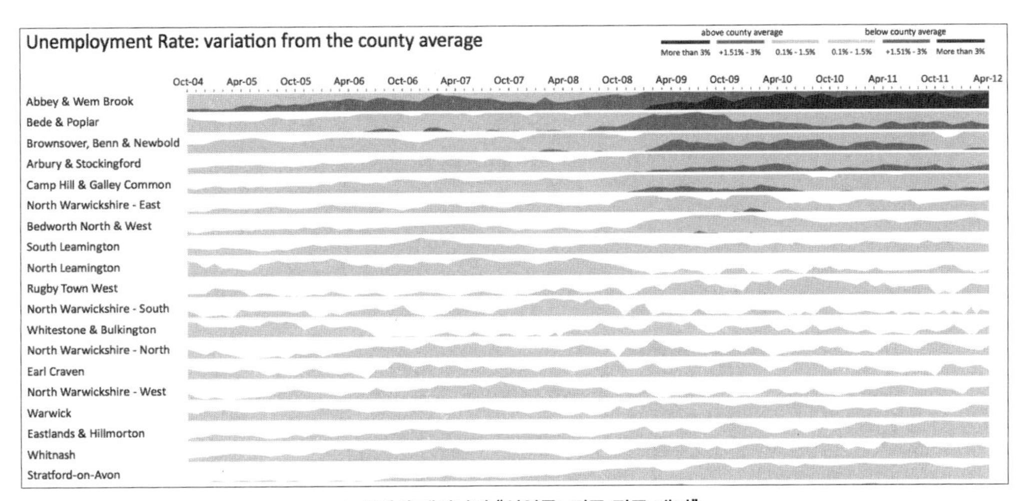

▲ 스펜서 페이니의 "실업률: 전국 평균 대비"

(http://warksobservatory.files.wordpress.com/2012/07/unemployment-horizon-chart.pdf)

누적 영역 차트

데이터 변수: 하나의 정량-등간 변수, 하나의 범주형 변수, 하나의 정량-비율 변수

시각 변수: 높이, 지역, 색상-색조

설명: 누적 영역 차트Stacked area chart는 카테고리의 구성이 시간에 따라 변화하는 모습을 보여준다. 제목에서 알 수 있듯이, 이 차트는 색상에 따라 구분된 영역의 누적에 기반하고, 절대값의 합계 또는 비율의 합계를 표현한다. 정량적 값은 주어

진 시점에서 영역 누적의 높이로 표현된다(상단과 하단의 위치로 만들어짐). 공통의 기준이 없기 때문에 중간 부분의 크기는 잘못 해석될 여지가 있다.

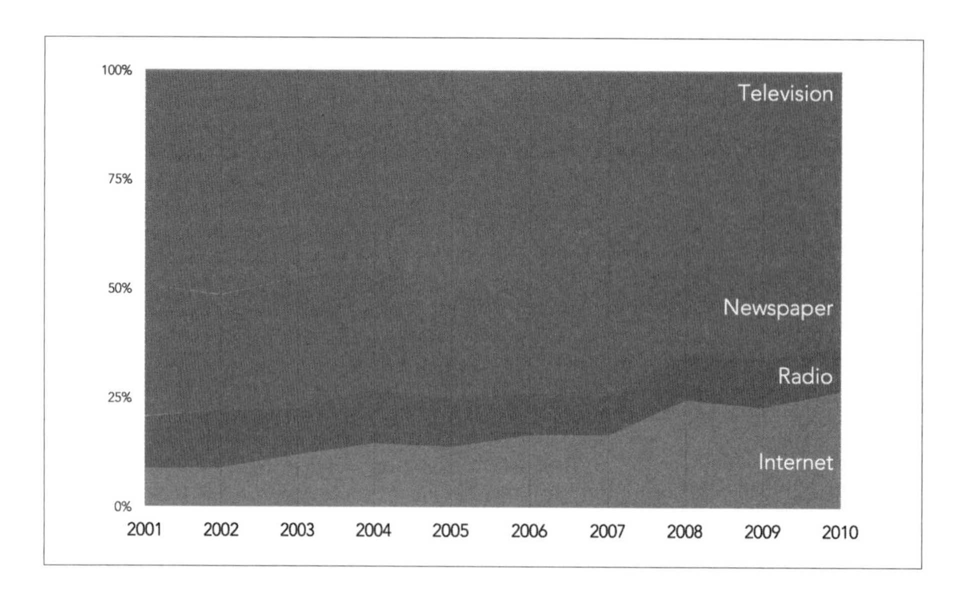

스트림 그래프

데이터 변수: 하나의 정량-등간 변수, 하나의 범주형 변수, 하나의 정량-비율 변수

시각 변수: 높이, 지역, 색상-색조

설명: 스트림 그래프Stream graph는 다양한 값들을 주어진 시간에 개별 스트림(연속된 흐름)의 높이를 통해 표현되는 정량적 값을 누적할 수 있도록 하며, 누적 영역 차트와 비슷한 방식으로 표현된다. 이 그래프는 x축의 기준선이 없고, 따라서 단순 집계이며 음 또는 양의 값의 개념이 아니다. 기능적 목적은 사실 고점과 저점을 강조하기 위함이다. 특히 이는 "밀물과 썰물"처럼 변화를 반복하는 스토리를 보여주기에 적합하다. 많은 경우 스트림 그래프는 개별 레이어를 탐색하고 분리할 수 있도록 인터랙션을 제공한다. 예시는 다음의 화면과 같다.

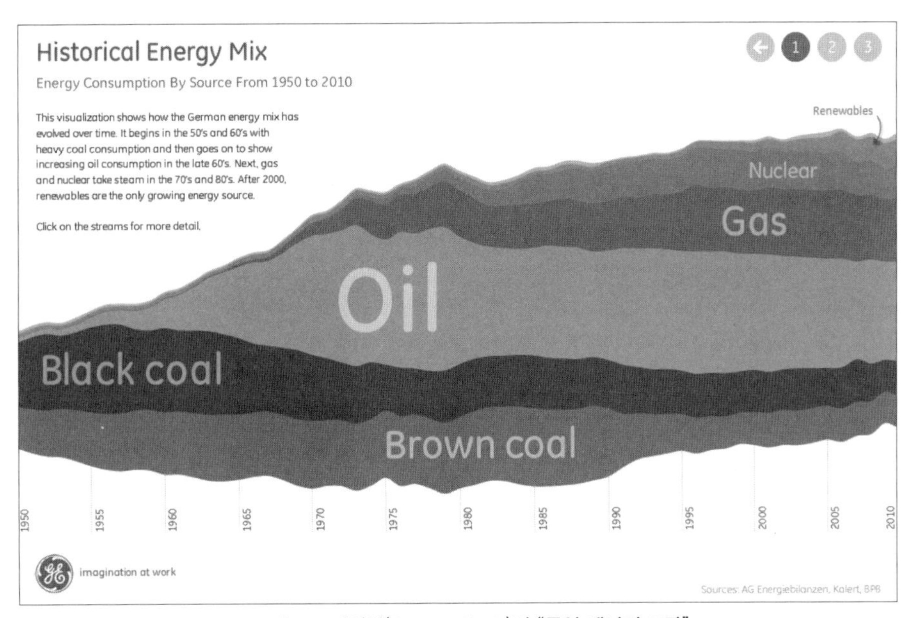

▲ 그레고르 아시치(Gregor Aisch)의 "독일 에너지 조망"
(http://visualization.geblogs.com/visualization/germanenergy)

양초 차트

다른 이름: 박스 플롯box and whiskers plot, OHLC 차트

데이터 변수: 하나의 정량-등간 변수, 네 개의 정량-비율 변수

시각 변수: 위치, 높이, 색상-색조

설명: 양초 차트Candlestick chart는 특정기간 동안(일반적으로는 하루) 주식 시장에 대한 주요 통계를 나타내는 등 금융 상황에서 많이 사용된다.[2] 다음의 예에서 OHLC 수치(시가, 최고가, 최저가, 종가)를 기준으로 한 하루 동안 주식 시장의 변화를 볼 수 있다. 중앙 막대의 높이는 시가에서 종가까지의 변화를 나타내며, 색상은 증가 또는 감소가 있을 경우를 보여준다. 이 차트를 효율적으로 해석하기 위해서는 어느 정도의 경험적 학습이 필요하다. 그러나 그 이후에는 화면이 얼마나 조밀하고 파워풀한지 알게 될 것이다. 이 차트는 특정 값(상위와 하위 분위수뿐 아니라 중간

2 한국에서는 주식 봉 차트라는 이름으로 많이 사용된다. – 옮긴이

값까지 보여주는)의 통계적 분포에 초점을 두는 박스 플롯(상자와 수염 그림, box and whiskers plot)과 유사한 개념이다.

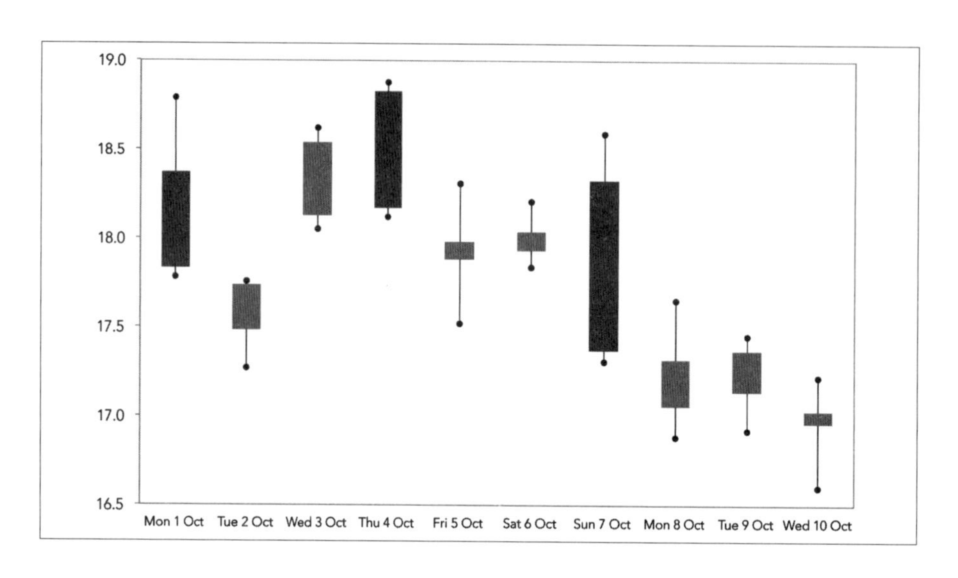

바코드 차트

데이터 변수: 하나의 정량-등간 변수, 세 개의 범주형 변수

시각 변수: 위치, 기호, 색상-색조

설명: 바코드 차트Barcode chart는 바코드와 유사하게 생긴 데서 이름이 붙여졌으며, 기호와 색상의 조합을 사용해 일련의 이벤트나 마일스톤을 묘사하는 매우 조밀한 디스플레이이다. 다음 예에서 두 축구경기 동안의 주요 이벤트를 볼 수 있다. 스파크라인과 유사한 성질을 보여주며, 바코드 차트는 작은 공간 속에 상당한 양의 데이터를 전달한다. 이런 유형의 차트에 익숙해진다면 엄청난 양의 서술이 가능해질 것이다.

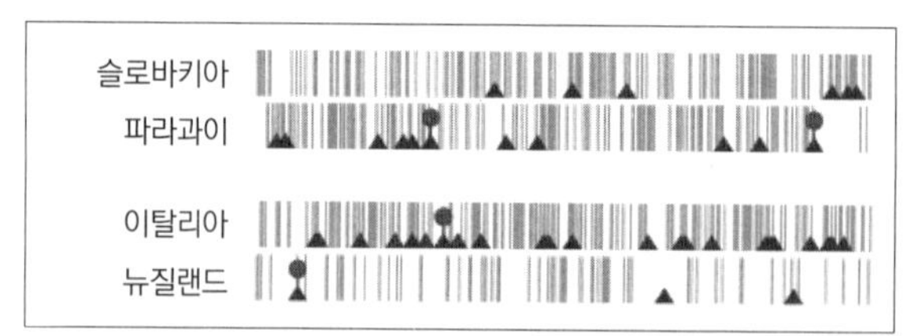

▲ 미카엘 델(Michael Deal)의 "엄브로 월드컵 포스터"
(http://www.mikemake.com/Umbro-s-World-Cup-Poster)

플로우 맵

데이터 변수: 다수의 범주형-등간interval 변수, 하나의 범주형 변수, 하나의 정량-비율 변수

시각 변수: 위치, 높이/넓이, 색상-색조

설명: 여러 면에서 생키 다이어그램과 유사하게, 플로우 맵Flow map은 시간과(혹은) 공간을 통해 전환되는 정량적 값의 흐름을 보여준다. 유명한 예인 1812년의 러시아 캠페인의 나폴레옹 군대의 행진을 보면, 메인 밴드의 두께는 모스크바를 향해 가는 시간과 지역에 따라 이동하는 군대의 크기를 나타낸다. 지리적으로 정확한 위치는 차트에 표시되어 있지만, 전체 지도 수준으로 자세히 볼 필요가 없다. 화면 하단에 라인 차트로 표현한 영하의 온도를 주목하자. 이는 메인 화면이 전달하는 스토리의 뒷배경에 대한 추가적인 설명을 제공한다. 다음 지도는 나폴레옹의 그 유명한 러시아 원정을 보여준다.

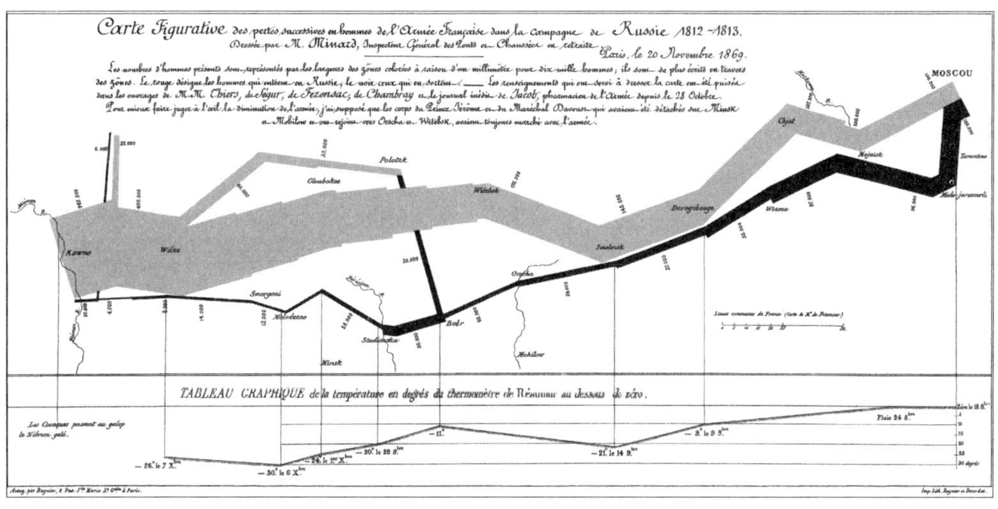

▲ 이미지 출처: 위키디피아의 무료 라이선스 미디어 파일 저장소
(http://commons.wikimedia.org/wiki/File:Minard.png)

연결과 관계 플로팅

연결과 관계 구성에 사용되는 다른 시각적 기술을 살펴보겠다.

산점도

데이터 변수: 두 개의 정량 변수

시각 변수: 위치, 색상-색조

설명: 산점도Scatter plot는 상관관계, 군집화, 이상치 패턴을 파악하기 위해 x축과 y축 상에 그린 두 개의 정량 변수들의 조합이다. 이 차트는 특히 데이터 세트를 파악하고, 탐색할 때 많이 쓰이는 매우 중요한 차트 유형이다. 산점도 샘플은 다음 이미지에서 볼 수 있다.

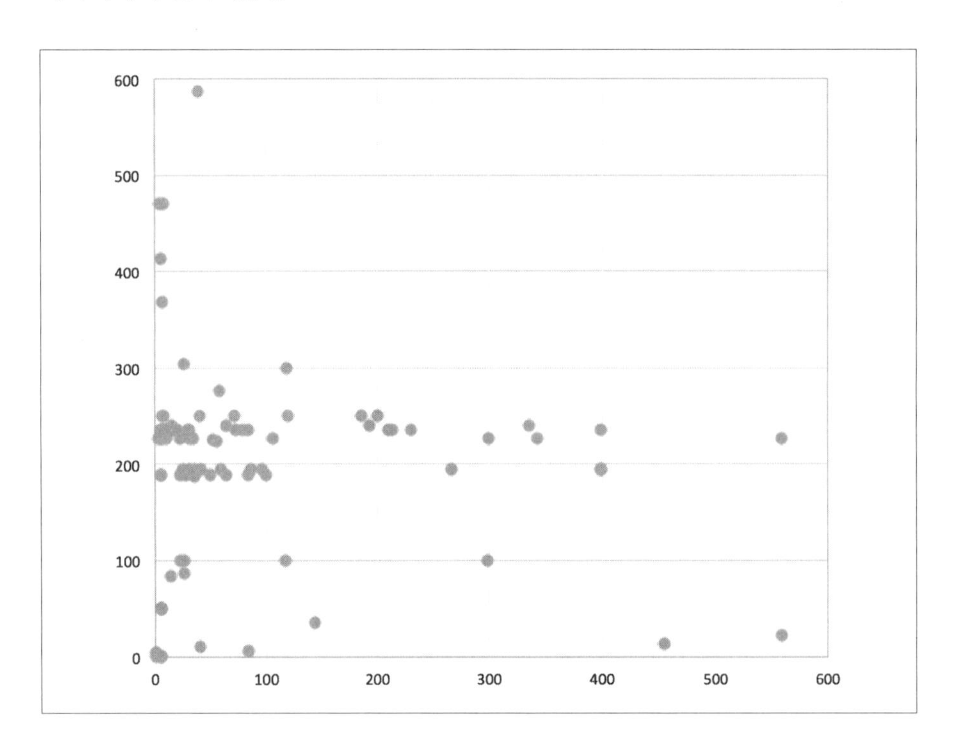

버블 플롯

데이터 변수: 두 개의 정량 변수, 두 개의 범주형 변수

시각 변수: 위치, 영역, 색상-색조

설명: 버블 플롯Bubble plot은 데이터 마크에 여러 겹의 의미를 부여해서 산점도의 잠재력을 확장시킨다. 다음의 예에서 다양한 크기의 원과 범주에 따라 부여된 색상을 볼 수 있다. 시간이 흐름에 따라 동적으로 그려지는 버블을 통해 시간의 흐름에 따른 데이터의 변화를 추가로 볼 수 있는 경우도 있다.

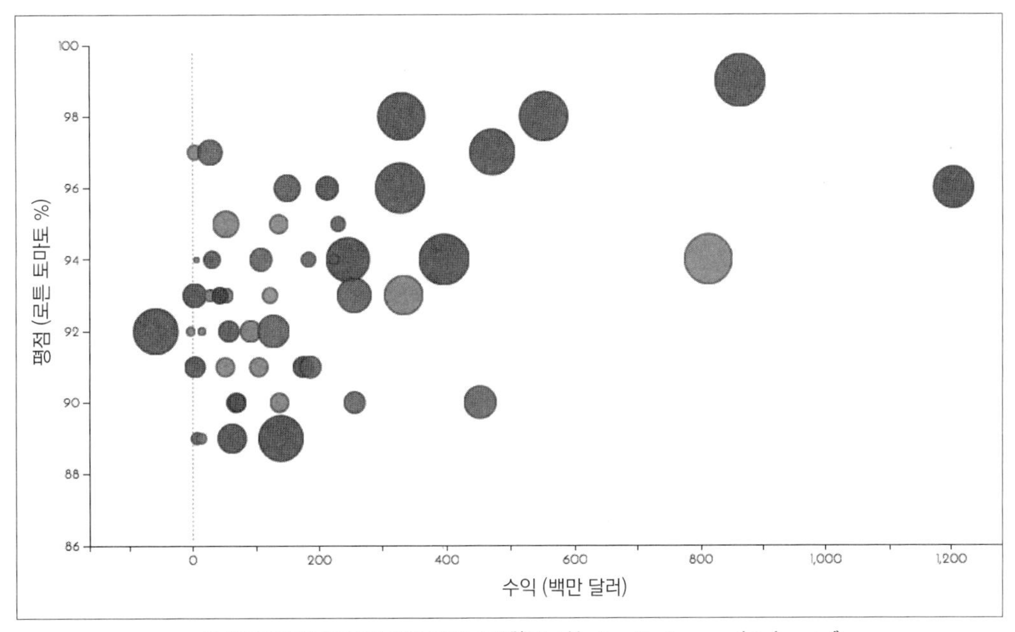

▲ 짐 배랜딩햄의 "장르별 영화 제작 비용"(http://vallandingham.me/vis/movie/)

산점도 행렬

데이터 변수: 두 개의 정량 변수, 두 개의 범주형 변수

시각 변수: 위치, 색상-색조

설명: 스몰 멀티플 차트와 비슷하게 산점도 행렬Scatter plot matrix은 비슷한 유형의 차트를 여러 개 동시에 보면서 패턴을 발견하는 사람의 눈이 가진 능력을 활용한다. 다음 사례는 여러 개의 산점도 차트를 결합시킨 패널이다.

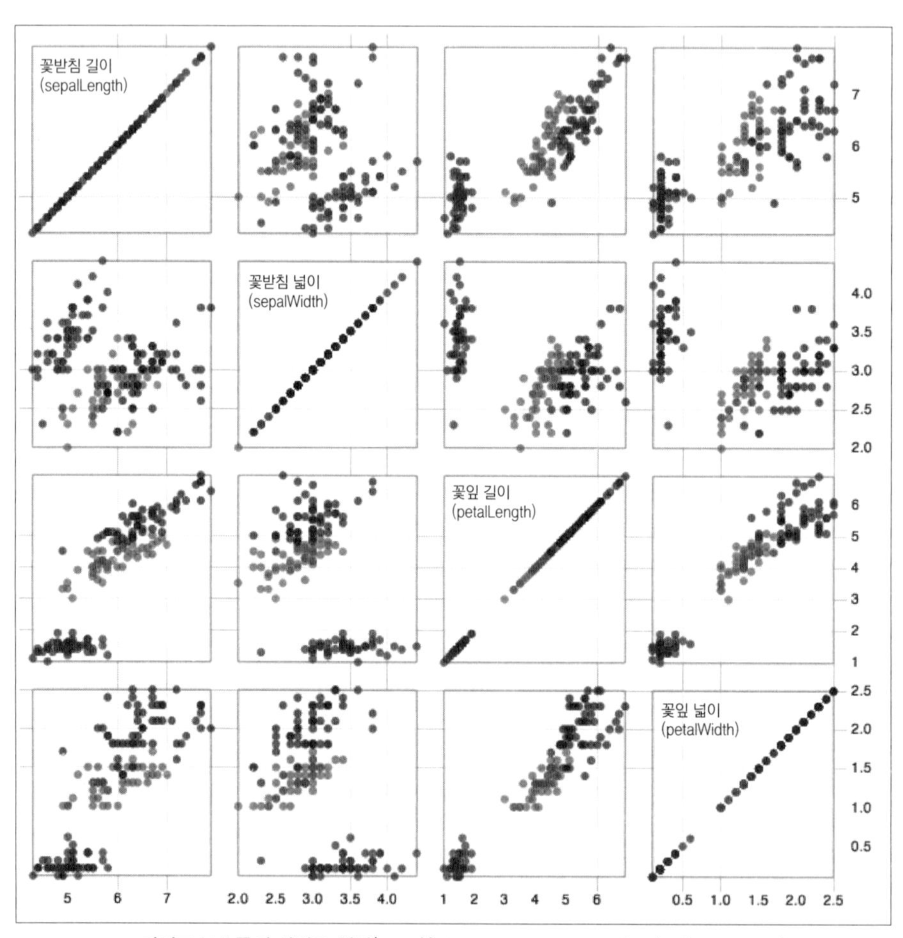

▲ 마이크 보스톡의 산점도 행렬(http://mbostock.github.com/d3/ex/splom.html)

히트맵

다른 이름: 매트릭스 차트matrix chart

데이터 변수: 다수의 범주형 변수, 하나의 정량-비율 변수

시각 변수: 위치, 색상-채도

설명: 이 역시 스몰 멀티플과 유사하다. 히트맵Heatmap을 활용하면, 여러 값 사이의 순서와 계층 구조를 파악하는 작업인 패턴 매칭이 신속하게 가능하다. 채도를 낮추거나 밝게 만드는 등의 색상 사용 규칙은 값의 크기를 나타내는 데 도움을 준다.

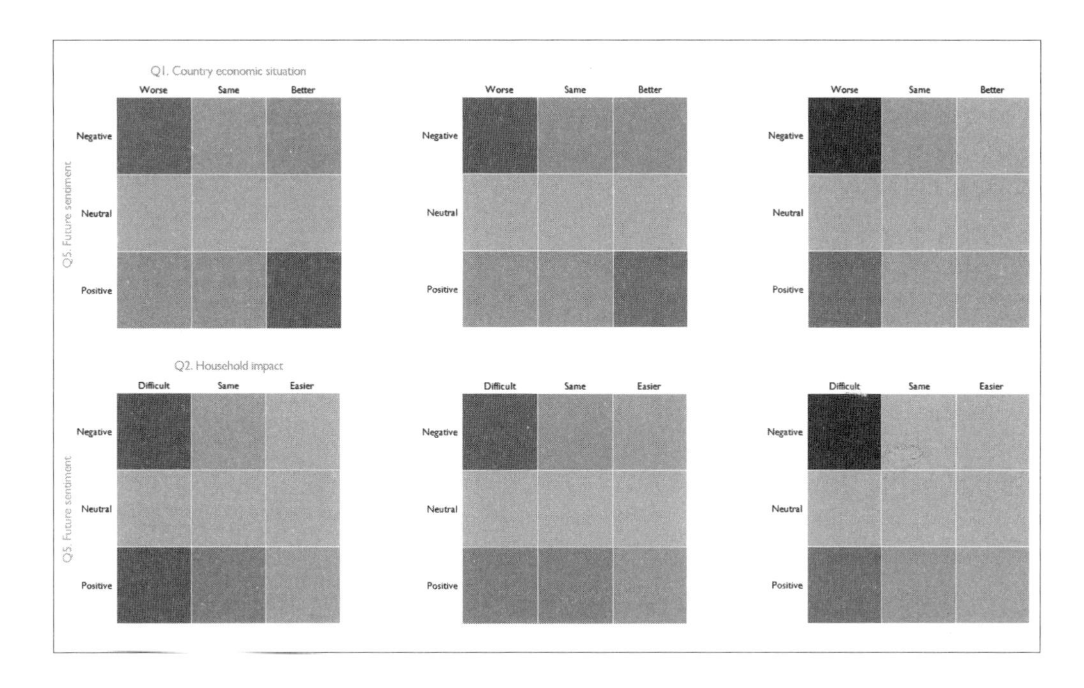

병렬 세트

다른 이름: 병렬 코디네이션parallel coordinates

데이터 변수: 다수의 범주형 변수, 다수의 정량-비율 변수

시각 변수: 위치, 폭, 링크, 색상-색조

설명: 병렬 세트Parallel sets는 시각적 탐색과 데이터 세트를 분석하는 독특한 방법을 제공한다. 이 기법은 조사 대상인 변수들을 일련의 축에 표시하는 작업을 포함하고, 그 결과 각 축을 기준으로 분해된 값들을 서로 연결하는 경로가 만들어진다. 이는 데이터 세트에 존재하는 잠재적인 상관 관계와 일관성을 알아보는 데 매우 유용하다. 생키 다이어그램의 기능과 유사한 점을 발견하게 될 것이다.

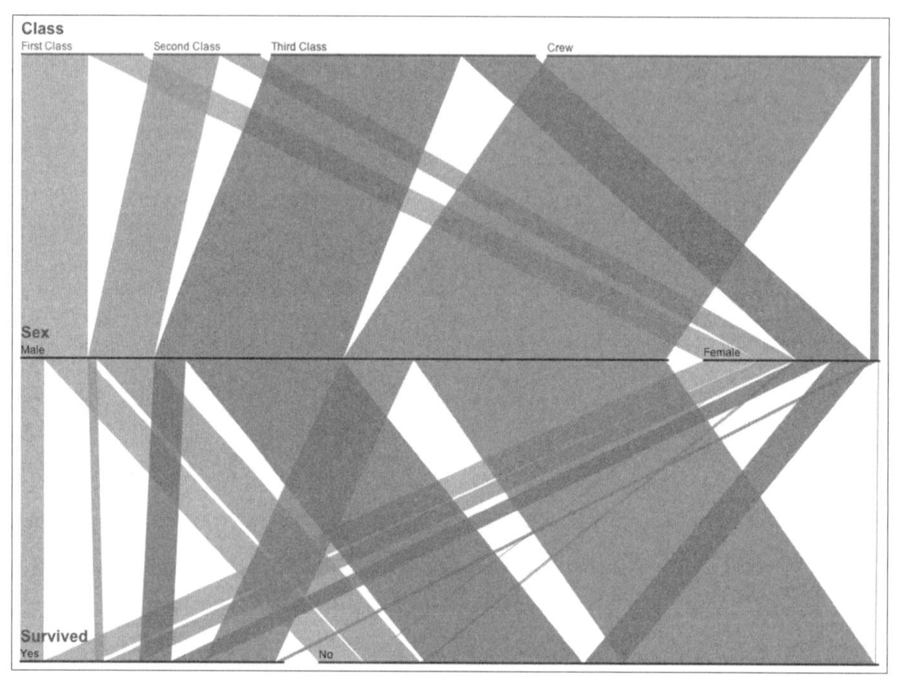

▲ 로버트 코사라(Robert Kosara)와 캐롤라인 젬키에위즈(Caroline Ziemkiewicz)의 "병렬 세트"
(http://eagereyes.org/parallel-sets)

방사형 네트워크

다른 이름: 코드 다이어그램chord diagram

데이터 변수: 다수의 범주형 변수, 두 개의 정량-비율 변수

시각 변수: 위치, 연결, 폭, 색상-색조, 색상-밝기, 기호, 크기

설명: 방사형 네트워크Radial network 또는 코드 다이어그램은 범주형 값 사이의 복잡한 관계를 비교하기 위한 프레임워크를 생성한다. 방사형 배치를 사용함으로써, x축과 y축의 제약에서 벗어나서 각 변수들을 자유롭게 한 쌍으로 묶을 수 있게 된다. 두 구성 요소를 연결함으로써 새로운 데이터 레이어가 만들어지고, 이 연결에는 경우에 따라 색상이나 두께를 활용하기도 한다. 다음 예에서 텍스트와 아이콘의 크기를 통해 표시되는 추가 정보들을 볼 수 있다. 방사형 레이아웃 주변으로 배열된 단순한 부산물의 경우, 선의 길이가 잘못 해석될 가능성이 있다는 점을 주의해야 한다.

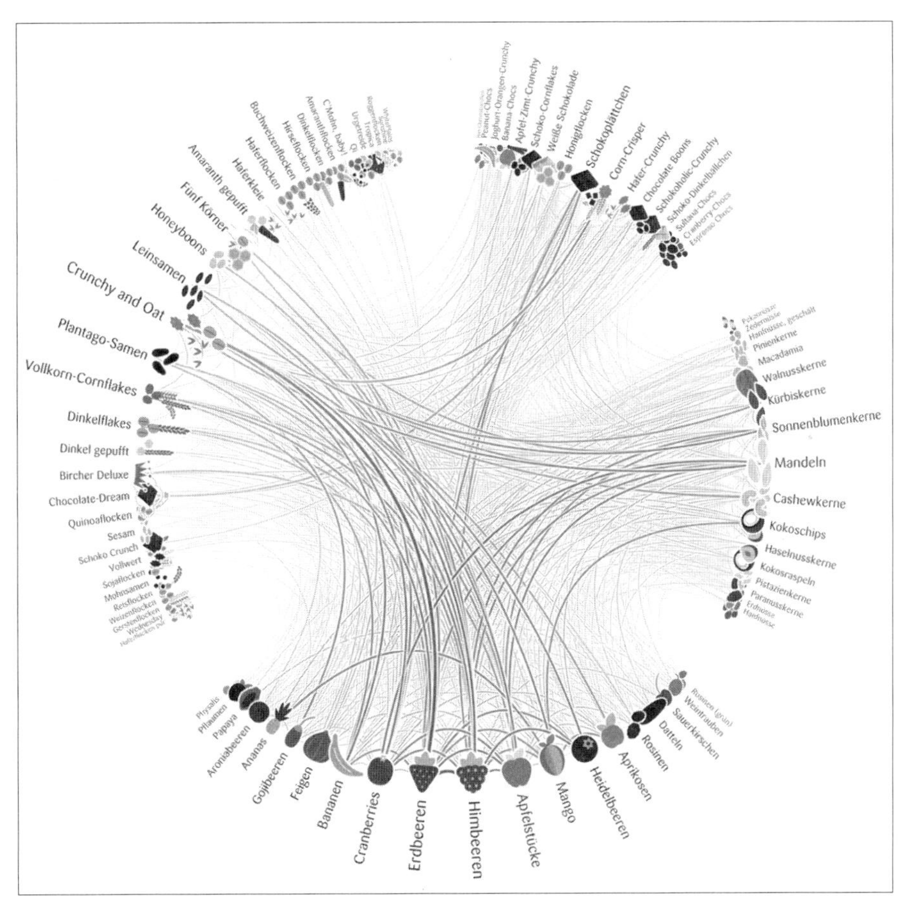

▲ 모리츠 스테파너(Moritz Stefaner)가 마이뮤슬리(mymuesli http://mymuesli.com)를 위해 만든 "뮤슬리 재료 분석"(http://moritz.stefaner.eu/projects/musliingredient-network/)

네트워크 다이어그램

다른 이름: force-directed/node-link network

데이터 변수: 다수의 범주형-명목 변수, 하나의 정량-비율 변수

시각 변수: 위치, 연결, 영역, 색상-색조

설명: 다음 예와 같은 네트워크 다이어그램Network diagram은 시각적 복잡성과 혼란스러움 때문에 매우 어려운 문제로 보일 수 있다(종종 털뭉치hairball로 묘사된다). 이 다이어그램의 의도와 가치는 관계와 연결, 논리적 조직의 존재성과 정량화 강도에 기반한 복잡한 데이터 프레임워크의 탐색을 촉진하기 위함이다. 이 그래프의 일반적인 목적은 패턴을 파악하는 것으로, 흥미로운 구성요소를 선택하거나, 군집이나 갭, 지배적인 노드와 희박한 연결 등을 관찰하는 것 등을 말한다. 디자이너의 창의성과 기술적 능력뿐만 아니라 활용되는 데이터로부터 영향 받은 다양한 형태의 네트워크 다이어그램이 파생되고 있다.

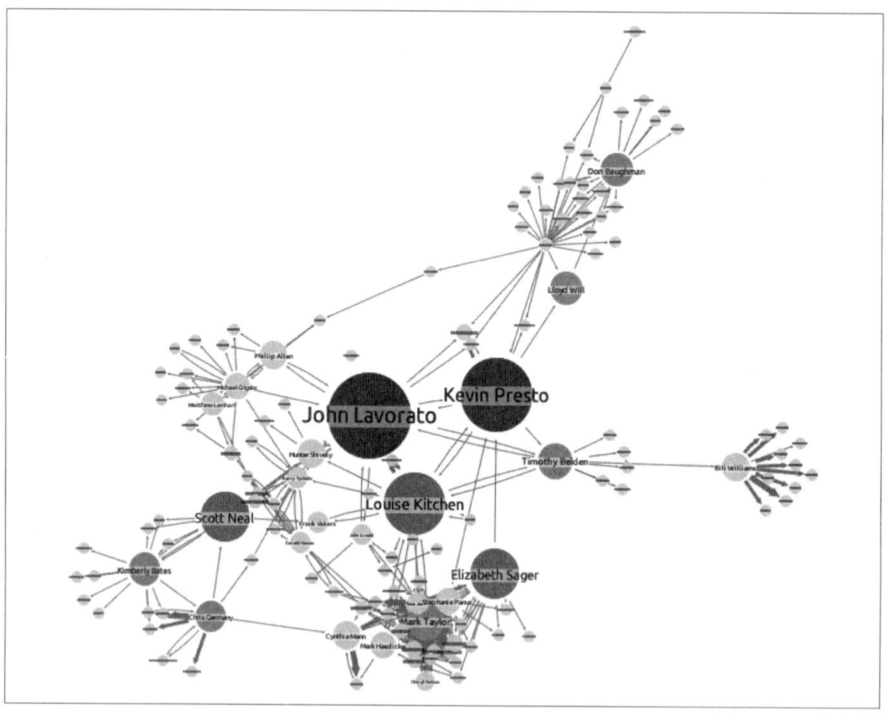

▲ 이미지: 조 패리(Joe Parry)(http://key-lines.com/)

지리 공간 데이터 매핑

이 마지막 컬렉션에서는 지리 공간 데이터 매핑하는 다양한 방법을 탐구한다.

등치 지역도

데이터 변수: 두 개의 정량-등간 변수, 하나의 정량-비율 변수

시각 변수: 위치, 색상-채도/밝기

설명: 4장에서 설명한 바와 같이 등치 지역도Choropleth map는 주나 자치주와 같은 지리적 단위를 색상으로 구분한다. 이 경우 색상은 정량적인 값에 근거하여 채도나 밝기를 순차적으로 변화시켜서 적용한다. 많이 활용되는 기술임에도 불구하고, 인구가 균등하게 분배되지 않은 경우는 단점으로 작용한다. 등치 지역도의 경우, 데이터가 나타내는 값에 의해서가 아니라 지리적으로 차지하는 면적이 큰 경우 값이 왜곡되는 효과가 있을 수 있다. 시간의 흐름에 따라 증가하는 값을 정확하게 나타내기 위해서는 색상 선택에 신중해야 한다. 다음은 등치 지역도의 예시이다.

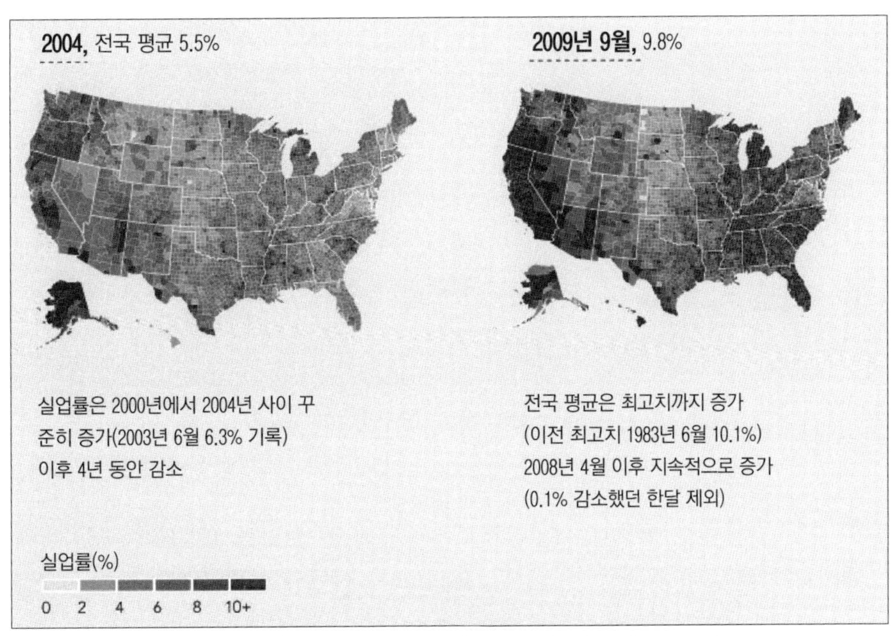

▲ 네이던 야우(Nathan Yau)의 "실업률, 2004년부터 현재" 일부 이미지
(http://projects.flowingdata.com/america/unemployment/raw.html)

도트 플롯맵

데이터 변수: 두 개의 정량-등간 변수

시각 변수: 위치

설명: 도트 플롯맵Dot plot map은 지도에 위치한 위도와 경도를 결합한 지리적 산점도 레코드를 표시한다. 다음 예에서, 시간의 경과에 따라 점진적으로 지리적 확산이 나타나는 모습을 표현하는 사례를 볼 수 있다.

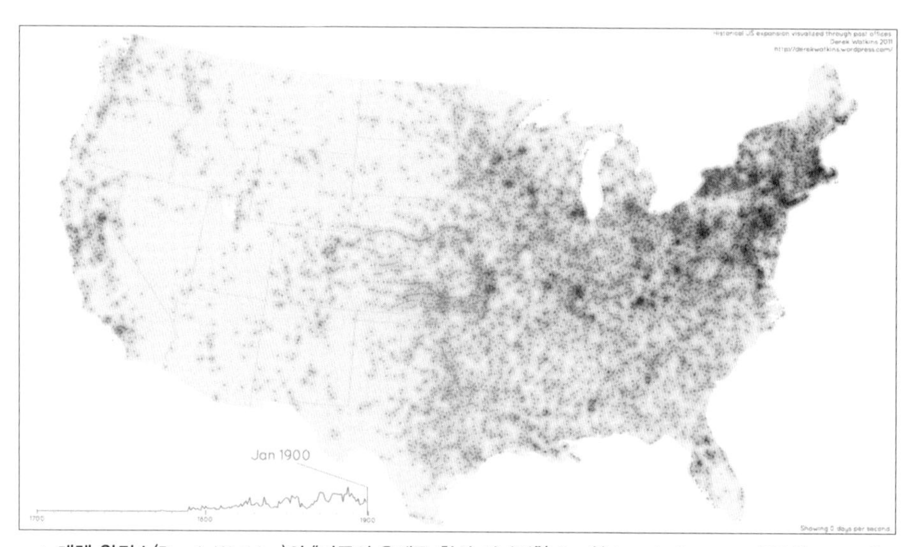

▲ 데렉 왓킨스(Derek Watkins)의 "미국의 우체국 확산 시각화"(http://blog.dwtkns.com/2011/posted/)

버블 플롯맵

데이터 변수: 두 개의 정량-등간 변수, 하나의 정량-비율 변수, 하나의 범주형-명목 변수

시각 변수: 위치, 영역, 색상-색조

설명: 버블 플롯맵Bubble plot map은 지리적 좌표 위에 다른 크기의 원형 표식을 활용해서 정량적 값의 크기를 나타낸다. 도트 플롯 맵이 지리적인 산점도와 비슷한 반면, 이 차트는 지도 위에 그려진 버블 차트에 가깝다. 이 차트와 관련하여, 버블의 확산이 그 크기에 따라 실제 지리적 위치를 벗어나서 인접한 다른 원을 침범할

수 있다는 논란이 있다. 일반적으로 색상 사용 시 중첩을 감안해서 비교적 높은 투명도 설정을 포함하며, 후광halos은 외부 가장자리를 구별하기 위해 종종 사용된다. 버블 플롯 맵의 예시는 다음 이미지와 같다.

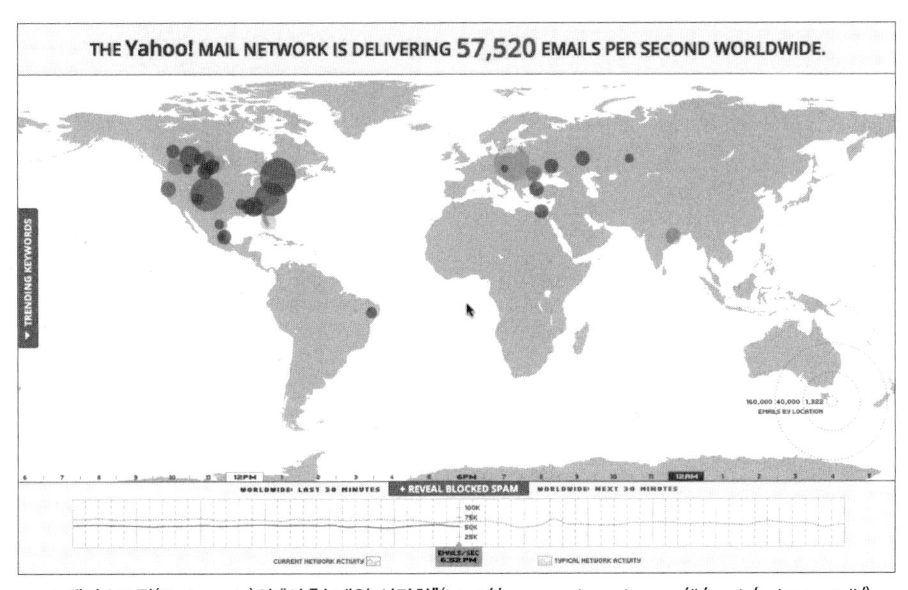

▲ 페리스코픽(Periscopic)의 "야후! 메일 시각화"(http://www.periscopic.com/#/work/yahoo-mail/)

등치선도

다른 이름: 등고선 지도contour map, 위상학 지도topological map

데이터 변수: 다수의 정량 변수, 다수의 범주형 변수

시각 변수: 위치, 색상-색조, 색상-채도, 색상-명암

설명: 등치선도Isarithmic map는 등치 지역도가 갖는 결점을 극복하기 위한 기술이며, 정치적 정당을 표시하는 색상과 정치 성향의 우세함을 나타내는 채도를 함께 사용하고, 최종 차원으로 인구의 밀도를 표현하기 위해 색상의 농도를 활용했다. 등고선 효과를 매끄럽게 표현하기 위해 알고리즘을 적용했고, 다음과 같이 훌륭한 결과물을 만들어냈다.

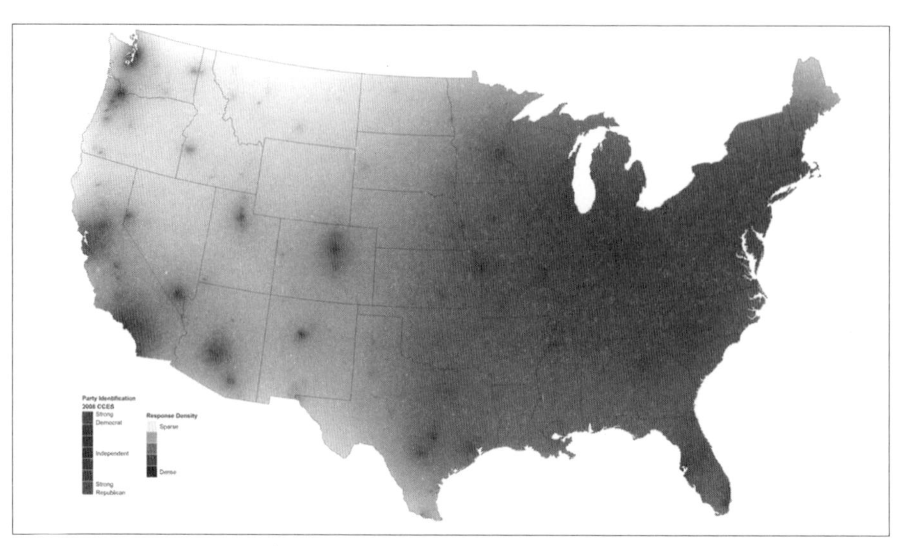

▲ 데이비드 스파크스(David B Sparks)의 "여론 데이터의 등치선도(Isarithmic Maps)"
(http://dsparks.wordpress.com/2011/10/24/isarithmic-maps-of-public-opinion-data/)

입자 흐름 지도

데이터 변수: 다수의 정량 변수

시각 변수: 위치, 방향, 두께, 속도

설명: 입자 흐름 지도Particle flow map는 지리적 위치와 시간 경과에 거쳐 데이터의 움직임을 묘사하는 애니메이션을 사용한다. 다음의 예에서 세계의 바다를 흐르는 해류의 움직임을 볼 수 있다. 이러한 주의 깊고 매우 정교한 구조는 주제의 특성을 완벽히 포착하여 강렬한 디자인을 만들기 위해 위치, 크기, 속도와 방향 등 다양한 변수를 결합한다.

▲ NASA/Goddard Space Flight Center Scientific Visualization Studio의 "영원한 대양(Perpetual Ocean)"(http://www.nasa.gov/topics/earth/features/perpetual-ocean.html).

카토그램

데이터 변수: 두 개의 정량-등간 변수, 하나의 정량-비율 변수

시각 변수: 위치, 크기

설명: 등치 지역도가 지역과 관련된 값을 표현하기 위해 색상-색조를 사용한다면, 카토그램Cartogram은 지역의 값을 표현하기 위해 지리적 형상 크기를 조절한다. 결론은 재구성된 지도와 같은 왜곡되고 비뚤어진 화면이다. 여기에 설명된 많은 차트 유형처럼 정확한 해석을 하고자 하는 목적이 아니며, 오히려 부풀려지거나 수축된 상태 혹은 수축 및 불변의 모양과 크기를 강조하기 위함이다. 카토그램은 사용자가 나라의 위치나 형상 및 크기를 어느 정도 익숙하게 알고 있다는 점을 이용한다. 이 차트는 인터랙션 디자인에서 가장 효과적이고, 탐색적 분석의 효과를 극대화할 수 있다. 예시는 다음과 같다.

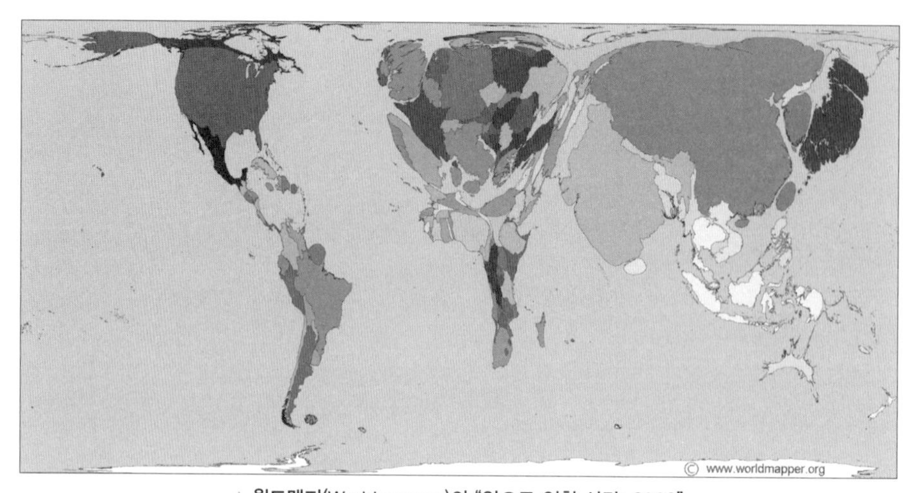

▲ 월드맵퍼(Worldmapper)의 "암으로 인한 사망: 2002"
(http://www.worldmapper.org/images/), (c)Copyright SASI Group (University of Sheffield)

돌링 카토그램

데이터 변수: 두 개의 범주형 변수, 하나의 정량-비율 변수

시각 변수: 위치, 크기, 색상-색조

설명: 창안자인 대니 돌링Danny Dorling 교수의 이름을 딴 돌링 카토그램Dorling cartogram은 지리적 위치를 표현하기 위해 균일한 모양(일반적으로 원)을 사용하고, 정량적 변수에 따라 그 크기를 달리한다. 다음 예에서 원으로 표현된 국가들의 묘사를 보게 되는데, 대륙별로 색상을 구분하고 국가의 CO2 배출량에 따라 크기를 지정했다. 이전과 마찬가지로, 모양, 크기, 위치가 변형되어서 실제 위치를 식별하는 데 어려움을 겪지만, 주석을 효과적으로 사용하여 이를 상쇄한다.

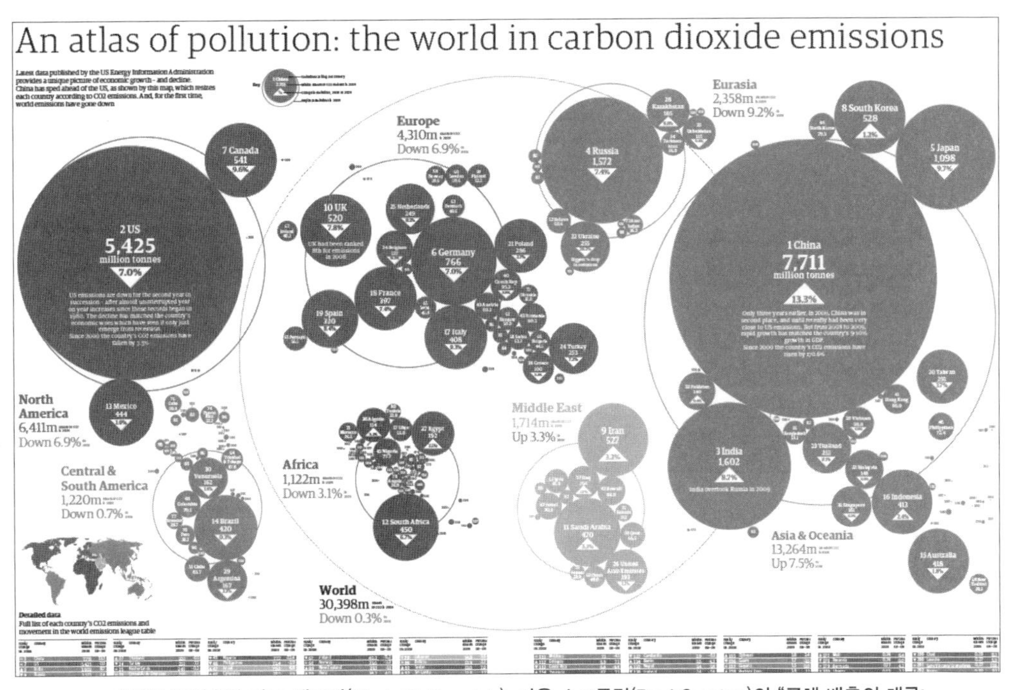

▲ 미카엘 로빈슨과 마크 맥코믹(Mark McCormick), 파울 스크루턴(Paul Scruton)의 "공해 배출의 대륙: 이산화탄소 배출로 보는 세계"(http://image.guardian.co.uk/sys-files/Guardian/documents/2011/02/10/CarbonWeb.pdf)

네트워크 연결 지도

데이터 변수: 두 개의 정량-등간 변수, 하나의 범주형-명목 변수

시각 변수: 위치, 링크, 색상-색조

설명: 이 전에 살펴봤던 네트워크 다이어그램과 유사하다. 네트워크 연결 지도Network connection map의 목적은 복잡한 지리적 연결을 탐색하는 데 도움을 주는 것이다. 연결 지도는 허브, 중첩, 클러스터, 갭을 발견하기 위한 패턴을 찾기 위해 연관된 지역을 연결한다. 네트워크 다이어그램과 상당히 비슷하지만, 이번에는 지역적 좌표를 활용하는 플랫폼이다. 특정 데이터 세트를 모두 사용했다는 것은 지도가 거의 완벽하게 형성되었고, 레이어가 추가될 필요가 없음을 의미한다. 다음 이미지는 세계의 비행 경로 중 토론토를 포함하는 경로를 주황색으로 강조했다.

▲ 바이오디아스포라(Bio.Diaspora)의 "토론토 도착/출발 항공기의 비행 경로",
2012년(http://www.biodiaspora.com/)

정리

5장에서는 데이터 시각화의 분류 체계를 통해 시각적 차트 유형을 상당히 포괄적으로 소개했다.

오늘날 일반적이고 대중적으로 사용되는 주요 방법들을 언급했다. 그러나 이 예시들은 완벽하지 않은 옵션들의 조합이며, 각 방법의 변형이나 다양한 파생물은 포함하지 않았다는 점을 참고하기 바란다.

이 장의 목적은 데이터 표현을 합리화하는 과정에서 발생하는 도전과 선택 가능한 옵션을 이해하는 데 도움을 주는 것이다. 데이터 변수의 물리적 특성과 시각화에 적용한 차트 유형 간의 관계에 대해 설명한 내용을 활용해서 손쉽게 해결책을 찾았기 바란다.

또한, 예시들을 통해 시각적 변수들의 다른 역할에 대해 더 배우고, 디자이너 자신의 고유한 솔루션 구축을 고려하는 데 자신감을 가질 수 있는 영감을 얻을 수도 있을 것이다.

4장과 5장에서 다룬 내용을 통해 디자인 선택이 좀 더 명쾌해졌을 것이다. 이제 개념 단계를 마치고 제품화 단계로 넘어가야 한다.

6장에서는 시각화를 창조하고 착수하기 위해 적합한 주요한 도구와 활용 가능한 자원에 대한 토론하면서 시각화 디자인 방법론을 마무리지을 것이다. 그 후 시각화의 평가와 디자이너의 시각적 디자인 능력을 지속적으로 개발하는 문제를 논의할 것이다.

6
시각화 솔루션 구축 및 평가

4장과 5장에서 다룬 내용은 디자인 컨셉을 형상화하고 개발하는 데 도움이 되었다. 디자인 컨셉은 프로젝트의 요구사항에 가장 효과적으로 대응하는 시각적 설계의 세부 명세를 이끌어 내고, 이 과정에서 전처리 작업이 끝난다. 컨셉 단계를 마치고 구축 단계로 넘어가도록 하자.

방법론의 마지막 단계인 6장에서는 시각화 솔루션을 만드는 다양한 옵션을 살펴보고 시각화 디자인 작품 공개 전 수행해야 할 중요한 작업들을 살펴볼 것이다.

이어서 가장 일반적이고 유용한 소프트웨어와 프로그래밍 환경을 쭉 훑어볼 것이다. 이 과정은 프로젝트에서 디자인 요구사항과 기술 역량에 부합하는 도구를 선택하는 데 도움이 될 것이다.

디자인 솔루션의 테스트, 마무리, 작품 공개와 관계된 핵심 고려사항뿐 아니라 프로젝트의 공개 이후 성공을 측정하는 중요한 방법들도 살펴볼 것이다.

마지막으로 이 전도 유망한 분야의 전문가가 되기 위해 데이터 시각화 디자인 기술을 계속 배우고, 단련하고, 재정비하는 가장 좋은 방법에 대해 토의하면서 마칠 것이다.

시각화 작업의 기술적인 측면

시각화 디자인에서 구성 요소의 선택과 옵션에 대한 정당한 근거가 중요하다. 이는 이 책의 주요 주제이기도 하다. 긴 여정의 마지막 단계에 도착했고, 디자인 솔루션을 만드는 도전을 만나게 됐다. 핵심 키워드는 이번에도 선택이다.

이 책의 의도는 작업 중 만나게 되는 디자인의 이슈와 의사결정 시 도움이 될만한 실용적인 전략을 제안하는 데 집중되어 있다.

지금까지 IT 및 기술적 역량과 관계된 이슈에 대한 토론은 최소화했었다. 이는 전처리와 컨셉 작업의 중요성에 집중하기 위해서였다. 전처리나 컨셉 작업은 특정한 툴의 사용이나 보유 기술과 무관하게 수행되어야 한다.

그러나 진정으로 데이터 시각화 디자인을 마스터했다고 하려면, 다양한 응용 프로그램이나 환경에 걸쳐 기술 활용력technical literacy이 필요하다는 점은 필연적이다.

우수한 디자이너라면 시각화 디자인 작품을 만들고 런칭하기 전에 데이터를 수집하고, 처리하고 분석하는 과정에서 다양한 도구와 능력을 조화롭게 사용할 수 있어야 한다. 엄청난 디자인 컨셉과 인상 깊고 창의적인 아이디어를 갖고 있더라도 이를 구현해낼 솔루션이 없다면 그들은 아이디어인 상태로 계속 남아 있을 것이다.

다음의 예는 미국에서 토네이도의 활동을 61년간 추적한 사례다. 대규모의 다양한 분석 기술과 디자인 기반의 기법이 적용된 프로젝트이며, 이런 기술이 아니라면 있을 수 없었던 프로젝트다.

▲ 존 넬슨(John Nelson)과 IDV 솔루션(IDV Solutions)의 "토네이도 추적"
(http://uxblog.idvsolutions.com/2012/05/tornado-tracks.html)

지금까지 다뤄온 단계들과 다르게, 최종 데이터 시각화 작품을 제작할 때 하게 되는 선택은 주어진 도구의 적절함 보다는 자원에 대한 접근이나 역량에 의해 훨씬 큰 영향을 받는다. 이는 무엇이 달성 가능한지 아닌지에 대한 이야기이며, 앞서 핵심 요소 식별하기를 통해 다루었던 내용이다.

데이터 시각화 기술 분야의 전망은 매우 압도적이다. 시도 가능한 다양한 옵션을 배우고, 상대적인 강점과 약점을 터득하고, 특정한 기능과 목적을 파악하고, 최근의 기술과 트렌드를 유지하기 위해 부단히 노력해야 하는 분야다.

광범위한 테크니컬 스킬셋을 습득하기 쉽지 않은 것은 당연하다. 2장의 '데이터 시각화 디자인의 8개 모자 모델'에서 데이터 시각화에 필요한 서로 다른 역할에 대해 다룬 적이 있다. 디자이너가 스스로의 강점과 약점을 인지하는 것이 왜 중요한지, 디자이너의 스킬셋이 시각화 디자인의 다양한 요구사항을 해결하는 데 어떻게 쓰이는지 강조했다. 특정한 기술의 부족함을 극복하기 위해, 다른 사람과 협업하는 방법을 찾거나 시각화 작품의 수준을 낮춰야 한다.

시각화 소프트웨어, 애플리케이션과 프로그램

이 책은 데이터 시각화 디자인에 사용할 수 있는 다양한 도구와 리소스에 대한 자세한 설명과 평가를 제공하지는 않는다. 선택하기에는 너무 많다. 마치 계속 진화하는 자연계와 같이, 거의 매달 새로운 자원이 경쟁에 추가되는 것처럼 보인다. 최신 정보로 업데이트된 엄선된 기술 옵션의 리스트는 다음 링크에서 얻을 수 있다.

http://www.visualisingdata.com/index.php/resources/

다른 디자인 분야와 달리 모든 작업을 수행할 수 있는 단일한 킬러 툴은 없다. 이 분야에서 사용되는 서로 다른 테크니컬 솔루션의 빠른 변화를 수용하기 위해 준비가 필요하다.

이어지는 내용은 활용성과 그것을 사용한 경험을 개발하는 측면을 고려할 때, 가장 일반적이고 가장 유용하고 접근 가능한 도구들이다. 이해를 돕기 위해 각 도구의 주요한 기능이나 목적을 기준으로 분류했다.

차트와 통계를 위한 분석 도구

이 카테고리는 강력한 시각화 기능을 제공하는 차트 생산성 도구와 더 효과적인 시각적 분석 도구 또는 비즈니스 인텔리전스BI 애플리케이션을 포함한다.

엑셀은 어디에나 존재하고 우리 같은 숫자를 주로 다루는 사람들은 매일 반복적으로 사용하는 도구다. 말하자면 삼시세끼와 같다고 할 수 있다. 데이터 시각화의 세계에서 엑셀의 차트 기능은 최악의 기본 설정과 잘못된 사례bad-practice 때문에 조롱을 당하기도 한다.

그러나 엑셀은 충분히 활용하면 기대하는 것보다 훨씬 많은 일을 할 수 있다. 그것은 매우 가치 있는 분야에서 충분히 증명 가능하다. 경험과 노하우가 있으면, 차트 속성을 통제하고 수정할 수 있고, 기본적인 차트 요구사항이 거의 대부분 만족된다는 사실을 알게 된다. 특히 실용적이거나 분석적인 목적이라면 더욱 그렇다.

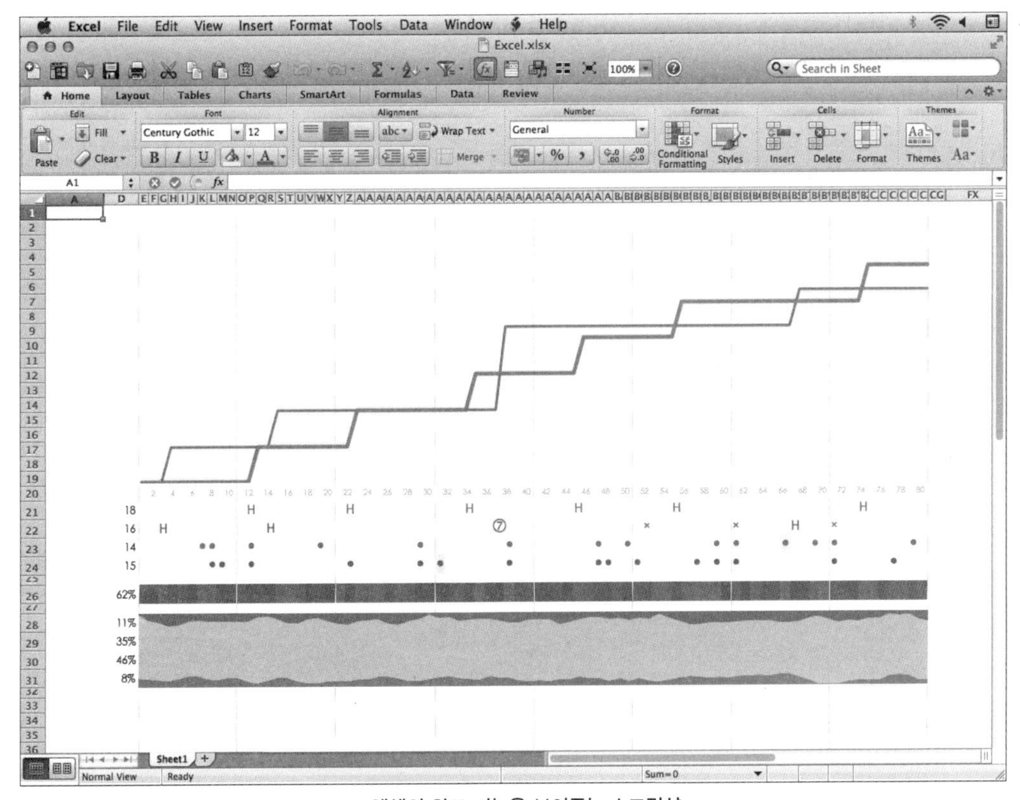

▲ 엑셀의 차트 기능을 보여주는 스크린샷

엑셀은 다른 애플리케이션(일러스트레이터와 같은, 나중에 참조)으로 추출될 차트 이미지를 만드는 데 사용되기도 한다. 호르헤 카몽이스Jorge Camoes(http://www.excelcharts.com/blog/), 존 펠티에Jon Peltier(http://peltiertech.com/)와 챈두Chandoo(http://chandoo.org/)의 작업을 온라인에서 검색해보면 엑셀로 만든 훌륭한 시각화 예시를 볼 수 있을 것이다.

타블로는 매우 강력하고 비주얼 애널리틱스 애플리케이션visual analytics application이다. 신속하게 실용적인 차트와 대시보드를 만들 수 있고, 이를 활용해서 데이터를 시각적으로 탐색하고 결과를 보여줄 수 있다. 타블로는 유료 버전으로 데스크탑용과 서버 버전이 있을 뿐 아니라 무료로 사용할 수 있는 공개 버전이 있다.

타블로는 데이터와 익숙해지는 것이라는 중요한 단계에서 특히 가치가 있다. 데이터의 품질이나 형태 등 성격을 신속하게 발견하고 싶을 때 타블로는 좋은 대안이다. 엑셀처럼 내장된 인터렉티브 시각화를 만들 수 있고, 다른 애플리케이션에서 사용할 수 있도록 차트를 이미지로 저장할 수 있다.

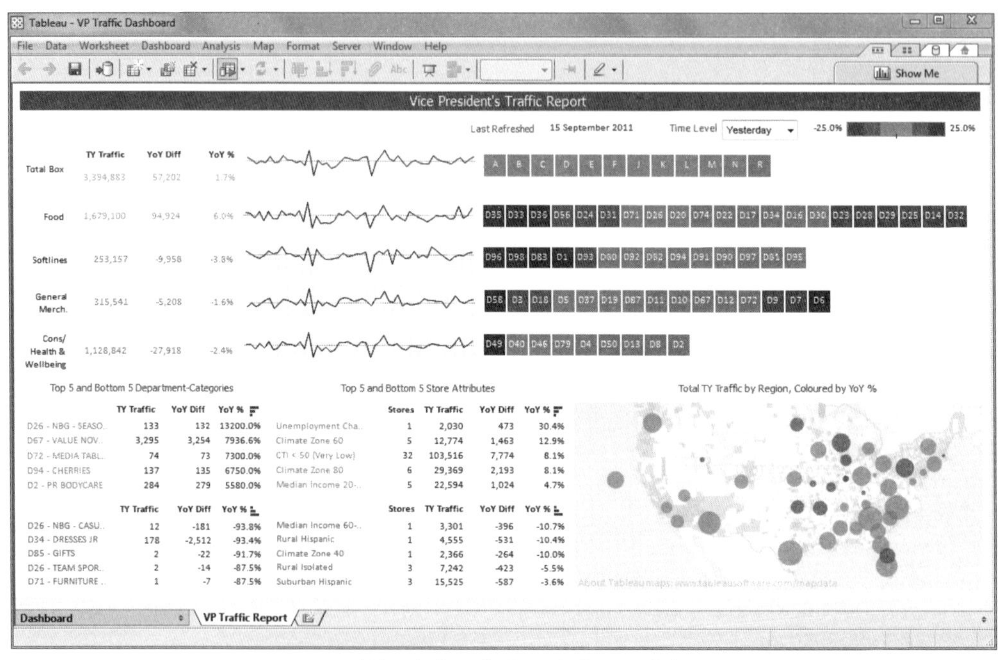

▲ 타블로의 차트 기능을 보여주는 스크린샷

타블로를 쓰는 훌륭한 전문가들이 많다. 꼭 확인해봐야 할 사람은 그 중에서도 크랙 블러드워스Craig Bloodworth(http://www.theinformationlab.co.uk/blog/), 제롬 쿠키어Jerome Cukier(http://www.jeromecukier.net/), 벤 존스Ben Jones(http://dataremixed.com/) 등이다.

BI가 시각화의 품질이라는 측면에서 고르지 못하다면, 클릭뷰QlikView(http://www.qlikview.com/uk)나 스팟파이어TIBCO Spotfire(http://spotfire.tibco.com/), 그래퍼르Grapheur(http://grapheur.com/), 파놉티콘Panopticon(http://www.panopticon.com/) 같은 다른 훌륭한 솔루션들을 찾을 수 있다.

또한 온라인에 활용 가능한 차트 제작 도구가 많다. 구글은 차트 도구(https://developers.google.com/chart/)와 시각화 API 환경(https://developers.google.com/chart/interactive/docs/reference)을 통해 시각화 작업을 할 수 있는 몇 가지 다른 방법을 제공한다. 프로그래밍 능력이 없어도 이러한 도구를 사용할 수 있고, API 플랫폼은 개발자들이 기능적인 부분이나 디자인 옵션을 강화할 수 있게 지원한다.

추가로 구글 퓨전 테이블Google Fusion Table(http://www.google.com/drive/start/apps.html)은 등치 지역도choropleth map나 타임라인, 인터렉티브 차트 등을 쉽게 만들 수 있는 편리한 방법을 제공한다.

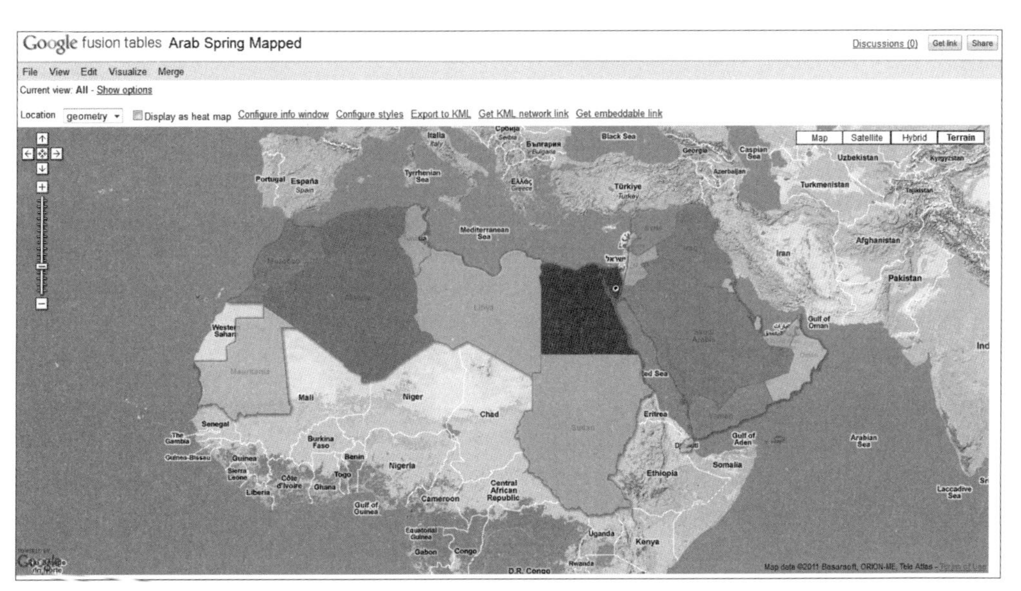

▲ 구글 퓨전 테이블의 차트 기능을 보여주는 스크린샷

데이터 분석과 임베디드 차트의 생성 혹은 추출 가능한 차트를 위한 브라우저 기반의 훌륭한 툴로 DataWrapper(http://datawrapper.de/)와 Polychart(http://polychart.com/)가 있다.

현재는 지속적인 개발과 지원은 사라졌지만 최초의 온라인 제품 중 하나는 2007년 IBM 시각화 커뮤니케이션 랩에서 만든 매니 아이이다. 매니 아이는 단어의 빈도를 시각화하는 유명한 도구인 Wordle(http://www.wordle.net/)로 많이 소개되었다. 단어 구름word cloud이라는 명칭으로 이제는 더 이상 참신하지는 않지만, 수없이 많은 사람이 오랫동안 사용한 것을 보면 이 양식이 얼마나 우수한지 알 수 있다.

프로그래밍 환경

시각화 디자인의 궁극적인 역량은 차트나 그래프 상의 모든 마크, 속성, 유저에 의한 이벤트의 성격과 행동을 완벽하게 제어하는 것이다. 근본적으로 이 수준에 도달할 수 있는 유일한 방법은 프로그래밍 언어를 활용하는 것이다.

최근까지 가장 인기 있고 중요한 옵션 중 하나는 어도비 플래시(http://www.adobe.com/uk/products/flash.html)이다. 동적인 멀티미디어 디자인을 위한 강력하고 창의적인 환경을 제공한다. 다수의 뛰어난 인터랙티브 시각화 디자인 뒤에는 플래시가 있다. 자사의 모바일 플랫폼에서 플래시를 지원하지 않기로 한 애플의 결정은 종말이 시작됨을 알린 신호였다. 그 후 가장 현대적인 시각화 프로그래머는 강력한 자바 스크립트 환경과 라이브러리의 범위에 개발을 집중하고 있다.

D3.js(http://d3js.org/)는 가장 새롭고 멋진 도구이다. 스탠포드 시각화 그룹이 2011년에 내놓은 자바 스크립트 라이브러리이다(전신은 프로토비스 Protovis였다). 급격하게 인터랙티브 시각화 분야에서 메이저 플레이어로 부상하고 있다.

D3는 믿을 수 없을 만큼 부드럽고, 표현력이 넘치고, 빠져드는 것 같은 인터랙티브 시각화를 만들기 위해 전체 시각화 디자인에 있어 모든 데이터 표현과 전달을 완전히 창조적으로 조작할 수 있도록 한다. 마이크 보스톡Mike Bostock은 D3의 핵심 인력이며, 「뉴욕 타임즈」에서 일한다. 그는 믿을 수 없는 사례의 포트폴리오를 보유하고 있다. 스콧 머레이Scott Murray(http://alignedleft.com/)라는 D3의 다른 영웅이 제공하는 튜토리얼도 꼭 살펴봐야 한다.

D3과 플래시가 특별히 인기가 있다. 왜냐하면 그들은 브라우저에서 작동하는 인터랙티브 프로젝트를 만드는 데 적합하기 때문이다.

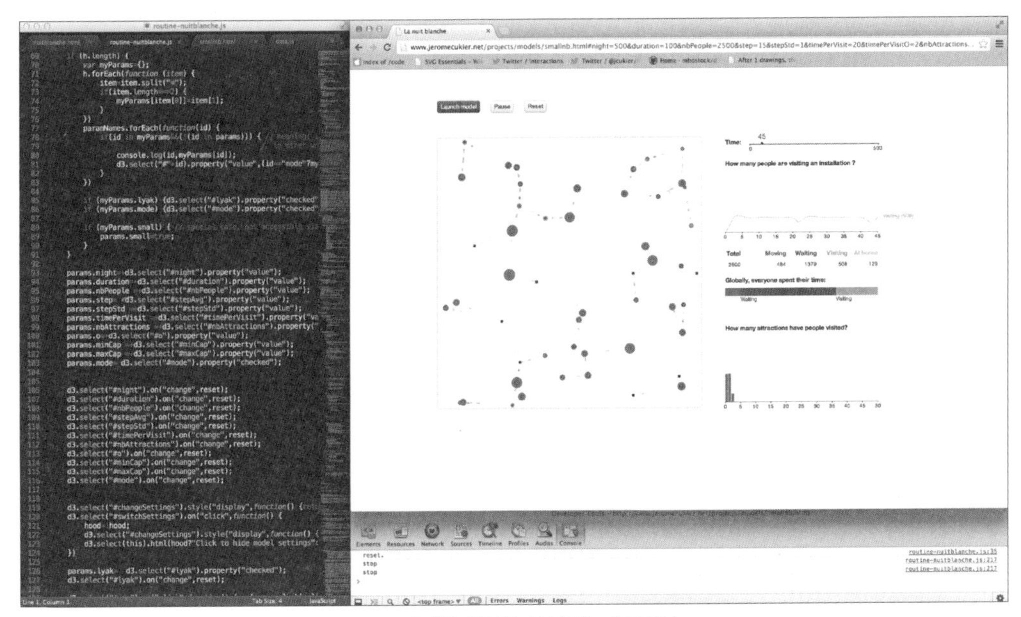

▲ D3의 개발 환경을 보여주는 스크린샷

지난 십 년간, 프로세싱Processing(http://processing.org/)은 강력하고 동적인 시각화를 만드는 가장 중요한 솔루션 중 하나로 군림해왔다. 프로세싱은 비디오나 별도의 응용 프로그램이나 설치형과 같이 브라우저가 아닌 형태에서 뛰어나다. 오픈소스 언어로서, 데이터 표현과 전달을 최적화를 원하는 개발자, 디자이너, 예술가의 엄청난 지지를 받았다. 관심을 갖는 누구든 활용할 수 있도록 엄청난 자원을 제공하는 전문가, 작가, 튜토리얼 작가 등으로 구성된 대규모의 역동적인 커뮤니티가 있다.

Paper.js(http://paperjs.org/)나 Raphael(http://raphaeljs.com/)과 같이 특별한 기능을 제공하는 추가적인 자바 스크립트 라이브러리와 플러그인은 수없이 많고, 이들은 프로그래밍 기회를 극대화시킨다.

잠시 인터렉티브 프로그래밍 환경으로부터 떠나서 R에 대해 이야기해보자. R은 매우 확장성이 좋은 오픈소스 언어이고, 통계 분석과 그래픽 기능이 뛰어나다. R은 엑셀과 같은 소프트웨어 패키지의 한계를 넘어서 통계 차트와 그래프를 만들기 위한 강력하고 다목적인 방법론을 개발해왔다. 학습 과정을 통과하는 데 도움을 줄 수 있는 큰 온라인 커뮤니티가 있다. 「뉴욕 타임즈」는 R의 가치를 증명하기 위해 데이터 스케치와 그래픽 워크플로우에서 광범위하게 사용한다. 통계 그래프의 강력한 활용 사례로 Mondrian(http://rosuda.org/mondrian/)와 Wolfram Mathematica(http://www.wolfram.com/mathematica/)를 확인하자.

Quadrigram(http://www.quadrigram.com/) 데이터로 작업하는 사람이라면 누구나 강력하고, 유연하고, 사용자 정의 시각화를 만들 수 있도록 설계된 혁신적인 비주얼 프로그래밍 환경이다. 이들의 목적은 기술과 프로그래밍 경험이 제한적인 사람들도 사용할 수 있게 하는 것이다.

오픈 인터렉티브 저널리즘의 지원 하에 미소 프로젝트(http://misoproject.com/)는 가디언Guardian과 보꾸Bocoup에 의해 개발되었고 비교적 최근에 도입되었다. 인상적이고 확장 가능한 인터렉티브 데이터 시각화를 빠르고 쉽게 만들기 위해, 개발자와 비개발자를 위해 서로 다른 오픈소스 도구를 제공한다.

Nodebox(http://nodebox.net/)나 KendoUI(http://www.kendoui.com/)와 같은 다른 훌륭한 도구들이 있다. Nodebox는 파이썬 기반 도구이며, 통계적, 동적, 인터렉티브 시각화 도구이다. KendoUI는 웹과 모바일 응용 프로그램을 위한 HTML-5 기반 인터렉티브 데이터 시각화를 만들 수 있다.

최근에는 WebGL이 주목받고 있다. 2차원 및 3차원의 인터렉티브 그래픽을 렌더링하는 새로운 웹 테크놀로지이다. 이 표준은 견고한 시각화 작업보다는 좀 더 실험적인 것을 보여준다. 데이터를 표현하는 데 있어, 경계를 넘는 창조적인 새로운 기능을 제공했다.

지도를 위한 도구들

요즘은 지도 위에 지리-공간 데이터geo-spatial data를 그릴 수 있는 엄청난 세상이다. 이런 일을 하기 위해 사용할 수 있는 도구들을 살펴보자.

강력한 옵션이 아크 GISArc GIS(http://www.esri.com/software/arcgis), 인디매퍼Indiemapper(http://indiemapper.com/), 인스턴트 아틀라스Instant Atlas(http://

communities.instantatlas.com/), 지오커먼스Geocommons(http://geocommons.com/), 카르토DBCartoDB(http://cartodb.com/)를 통해 다른 모양과 형태로 주어진다.

이 옵션들 중에서 지리-공간 데이터를 위한 풍부한 인터렉티브 시각화나 최고의 지도 애플리케이션을 찾을 수 있을 것이다. 이들은 전형적으로 무료나 체험판에서 프리미엄 레벨까지 유연한 라이선스와 가격 정책을 제안한다.

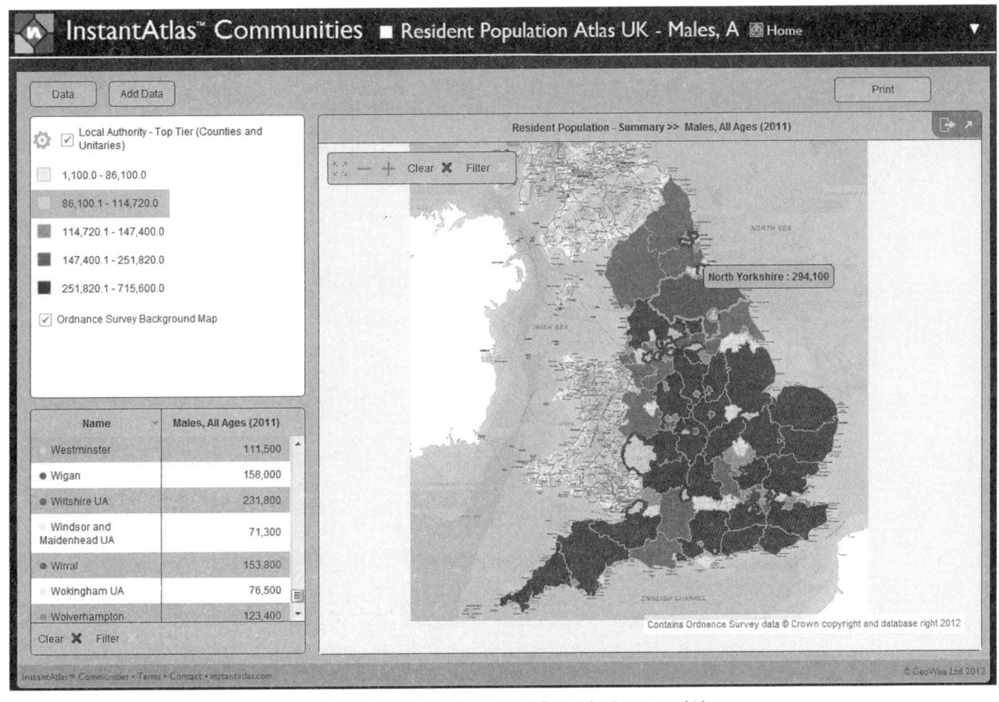

▲ 인스턴트 아틀래스의 기능을 보여주는 스크린샷

지도 솔루션에 있어 좀 더 창의성과 자유를 원하고, 프로그래밍 가능한 디자이너를 위하여, 폴리맵스Polymaps(http://polymaps.org/), 카르토그래프Kartograph(http://kartograph.org/), 리프릿Leaflet(http://leafletjs.com/), 오픈스트리트맵OpenStreetMap(http://www.openstreetmap.org/)과 같은 오픈소스 지도 프레임워크와 라이브러리가 있다.

또한, 타일밀TileMill(http://mapbox.com/tilemill/)은 다양한 기능을 가진 유용한 애플리케이션이다. 초급 디자이너에서 인정받는 지도 제작자에 이르기까지 이를 활용하여 우아한 데이터 중심의 지도를 만들 수 있다.

다른 특별한 도구

모든 시각화가 인터렉티브하지는 않다. 오히려 최고로 훌륭한 작품 중 일부는 정적인 작품이다. 특히 인포그래픽은 전형적으로 수작업으로 디자인한다. 차트, 일러스트레이션, 다이어그램과 같은 다양한 시각적 디자인 요소를 혼합하여 디자인 작업을 한다. 앞서 이미 언급한 적 있듯이 종종 엑셀이나 타블로, R 등의 도구에서 가져온 정적인 차트 요소를 최종 작업에 사용한다.

이미지 작품의 대부분은 어도비 일러스트레이터Adobe Illustrator(http://www.adobe.com/uk/products/illustrator.html)를 사용한다. 어도비 일러스트레이터는 그래픽과 일러스트레이션 도구로 오랫동안 사용되어온 강력한 도구이다. 많은 사람들의 요구 사항을 만족시키는 실행 가능한 대안으로 오픈소스인 잉크 스케이프Inkscape(http://inkscape.org/)는 인상적인 기능을 제공한다.

많은 사람들(아마도 다양한 자원에 접근하기에 어려운 사람들)을 위해 파워포인트PowerPoint(http://office.microsoft.com/en-gb/powerpoint/)나 키노트Keynote(http://www.apple.com/uk/iwork/keynote/)가 데이터 프리젠테이션을 위한 완벽하게 활용 가능한 플랫폼을 제공한다. 어도비의 다른 패키지인 인디자인InDesign(http://www.adobe.com/uk/products/indesign.html)은 최종 정적인 작품을 만들고 공개하기 위한 더 나은 방법을 제공한다.

다른 방면으로, 네트워크 시각화나 탐색적 그래프, 복잡계의 분석 등을 위해서는 키라인KeyLines(http://key-lines.com/)이나 지파이Gephi(https://gephi.org/)를 확인하라.

만약 고급 모션 그래픽이나 모델링, 시뮬레이션, 시각 효과를 만들기 위한 도구를 찾고 있다면, 마야 3DMaya 3D(http://usa.autodesk.com/maya/)나 어도비 애프터 이펙트Adobe After Effects(http://www.adobe.com/uk/products/aftereffects.html)가 믿을 수 없이 강력하다. 또한 이들은 업계 표준 제작 플랫폼이다.

마지막으로 정적 이미지를 전시하기 위해, 최종 디자인을 생성하고 그 이미지 파일을 공유하고 퍼블리시해야 할 것이다. 클로저잇closr.it(http://www.closr.it/)이나 줌잇zoom.it(http://zoom.it/) 같은 사이트는 내비게이션이 가능하고 이미지 확대를 위한 줌 기능 등을 제공한다.

시각화 디자인 구축 프로세스

자, 이제 디자인 작업을 위해 필요한 도구를 선택해야 하고, 이는 실행 단계를 성공적으로 시작했다는 의미다. 결승선이 멀지 않았다. 그러나 아직은 긴장을 풀 타이밍은 아니다.

디자인 프로세스 중 이 단계는 타이밍 안 좋게 등장한 버그, 데이터 세트의 문제, 기능적인 실패, 원치 않은 외부 영향 등으로 인한 스트레스와 긴장이 고조되는 부분이다. 이 단계 동안 냉정함을 유지하고 작업을 가능한 효율적으로 처리할 수 있는 관점을 갖는 것이 중요하다.

제작 과정을 거치는 동안에는 미적인 요소나 기술적인 감각을 달성하는 데 많은 시간을 쓰기보다는 일단 작동하는 기능 요소를 확보하는 데 집중해야 한다. 기능은 없는데 좋아 보이도록 하기 위해 시간을 낭비할 필요가 없다는 것을 항상 상기하라. 이는 절대 우선 처리할 일이 아님에도 불구하고 언제나 매우 시간을 많이 쓰게 유혹한다. 무엇인가 아름다운 것을 기능적으로 만드는 것보다 기능적인 것을 예쁘게 만드는 것이 훨씬 쉽다는 것을 기억하라.

이 책의 앞 부분에서도 이미 언급한 것처럼, 반복이 가치 있는 프로젝트를 만들어낸다. 이 책에서 일련의 방법론을 꾸준히 제시했고, 그 과정에서 언제나 앞 뒤로 단계를 오고 가며 작업이 이루어졌다. 이는 단순히 알고 넘어갈 것이 아니라 꼭 수용해야 하는 것이다. 반복은 창조적인 프로세스와 끊을래야 끊을 수 없는 관계이다. 방법론적인 접근을 통해 구조적이고 깔끔한 프레임 워크를 얻을 수 있는 반면, 반복을 통해서는 창조적인 호흡을 할 수 있는 공간을 확보할 수 있다. 새로운 아이디어가 꽃 피고 영향력을 발휘할 수 있게 하는 것이다. 바로 이것이 디자이너가 준비하고 계획을 세워야 할 것이다.

반복이 주기적으로 계속되는 것은 피하고 싶을 것이다. 그러나 작은 반복들은 솔루션을 탐색하고, 명확히 하고, 정비하는 데 오히려 도움이 될 수 있다. 다음 단계를 위해 두 세 가지의 옵션을 동시에 준비하고 그 중 어떤 쪽이 더 나은 결과를 가져 오는지 두고 볼 수도 있다. 실제로 일부 고객들은 최종 결정을 내리기 전에 대안을 보고 싶어 하는 경우도 있다. 고객 기반의 프로젝트에서는 고객과 작업자 간의 의견의 불일치를 피하기 위해 열린 대화를 유지해야 한다. 아무도 원하지 않는 안 좋은 결말을 피하기 위해, 마지막 순간까지 고객의 요구사항과 기대에 부응할 수 있게 최선을 다해야 한다.

구축 단계를 거치면서, 희생이 필요하다는 것을 특히 인식해야 할 부분이 있다. 시각화에 포함하고 싶지만 실제로는 정당화할 수 없는 경우가 있을 수 있기 때문이다. 트레이드 오프는 시간과 자원의 제약에 의해 야기되는 필수 불가결한 요소다.

버리기 힘든 것은 대체로 가장 비이성적인 경우다. 이는 종속되었거나 지나치게 귀중하게 생각하는 기능을 포함하고자 하는 욕망에서 비롯될 수 있다. 거부의 감각은 어떤 의미에서 가장 자신을 잘 나타내기도 한다.

다음 이미지는 올림픽 프로젝트를 위해 구상된 제목의 이미지이며, 모든 과거 개최된 올림픽 포스터의 섬네일 이미지이다. 4장에서 색상에 대해 논의하면서 이 예시를 본 적이 있다.

제목을 마지막으로 작품에 통합하니, 시각화 작품의 다른 부분보다 너무 과하게 주의를 집중한다는 것이 명확해졌다. 이것이 명백함에도 불구하고, 이 제목 이미지를 만드는 데 소요된 시간과 에너지 때문에 포기하기 힘들었다. 다행히 그것을 포기하고 좀 더 간단한 솔루션을 찾아야 한다는 합리적인 의견이 있었다. 가장 간단한 조언은, 실수를 했다면, 그것을 극복하면 된다는 것이다.

THE PURSUIT OF FASTER
Visualising the evolution of Olympic speed

▲ 앤디 커크(Andy Kirk)와 앤드류 위덜리(Andrew Witherley)의 "좀 더 빠르게"(http://www.visualisingdata.com/index.php/2012/07/newvisualization-design-project-the-pursuit-of-faster/)

개발 작업이 완성에 가까워짐에 따라 다른 사람으로부터 의견을 얻고자 하는 생각이 더 강해진다. 완전히 준비가 안 된 상태에서 남으로부터 평가를 받을 마음의 준비를 하는 것은 쉽지 않다. 그러나 작품에 대해 다른 사람들의 반응을 테스트하는 것은 매우 가치 있는 일이다.

시각화 작품의 배경과 제작 과정에 포함된 어려움에 대해 어느 정도 알고 있는 사람을 대상으로 하는 것이 좋다. 또한 그들이 건설적이고 합리적인 피드백을 제공할 것이라고 신뢰해야 한다. 그렇지 않다면 노력은 물거품이 된다.

솔루션의 의도가 관객들이 겪는 경험과 일치하는지 확인하기 위해 여러 관점에서 디자인에 대한 피드백을 확보해야 한다.

- 독자의 일차적인 반응은 어떤가? 긍정인가 부정인가, 궁금해 하는가 혼란스러워 하는가? 흥미를 지극하지 못했는가? ("그래서 뭐?"와 같은 반응인지)
- 독자들은 그래픽 디자인을 읽거나 도구를 사용하는 방법을 이해하는가? 시각적 계층 구조와 구조적 배열의 측면에서 설명이 명쾌하고 디자인이 직관적인지?
- 시각 디자인 작품으로부터 인사이트를 얻었는가? 시각화 작품이 정보를 효과적으로 전달했는지 측정하기 위한 테스트 질문을 관객에게 던진다면 어떨까?
- 기능적으로 작동하는가? 솔루션의 명확함, 정확성, 성능을 저해하는 오류나 실수, 프로그램 상의 에러, 혹은 다른 디자인 결함이 있는가?

수많은 평가 방법론과 기술이 있고, 아마 이보다 훨씬 정교한 것도 있을 것이다. 그러나 작품을 최종 마무리하기 전 피드백을 얻고자 할 때, 앞의 체크 사항들을 유용하게 사용할 수 있을 것이다.

마지막 단계

생텍쥐페리는 다음과 같이 말했다.

"더할 것이 없을 때가 아니라 뺄 것이 없을 때 완벽한 디자인이 완성된다."

결승선이 가까워지고 있다. 명확한 최종 마감일이 있는 프로젝트가 아니라면, 디자인이 실제 완료되었다는 판단을 언제 할 수 있을지 명쾌하지 않은 경우가 많다. 마감일은 이런 경우 끝맺음을 제공한다. 그러나 마감이 정해지지 않은 프로젝트라면 최종 완료 지점을 결정해야 한다. 미세 조정, 정제, 작품을 개선하는 것은 자연스러운 일지만, 언제까지 계속할 수는 없으므로 완료라고 부를 만한 것이 필요해진다.

프로젝트의 진척도를 표시하기 위한 유용한 방법은 디자이너인 마틴 와튼버그 Martin Wattenberg가 고안했다(이전에 살펴봤던 "바람 지도" 프로젝트의 공동 개발자이기도 하다). 마틴은 디자인을 수정하는 역할에서 스스로 인사이트를 찾아내는 열정적인 사용자가 되어가는 과정, 즉 시각화 디자이너의 역할에 일어나는 미묘한 변화에 대해 이야기한다.

시작 부분의 인용문이 표현하는 것처럼, 또 다른 관점은 디자인으로부터 한 발 물러서서 시각화에 포함시킨 모든 것을 점검하는 것이다. 특정 기능이나 디자인적 선택이 포함되어야 하는 이유가 무엇인지 스스로 근거를 찾고 정당화하라. 또한 삭제할 수 있는 요소가 무엇인지도 결정하라. 어떤 메시지도 담고 있지 않고 기능적 가치를 갖지 않는 요소일 것이다. 이들은 미니멀리즘을 추구하기에 적절하지 않다. 더 정확히 이야기하자면, 우아하거나 깔끔한 형태를 방해한다.

디자인 선택에 대한 점검뿐 아니라 프로젝트 매니저PM나 관리자의 관점에서 몇 가지 중요한 점을 체크해야 한다. 끝이 가까워지면 사람들은 문제를 찾고 해결하기보다는 외면하는 경향이 있지만, 최적의 정확성을 계속 추구하고 잠재적인 실수를 일으키지 않도록 해야 한다.

간단한 오류가 품질을 완전히 훼손시킬 수 있다. 숫자에 여분의 "0"이 추가된다거나 국가명을 잘못 붙이기, 필요 없는 곳의 글씨를 강조 하는 경우 등 매우 작고 대부분 고의적이지 않는 순수한 실수들이다. 그러나 이들은 의심할 여지 없이 작업을 손상시키기에 충분하다.

마지막으로 다시 한 번만 더 확인하자. 작업의 세부 사항까지 주의를 기울임으로써 프로젝트의 무결성을 지킬 수 있다. 바로 앞에서 설명한 사용자 테스트와 검증 작업을 통해 문제를 찾아내는 데 도움이 될 것이다. 신선한 관점을 갖은 사람이 때로 큰 역할을 하기도 한다.

이러한 성격을 찾는 것이 그들이든 디자이너 자신이든, 다음과 같은 사항을 조심해야 한다.

- **데이터와 통계의 정확성**: 잘못된 숫자나 부정확한 이상치outliner가 있지 않은지 확인하기 위해 시각화 대상 데이터 중 적절한 크기의 샘플에 대해 검사를 수행해야 한다. 모든 통계 숫자와 계산 결과의 정확도를 확인하라.
- **시각화 정확성**: 데이터를 묘사한 방식이 기능적으로 효과적이고, 사용자나 독자에게 오해를 일으키지는 않은지 확인하라. 설명을 위한 모든 선택 요소는 데이터가 담고 있는 가치를 정확하게 보여주는가?
- **기능적 정확성**: 특히 인터렉티브 시각화의 경우 중요하다. 기능과 요소가 의도한 대로 작동하는가?
- **시각적 추론**: 이전에 언급한 것처럼 시각적 추론은 데이터 추론과 같아야 한다. 데이터처럼 보인다면 데이터여야 한다. 위치나 색의 선택에 의해 뭔가가 중요해 보인다면, 실제로 중요한 것이어야 한다. 만약 장식적 요소거나 필요하지 않은 다른 장치라면 삭제하라.

- **형식의 정확성**: 타이포그래피의 경우 폰트, 스타일, 사이즈 등 일관성을 체크해야 한다. 색상 사용도 RGB 든 CMYK 코드 레벨이든 일관성을 유지해야 한다.
- **주석의 정확성**: 제목, 레이블, 도입부의 텍스트, 크레딧, 자막을 읽고 점검하라. 시각화 디자인에서 사용한 모든 텍스트를 체크해야 한다. 맞춤법이나 문법적 실수뿐 아니라, 적절한 표현인지 상황을 이해하고 간결하게 표현하고 있는지 확인해야 한다.

출시 후 검증

흥미진진하고 또한 아마도 긴장되는 순간이 왔다. 시각화 작품이 정글로 내던져졌다.

시각화 디자인은 언제, 어디서, 어떻게 출시되는가에 따라 굉장히 다양한 범위를 포괄한다. 보고서 상의 글일 수도 있고 이사회의 발표 자료일 수도 있고 신문 지상의 인포그래픽스거나 웹 상의 인터랙티브 프로젝트일 수도 있다.

작품이 어떤 형태든, 시각화 디자이너로서 시각화의 효과와 출시 후의 영향을 측정하고 싶을 것이다. 그러나 현실적으로 이야기하자면, 출시 후 검증을 실행할 만큼 자원이나 역량이 확보되지 않은 경우도 많다.

어떤 경우에든 시각화 디자이너는 프로젝트가 그 목적을 제대로 수행하는지 평가할 방법을 찾아야 한다. 작품의 반응과 결과는 제작 의도와 근거에 일관성을 갖는가?

다음 참고 사항들은 시각화 작품에 대한 피드백을 파악하는 데 도움이 될 것이다.

- 작품에 대해 긍정적인 반응이 있는가?
- 작품은 데이터가 담고 있는 메시지를 적절한 톤으로 전달하는가?
- 청중은 의도했던 유형과 수에 도달되었는가?
- 사용자는 효과적으로 인사이트를 발견하거나 사용할 수 있는가?

- 작품을 통해 준비한 의도된 결과를 사용자가 경험할 수 있는가?
- 청중들이 경험하는 문제가 있는가? 있다면 무엇인가?

이런 정도의 종류와 분량의 피드백을 획득하기 위해서는 멀티 채널을 고려해야 한다. 다음의 옵션들을 활용하면 측정 결과를 개선할 수 있다. 그러나 필연적으로 피드백의 획득을 위한 시간이나 노력, 혹은 비용은 결과에 비율적으로 증가하게 된다.

- **지표와 벤치마크**: 웹 기반 시각화의 경우, 쉽게 획득할 수 있는 측정 지표가 있다. 이를 통해 프로젝트가 얼마나 전파되는지와 인기 정도를 파악할 수 있다. 페이지뷰, 방문수, 방문자와 같은 전통적인 분석 지표는 트윗 카운트, 페이스북 좋아요, 구글플러스의 공유수와 같은 소셜 미디어 지표를 통해 쉽게 보완 가능하다. 이들은 매우 간단하고, 비용이 거의 안 들고, 쉽게 활용 가능한 지표다. 이를 통해 기본적인 상황 파악이 가능하다. 생각해봐야 할 것은, 무엇을 성공이라고 생각할 것인가? 이들 상대적인 벤치마크 중 어떤 지표를 활용하여 프로젝트의 결과를 평가할 것인가? 등이다.
- **고객 피드백**: 물론 다수의 프로젝트에서 가장 손에 잡히는 피드백은 솔루션을 만들어 달라고 부탁하거나 의뢰했던 사람들로부터 온다. 그들을 실망시키던, 기대에 부응하거나 기대를 넘어서던 상관없이, 프로젝트는 항상 가르침을 남긴다. 가끔은 프로젝트의 결과가 아니라 프로젝트의 요구사항에 근거해서 스스로 판단을 해야 한다. 디자이너는 오직 주어진 요구사항에 반응할 수 있다.
- **동료 평가**: 때로 가장 중요하고 건설적인 평가는 현역 전문가나 리더와 같은 동료로부터 나온다. 시각화 분야에는 새로운 작품에 대해 논평과 리뷰를 작성하는 블로거들의 사례가 많다. 동료로부터 평가를 받는 것은 금보다 귀하고, 방문자가 많다는 것과 긍정적인 리뷰나 멘션을 얻는 것은 다른 일이다.
- **비정형 비드백**: 이 유형의 증거는 온라인 코멘트나 소셜 미디어의 반응 혹은 이메일이나 직접 나눈 대화, 간접적인 코멘트 같은 일회성 채널에서 온다. 이를 통해 정량적인 반응과 성공인지 실패인지에 대한 증거를 얻을 수 있다.
- **사용자를 평가에 초대**: 일회성 피드백이나 반대 의견, 시의성이 있는 피드백에 근

거한 가치를 의미 있게 생각하기보다, 적극적으로 사용자를 위해서 적은 수의 질문으로 구성된 간단한 피드백 메커니즘을 제안하자. 이를 통해 구조적이고 정량적인 반응을 얻을 수 있을 것이다.

- **사례 연구**: 거의 학문 연구에 이를 정도로, 좀 더 높은 수준의 평가를 얻기 위해서, 사례 연구는 인터뷰, 관찰, 통제 실험 등 다양한 형태를 취할 수 있다. 디자이너는 이를 위해 작업을 설정하고, 조건을 조절하고, 반응을 기록하는 일을 하고, 때로는 무결성을 확보하기 위해 독립적 관찰자에 의해 수행되기도 한다.

평가나 피드백을 얻기 위해 사용한 방법이 무엇이든, 비평을 수용할 마음의 준비가 필요하다. 디지털 시대에는 누구나 비평을 할 수 있고 때로는 너무 익명성이기도 하다. 언제나 건설적인 피드백을 환영하고 발전을 원동력으로 사용해야 한다.

마지막으로, 디자이너 스스로의 관점에서 얼마나 효과적인 프로젝트라고 생각했는가? 자신의 만족은 매우 중요하다. 이는 미래 의사결정과 발전을 끌어내기 때문이다. 때때로 효과적인 결과물이 되거나 만족스러운 프로세스가 될지 여부를 잘 알 수 있을 때가 있다. 결과가 긍정적인 경우에도, 아이디어는 더 좋았을 수도 있는 법이다.

- 원하는 결과를 달성했는가?
- 만족할 만한 작업을 만들어냈는가?
- 디자인 선택은 충분한 근거가 있는가?
- 프로젝트나 클라이언트 혹은 주제를 싫어하는지
- 너무 오래 작업하거나, 투자한 시간 대비 보수나 보상이 충분치 않은지
- 너무 야근을 많이 한 것은 아닌지

"이렇게 하고 싶었는데" 또는 "이것도 포함할 걸 그랬어" 등 너무 많은 생각을 하면서 후회하지 않도록 노력해야 한다. 대신 모든 것을 배움의 시간으로 최대한 활용해야 한다. 미래의 기회를 위한 준비와 능력 개발에 도움이 되는 정보를 얻는 경험이 되도록 하자.

역량 개발

드디어 프로젝트가 끝났다. 심호흡을 하고 휴식을 취하자. 적어도 다음 프로젝트 일정이 잡히기 전에 최소 몇 시간은 쉴 수 있을 것이다.

이제 남은 목표는 이 분야에서 진행 중인 발전을 고려하는 것이다. 경험으로부터 배우고 전문성을 기르는 것이다.

이 책을 통해 전달하고 싶은 가장 중요한 메시지는 연습과 경험 그리고 지속적인 자기 개선의 가치이다. 데이터 시각화는 하룻밤에 정복할 수 없는 복잡한 차원의 기술이고, 빠르게 진화하는 기술이다.

이전에 "여덟 개의 모자" 프레임워크를 설명한 적이 있다. 역량, 기술, 자세 등 각 역할에 상응하게 스스로를 평가해보면 자신의 강점과 약점을 발견할 수 있을 것이고, 이를 해결하려고 시도하게 될 것이다. 여기에 지속적인 자기 개발과 성장을 돕는 몇 가지 전략이 있다.

연습, 연습, 연습!

실용적인 디자인 기술을 개발할 때 가장 중요한 충고는 간단하다. 연습하고, 연습하고, 또 연습하라. 모든 프로젝트에는 다양한 변수와 감지하기 힘든 어려움이 있어서, 어떤 프로젝트를 수행하더라도 무엇인가는 배우게 된다.

데이터 시각화는 공예와 기술이라는 것을 계속 강조해왔다. 사람들이 운동으로 좋은 몸매를 유지하듯이, 좋은 시각화 작품을 계속 만들어 내려면 창의성과 분석 역량이라는 근육을 잘 관리해야 한다.

시간이 허락된다면, 일련의 습작 계획을 짜고 실행해보자. 작은 규모의 개인 프로젝트를 매주 하고, 좀 더 큰 프로젝트를 매월 하는 식이다. 대중에 작품을 공개하지는 않지만, 데이터를 수집하고 분석하고 표현하는 것을 스스로 테스트하는 것이다. 이는 지속적인 성장에 도움이 된다.

연습을 위한 특별히 이상적인 기회는, 요즘 개최되고 가끔 최고 작품에 인센티브를 주기도 하는 데이터 시각화 컨테스트다.

이들은 일반적으로 기본적인 디자인 개요와 공개된 데이터 세트, 강력한 솔루션을 만들 수 있는 일정을 포함한다. 컨테스트의 가장 큰 가치는 제출된 다른 솔루션들을 살펴보는 데 있다. 다른 사람들은 동일한 문제를 어떻게 해결하고, 그 방식은 당신의 접근과 비교해서 어떻게 다른지 알 수 있다.

디자인 프로젝트에서 문제 해결 방법을 기록하는 게 얼마나 중요한지 이미 강조한 바 있지만, 이는 또 한 번 반복할 가치가 있다. 효율성과 효과성 두 측면 모두에서 실제로 개선이 가능한 영역을 찾는 데 도움을 주기 때문이다. 이것은 또한 유용한 참조 가이드가 될 수 있다. 유사한 문제나 비교 가능한 데이터 세트를 위해 참고할 필요가 있다.

모든 쓰레기를 유지하라. 종이 위에 한 낙서나 스케치, 중복이라고 생각한 컴퓨터상의 작은 수정 사항이라도 가능하다면 유지하라. 유용함을 깨닫기 전에는 아무도 그 중요함을 알 수 없기 때문이다.

이 장의 앞 부분에서 시각화 역량에서 기술과 잠재적 제약이 얼마나 중요한지 확인했다. 테크니컬한 기술을 얻기 위해 얼마나 멀리 노력할 것인지, 어떤 분야를 택할 것인지 결정하는 것은 당신에게 달렸다. 시간과 기회가 충분하지 않더라도, 시각화 디자인 기술을 발전시키는 데 진지하게 관심이 있다면 스스로를 안락한 곳에서 끌어내야 한다. 동일한 낡은 도구에 의지하는 대신, 이 도구들이 원래 목적 외의 일을 하도록 만들어라. 새로운 소프트웨어, 애플리케이션, 프로그래밍 환경을 시도하라. 상대적으로 가파른 학습 곡선이 있다는 것을 받아들이자. 그러나 보상은 매우 클 것이다.

다른 사람들의 작품 평가

시각화 디자인에 대한 안목을 기르는 가장 효과적인 방법은 다른 디자이너의 작품을 평가하는 것이다. 반드시 형식적인 피드백을 제공하지는 않더라도, 감상한 디자인에 대한 반응과 분석을 점검할 필요는 있다.

사용자와 디자이너로서 이중의 사고 방식을 보유하려고 노력하라. 시각화 디자인의 구성 요소가 무엇이고 어떤 방식으로 동작하는지 정밀한 평가를 수행하기 위해 다음 힌트를 참고하자.

- 감상 직후 즉시 본능적으로 떠오른 느낌을 하나의 단어로 표현한다면? 그것은 긍정적인가, 부정적인가, 감정적인가?
- 일회성 작품이 아니라면, 그것은 슬로우버너slowbunner[1]로서의 성질을 갖고 있는가? 일정 기간이 지난 후 더 매력적으로 보일까?
- 디자이너의 목적이 무엇이라고 생각하는가? 스타일이나 기능은 어떤 의도를 갖는 것으로 보이는가?
- 완벽한 프로젝트 환경이란 만나기 어렵다. 어떤 종류의 내재적인 요인들이 프로젝트의 배경이 되고 영향을 주었다고 볼 수 있을까? 프로젝트 과정에서 그런 요소들이 영향을 주었을 것으로 간주하면, 시각화 디자인에 대한 감상에 어떤 변화가 생기는가?
- 디자인 프로세스에서 영향을 줄 수 있는 요소와 함께 하는 연민의 감각이 당신의 느낌에 영향을 주는가?
- 다섯 개의 디자인 계층을 끝까지 수행하라. 그리고 얼마나 잘 실행되고, 어떤 개선이 만들어졌는지 스스로 질문하라.

또한 직관적인 디자인을 통해 노력 대비 결과를 높이고, 창의적인 방법으로 접근성을 만들어내는 것 등을 포함하는 일반적인 디자인 고려 사항에 대해 생각하고, 이들이 어떻게 달성되는지도 확인해야 한다.

충분한 연습을 통해 차츰 비평적인 시각을 개발하고, 점점 빨라지고, 많은 정보를 습득하고, 다른 사람의 작품을 판단하는 데 있어 훨씬 공정해질 것이다. 이것이 디자인 테크닉을 스스로 배우고, 자신만의 스타일을 단련하는 좋은 방법이다.

1 진가를 인정받는 데 시간이 걸리는 사람이나 존재 – 옮긴이

결과를 공개하고 공유

시각화 디자인 관련 능력을 개발하는 최신 방법 중 하나는 스스로의 작품을 공개하는 것이다. 예를 들어 블로그 같은 플랫폼은 작업과 아이디어를 공유하기에 이상적인 수단이다.

디자인 작업을 게시하고 프로젝트의 포트폴리오를 공개적으로 구축함으로써 인터넷 상에 가상 진열장을 오픈할 수 있다. 이런 구조는 디자인 프로세스에 대한 내러티브를 공유하고, 사람들에게 당신이 왜 다양한 솔루션을 어떻게 선택했는지 설명할 수 있는 좋은 기회가 된다.

글을 쓰고 작품의 비평을 작성하고 토론을 촉진하는 것도 스스로를 홍보하는 좋은 방법이다. 그것은 주제에 대해 배우는 데 도움이 된다. 특정 주제에 대해 글을 쓰는 과정에서 서로 다른 관점에 대해 배우고, 논점을 구조화하고, 신념을 기르게 된다. 글을 쓰는 것은 안목을 굉장히 예리하게 만든다. 초기 사이트의 유일한 방문자가 부모님이나 가까운 사람들이고 그들이 의무적으로 방문했다 해도 이 사실이 달라지지는 않는다.

어려운 작업과 헌신적인 시간을 통해 차츰 흥미를 갖는 독자들이 늘어날 것이고, 다른 참여자와 연결될 수 있는 수많은 멋진 기회로 이어진다. 주제 분야를 넘어 다양한 계층 간에 풍부한 네트워크를 창조하게 된다.

블로그와 같은 곳에 글을 쓰고 코멘트를 할 만큼 에너지, 시간, 열정이 충분하지 않다면, 온라인 갤러리와 커뮤니티 같은 곳을 통해 시각화 작품을 공개할 수도 있다.

본격적인 학습

지난 몇 년 동안 데이터 시각화, 인포그래픽 및 데이터 기반 저널리즘의 주제를 다루는 온라인 콘텐츠가 폭발적으로 성장하는 광경을 목격했다. 웹사이트, 블로그, 디자이너 사이트, 온라인 갤러리는 이제 재미있는 기사, 새로운 도구, 최신 프로젝트, 끝없는 영감에 의해 미어터질 지경이다. 이와 마찬가지로 소셜 미디어도 이 분야에 있어 최근의 진척과 주요 옵션을 배울 수 있는 멋진 플랫폼이다. 시각화 분야는 특히 트위터 상에서 매우 활동적이다. 이 곳에서 아주 활발하고 긍정적인 커뮤니티를 만날 수 있다.

온라인 상의 자료를 살펴봄으로써 시각화 작업들에 대한 감각을 최신으로 유지할 수 있다. 다음은 반드시 주기적으로 방문하면서 체크해야 할 웹사이트 목록이다. 이는 최고의 웹사이트들 중 최소한의 것이다. 각 사이트는 전문 분야에 의해 느슨하게 조직되어 있고, 다양하고 광범위하게 가치를 제공한다.

최신 프로젝트, 트렌드, 아티클, 발표:

- Visualising Data(http://www.visualisingdata.com/)
- Information Aesthetics(http://infosthetics.com/)
- Flowing Data(http://flowingdata.com/)
- DataVisualization.ch(http://datavisualization.ch/)
- Visual.ly(http://blog.visual.ly/)

데이터 시각화 관련 담론:

- Perceptual Edge(http://www.perceptualedge.com/blog/)
- The Functional Art(http://www.thefunctionalart.com/)
- Eager Eyes(http://eagereyes.org/)
- Fell In Love With Data(http://fellinlovewithdata.com/)
- Michael Babwahsingh(http://michaelbabwahsingh.com/)

디자인 내러티브, 프로세스, 프로젝트 평론:

- Charts'n Things(http://chartsnthings.tumblr.com/)
- The Why Axis(http://thewhyaxis.info/)
- Junk Charts(http://junkcharts.typepad.com/)
- Graphic Sociology(http://thesocietypages.org/graphicsociology/)
- National Geographic(http://juanvelascoblog.com/)

디자인/테크니컬 튜토리얼, 도움말:

- Scott Murray(http://alignedleft.com/)
- Jerome Cukier(http://www.jeromecukier.net/)
- Jim Vallandingham(http://vallandingham.me/)
- Gregor Aisch(http://vis4.net/blog/)
- Naomi Robbins, Forbes(http://blogs.forbes.com/naomirobbins/)

시각화 커뮤니티, 디자이너/디자인 에이전시:

- Visualizing.org(http://visualizing.org/)
- Information is Beautiful Awards(http://www.informationisbeautifulawards.com/)
- Any New York Times design(via http://www.nytimes.com/)
- Guardian datablog(http://www.guardian.co.uk/news/datablog)
- Stamen(http://content.stamen.com/)
- Pitch Interactive(http://www.pitchinteractive.com/beta/index.php)
- Periscopic(http://www.periscopic.com/)
- Moritz Stefaner(http://well-formed-data.net/)
- Santiago Ortiz(http://moebio.com/)
- Tulp Interactive(http://tulpinteractive.com/)

이 분야에서 필요한 기술을 배우기 위해 적절한 책이 필수적이라는 점은 말할 필요도 없다. 물론 당신은 이 책을 고르는 엄청난 지혜를 보여줬지만, 이 외에도 몇 지고 가치를 잴 수 없는 책들이 많다. 다음 링크를 방문하면 가장 영향력 있는 책의 목록을 볼 수 있다.

http://www.visualisingdata.com/index.php/resources/

또한 다른 분야로부터의 영향에 자신을 노출하는 것도 중요하다. 그래픽 디자인, 건축, 제품 디자인, 서체디자인typography, 영화 제작, 비디오 게임 디자인, 심지어 언론 등 모든 영역에서 영감을 얻을 수 있다. 아이디어를 차용하고, 학습하고, 번역할 수 있는 모든 영역이 해당된다.

학계에서 수행하는 최신의 연구를 계속 체크하면 배울 것이 많다. 이런 연구를 통해 새로운 도구나 우수 사례들이 자연스럽게 만들어진다. 접근 개방 운동은 학술 조직과 직접적으로 연계되지 않은 사람들이 학술 접근을 훨씬 편하게 할 수 있도록 만드는 것이다.

컨퍼런스는 최근의 동향을 접하는 가장 좋은 방법 중 하나다. 훌륭한 발표자로부터 강연을 듣고 사례 연구나 예시를 통해 영감이 넘치는 작품을 보는 일 등이 가능하다. 열정 넘치는 현역 전문가들과 교류하는 일도 매우 큰 보상이 될 것이다.

이러한 옵션 외에도 덜 공식적인 교육을 통한 학습 방법도 있다. 온라인 튜토리얼, 동영상 강의, 웨비나webinar 등 개인 교습이나 학부, 졸업 후 과정을 통해 전방위적으로 이루어진다. 인터넷을 뒤지면 적합한 솔루션을 찾을 수 있다.

기술과 지식을 개발하기 위해 어떤 방법을 취하던, 전 분야에 걸쳐 엄청나게 다양하고 많은 지원이 있다. 데이터 시각화는 매우 재능 있고 겸손한 사람들로 이루어진 커뮤니티이다. 매우 긍정적일 뿐 아니라 두둑한 지원도 가능하다. 언제든 마음만 먹으면 그들의 따뜻한 환영을 만날 수 있다.

정리

드디어 디자인 여행이 끝났고, 무사히 목적지에 도달했다. 여행길을 따라오면서 너무 많은 두려움을 경험하지 않았기 바란다.

이 장에서 시각화 디자인을 실행하는 단계에 집중했다. 이전 준비 단계에서 기울였던 노력으로부터 실체를 만들고, 컨셉을 실제 작업으로 가시화했다. 또한 다양한 유형의 시각화 디자인과 시각화의 각 단계에서 사용할 수 있는 다양한 종류의 도구를 소개했다.

시각화 디자인 작품을 공개하기 전 수행해야 할 최종 작업이 무엇인지, 그리고 모든 구성 요소를 최종 확인하는 것과 솔루션을 검증하기 위한 테스트를 실시하는 것이 중요한 이유를 살펴봤다.

작품을 공개하고 나면, 작품이 얼마나 영향력을 갖는지 증거를 찾는 것은 디자이너의 역할이다. 이를 수행하기 위한 다양한 방법을 설명했다.

마지막으로 데이터 시각화 기술, 지식, 경험을 지속적으로 개발하기 위한 몇 가지 전략을 제안했다. 지속적으로 역량을 개발하고, 이 분야에서 성공을 이룰 수 있는 최고의 기회가 될 것이다.

미래에 도전하게 될 모든 시각화 작업에 행운을 빈다. 시간을 내어 이 책을 읽어주어서 감사하며, 어떤 방법으로든 이 책이 도움이 되기 바란다.

찾아보기

ㅇ

ㅈ

에이콘출판의 기틀을 마련하신 故 정완재 선생님 (1935-2004)

데이터 시각화 설계와 활용

데이터에 내재된 인사이트 발견과 표현 방법

인 쇄 | 2015년 10월 12일
발 행 | 2015년 10월 19일

지은이 | 앤디 커크
옮긴이 | 서 하 연

펴낸이 | 권 성 준
엮은이 | 김 희 정
안 윤 경
오 원 영
표지 디자인 | 한국어판_이승미
본문 디자인 | 남 은 순

인쇄소 | 한일미디어
지업사 | 다올페이퍼

에이콘출판주식회사
경기도 의왕시 계원대학로 38 (내손동 757-3) (16039)
전화 02-2653-7600, 팩스 02-2653-0433
www.acornpub.co.kr / editor@acornpub.co.kr

ISBN 978-89-6077-775-0
ISBN 978-89-6077-210-6 (세트)
http://www.acornpub.co.kr/book/data-visualization

이 도서의 국립중앙도서관 출판시도서목록(CIP)은 서지정보유통지원시스템 홈페이지(http://seoji.nl.go.kr)와
국가자료공동목록시스템(http://www.nl.go.kr/kolisnet)에서 이용하실 수 있습니다.(CIP제어번호: CIP2015026953)

책값은 뒤표지에 있습니다.